NIEBEZPIECZNE KOBIETY

PATRYK VEGA

NIEBEZPIECZNE KOBIETY

OTWARTE
KRAKÓW 2016

Opieka redakcyjna: Małgorzata Olszewska

Redakcja tekstu: Michał Cetnarowski, Mateusz Baczyński

Opracowanie typograficzne książki: Daniel Malak

Adiustacja: Anna Brynkus-Weber / d2d.pl

Korekta: Ewa Czernatowicz / d2d.pl

Łamanie: Agnieszka Frysztak / d2d.pl

Projekt okładki: Eliza Luty

Fotografie na okładce: policjantka – Agnieszka Wojtuń / Green Carrot, Warszawa – © morris71 / Shutterstock.com

Fotografia autora: Krzysztof Opaliński / sesja dla magazynu „Viva!"

ISBN 978-83-7515-112-1

OTWARTE

www.otwarte.eu

Dystrybucja: SIW Znak.
Zapraszamy na www.znak.com.pl

Mojej Matce

Imiona, nazwiska i funkcje rozmówczyń
zostały zmienione

ZADYMIARA

Patryk Vega: Jak to możliwe, że uduchowiona projektantka wnętrz stała się taką ostrą policjantką?

Sierżant Katarzyna Myko: Pomysł zrodził się w mojej głowie, jak jeszcze byłam nastolatką. Mój wujek i ciotka byli policjantami. No i przy okazji rodzinnych imprez wujek często rozmawiał z dziadkiem na tematy zawodowe. Słuchałam tego z wielkim zaciekawieniem i wujek bardzo mi imponował.

A o czym opowiadał?

O pracy policyjnej, o różnych zabójstwach, włamaniach. Wujek był naczelnikiem wydziału kryminalnego, miał więc do czynienia z takimi sprawami.

Pamiętam na przykład, że opowiadał kiedyś, jak rozbił szajkę, która handlowała papierosami. To zrobiło na mnie wrażenie. No i chyba wtedy pojawił się w mojej głowie pomysł, żeby zostać policjantką. Aczkolwiek na początku niewiele na to wskazywało. Skończyłam liceum plastyczne i zajmowałam się projektowaniem wnętrz. Ale potem wyszłam pierwszy raz za mąż za policjanta, co było zresztą totalnym błędem. (*śmiech*)

Z jakiego był pionu?

Pracował w patrolu, a potem poszedł do ruchu drogowego. Tylko że to był taki typ człowieka, który cały sens swojego życia upatruje w pracy. To go określało. Do tej pory tak zresztą jest. No i ja mu zazdrościłam, bo sama spędzałam po kilkanaście godzin dziennie przy komputerze i miałam już tego dość.

Jako projektantka?

Tak. Zarabiałam dużo większe pieniądze niż obecnie.

A ile zarabiasz teraz?

Wstyd mówić. Dwa tysiące siedemset złotych na rękę.

Po ilu latach pracy?

Prawie sześciu. Tak że to jest śmiech na sali. Wracając jednak do mojego małżeństwa: zazdrościłam mu tego, że on przychodził do domu i miał czas dla siebie. Ja takiego czasu nie miałam. Ciągle pracowałam, a marzyłam o tym, żeby usiąść na kanapie z kubkiem herbaty w ręku i odpocząć.

Poza tym całe to małżeństwo było pochopne i nieudane. Skończyło się zresztą w dramatycznych okolicznościach. W pewnym momencie musiałam przed nim uciekać. Nieraz mnie straszył, że jak od niego odejdę, to wyrzuci mnie przez balkon i powie, że popełniłam samobójstwo.

A dlaczego w ogóle z nim byłaś? Zakochałaś się?

Czy ja się w nim zakochałam? Teraz nie jestem w stanie tego stwierdzić. Chyba podobało mi się w nim to, że jest taki zaradny i odpowiedzialny. Zawsze zdecydowany i konkretny. Tylko że to się później obróciło przeciwko mnie, bo on chciał siłą wejść w moje życie i kontrolować je na każdym etapie.

A ile trwał wasz związek?

Prawie sześć lat.

Od początku się psuło?

Nie. Jak za niego wyszłam, miałam dwadzieścia lat. Emocjonalnie byłam jeszcze dzieckiem. Przed nim miałam tylko jednego chłopaka. Później skupiłam się na zarabianiu pieniędzy, a nie na imprezowaniu i życiu towarzyskim. Żałowałam tego.

A jak wyglądały twoje pierwsze kroki w policji?

Trafiłam od razu do kryminalnych. Ani jednego dnia nie robiłam na patrolu. I na dzień dobry posadzili mnie z taką wredną dziewczyną. W pierwszej chwili pomyślałam sobie: „O, fajnie, z kobietą będę siedziała". Ale ona mi na starcie powiedziała:

– Słuchaj, jak mi naczelnik dodatek podniesie, to ci będę pomagała. A jak nie, to radź sobie sama.

Myślę: „Ja pierdolę, co ja teraz zrobię?". A wiesz, dali mi od razu jakieś sprawy, kwity, a ja nie wiedziałam w ogóle, co to jest i co z tym zrobić, bo w szkole nas tego nie uczyli.

To był oddział śledczy?

Tak. Ja tam bardzo szybciutko stawiałam kolejne kroki w karierze. Zaczęłam od rejestrówek, trzy miesiące później miałam już poważniejsze sprawy, a na sam koniec pobicia i gwałty. Pracowałam w wydziale do walki z przestępczością przeciwko życiu i zdrowiu.

Jak się tam w ogóle dostałaś? Bo najpierw miałaś kurs podstawowy.

Tak, jak każdy. To był dla mnie dramat – pani bizneswoman oderwana granatem od komputera.

A gdzie byłaś w tej szkole?

W Słupsku. Przez siedem miesięcy. Pamiętam, że miałam takiego trenera, który był strasznym katem. Jak stałyśmy w rządku, takie lale, to on patrzył na nas i mówił:

– Oooooo! Gwiazdy! Ja was, kurwa, zajebię!

No i ćwiczyłyśmy musztry i inne zaprawy. A mnie się chciało płakać.

Myślałam sobie: „Kurwa, co ja tu robię?". Zawsze spocona, nogi poobcierane. Nie miałyśmy nawet czasu na to, żeby iść do kibla. Taki rytm był. A ja byłam przyzwyczajona do tego, że późno się kładę i wstaję też późno. A tam trzeba było się kłaść wcześniej, bo i wcześnie się wstawało. Miałyśmy taki system, że jedna wstaje o 5.00, druga o 5.20, trzecia o 5.40, bo na 6.00 trzeba na odprawę.

No i co? Nie miałaś odruchu, żeby stamtąd uciekać?

Miałam nieraz. Mówiłam sobie: „Nie, to nie dla mnie". Ale potem zaczęłam sobie powtarzać: „Aaaa, jeszcze tydzień wytrzymam". No i na tej zasadzie przetrwałam. Potem się już wdrożyłam.

Z czego mieliście wykłady na tej uczelni?

Głównie z prewencji.

To was interesowało?

Tak przynajmniej uważali nasi wykładowcy.

A nie było jakichś wykładów z kryminalistyki, oględzin miejsca zbrodni?

Nie było w ogóle takich rzeczy. Mieliśmy wykłady tylko z typowo patrolowych tematów. Później dopiero doszły szkolenia z oględzin. Ale to też był kosmos. Bo normalnie robi się to inaczej, chyba że są jakieś poważne sprawy.

A jak się to robi prawidłowo?

Wszystko musisz notować w specjalnych protokołach. Już wchodząc do budynku, w którym doszło do zabójstwa, piszesz na przykład: „Budynek typu takiego a takiego, znajdujący się po lewej stronie wjazdu do ulicy, od strony północnej czy południowej... Za drzwiami do budynku znajduje się klatka schodowa o liczbie tylu a tylu schodów". I tak dalej. Pamiętam, że oględziny jednego pokoju robiliśmy osiem godzin.

A po co to tak szczegółowo opisywać?

No właśnie sama nie wiem. Chyba po to, żeby sędzia, który czyta ten raport, mógł sobie wyobrazić, jak to wszystko wyglądało. Aczkolwiek można mieć niezłą bekę z tych opisów.

Ale tak realnie – czyta to ktokolwiek?

Myślę, że nie. Poza tym w rzeczywistości tylko naprawdę ważne sprawy opisuje się tak dokładnie. Aczkolwiek i tak nie odnotowuje się każdego szczegółu, który znajduje się w pomieszczeniu, tylko pisze się, że na przykład po lewej stronie pomieszczenia jest zabudowa meblowa, na wprost są okna, a po prawej stronie stoi kanapa. No i przyjmujesz sobie stałe punkty odniesienia, tak zwane SPO.

Na czym to polega?

Na przykład jednym punktem odniesienia jest ściana po lewej stronie, a drugim ściana z oknami. No i powiedzmy, że w odległości pięćdziesięciu centymetrów od SPO1 i dziesięciu od SPO2 znajduje się jakiś ślad, przykładowo łuska. Z kolei oględziny zwłok opisuje się w oddzielnym protokole.

I co piszesz?

Przy oględzinach zwłok musi być prokurator i to w zasadzie on powinien te oględziny przeprowadzać, razem z lekarzem sądowym. My jesteśmy ewentualnie protokolantami.

A co mówi taki lekarz?

Mówi, jaki wzrost, jaka waga, kolor oczu, zarost, włosy, stan rozkładu, stężenie pośmiertne i tak dalej. Wszystko po kolei. Zawsze zagląda się też w krocze.

Po co?

Żeby sprawdzić, czy są narządy płciowe męskie, czy żeńskie.

Nawet jak widać to po trupie?

Tak. Trzeba mieć pewność. Zwraca się też uwagę na znaki szczególne takie jak blizny czy tatuaże. To wszystko trzeba opisać w protokole.

A zdarzały się jakieś zabawne sytuacje na tych waszych wykładach?

Zdarzały się, bo niektórzy wykładowcy to byli tacy ludzie, którzy nigdy nie pracowali na ulicy. Zawsze dawaliśmy im jakieś pseudonimy. Na jednego mówiliśmy na przykład „Super Mario" – facet był bardzo podobny do tej postaci z gier wideo. No i oni wydawali się totalnie oderwani od rzeczywistości. Uczyli nas takich sztywnych formułek, które trzeba wypowiadać na przykład w trakcie legitymowania. W stylu: „Na podstawie artykułu piętnastego *Ustawy o Policji*...". Ciężko to było w ogóle zapamiętać, ale jak odgrywaliśmy scenki przed wykładowcami, to musieliśmy je powtarzać.

Tak swoją drogą... w pewnym momencie wdałam się w romans z jednym z nich.

Ile lat był od ciebie starszy?

Z pięć–sześć. Ja się w ogóle znałam z nim wcześniej. On był mężem policjantki, która przyjaźniła się z moją koleżanką. Poznaliśmy się na Mazurach. Ale tak bardzo przelotnie, pamiętam, że nawet nie gadaliśmy ze sobą za dużo. Zapamiętałam tylko, że był przystojny.

A jak cię poderwał?

To w zasadzie samo wyszło. Zobaczyłam go po trzech miesiącach pobytu w szkole. On akurat wrócił ze zwolnienia lekarskiego.

Czemu był na zwolnieniu?

Bo upuścił sobie krawężnik na stopę.

Jak to?

Był trochę nawalony, chciał się popisać przed znajomymi i przenieść krawężnik. Skończyło się tak, że miał całą stopę pogruchotaną. Pokazywał mi potem zdjęcie rentgenowskie, masakra. Każda kość poprzesuwana w inną stronę.

W każdym razie weszłam pewnego dnia na salę wykładową i zobaczyłam znajomą twarz. Tak się przyglądam i myślę, że podobny do tego znajomego. Okazało się, że to on i że prowadzi zajęcia z ruchu drogowego. Mówię:

– Kurde, ty tu? Ale numer.

Wywiązała się gadka szmatka, a na odchodne on powiedział:

– Przyjdź do mnie później, to pogadamy.

Pamiętam, że wzięłam jakieś papiery ze sobą, że niby coś tam miałam u niego zaliczyć. Potem zaczęliśmy pisać do siebie SMS-y, spotykać się.

Często?

Nie, bo nie było na to czasu. Najczęściej spotykaliśmy się poza szkołą. Na terenie placówki wszystko było oficjalnie. Nawet nie mówiliśmy do siebie na „ty".

A gdzie dokładnie się spotykaliście?

W takim hotelu parędziesiąt kilometrów od Słupska.

Aż tak?

No tak. Bo w Słupsku wszyscy go znali. On był miejscowy i nie chciał robić cyrków. Tylko wiesz, podstawą całego tego romansu nie był nawet seks. Między nami nawiązała się taka bardzo przyjacielska relacja. Po czasie myślę, że trochę się w nim zakochałam.

Dlaczego?

Był po prostu fajnym facetem. Dogadywaliśmy się. On był taki... bezpretensjonalny. Bo wiesz, strasznie alergicznie reaguję na facetów, którzy mówią mi, jak na przykład mam się zachowywać. Nie lubię, kiedy ktoś próbuje mi coś narzucić. Uważam, że jeżeli chce się z kimś być, trzeba zaakceptować to, jaki ten ktoś jest. Nie zmieniać w nim niczego. Jak ktoś ma nawyk, kurwa, rzucania skarpetek na podłogę, no to ja tego nawyku go nie oduczę. Ewentualnie zacznę te skarpetki zbierać albo je zostawię – na tej zasadzie.

A czemu nie pociągnęliście tego dalej?

Od początku nie liczyłam na to, że coś z tego więcej będzie. To znaczy podejrzewam, że gdybyśmy się związali ze sobą, toby nam wyszło. No ale tak się nie stało.

A macie jeszcze kontakt?

Tak, od czasu do czasu napiszemy do siebie maila. Ale nie widzieliśmy się od dawna. On mi kiedyś powiedział, że gdybym dała mu do zrozumienia, że chcę z nim być, to on był gotowy zostawić dla mnie żonę i dziecko. Nie zrobiłam tego jednak. Tak wyszło.

Co poczułaś, kiedy ci to powiedział?

Pomyślałam sobie, że widocznie tak miało się to potoczyć. Bo jeśli on chciał czegoś więcej, to przecież sam mógł mi o tym powiedzieć. Ale też nie wiem, czy chciałabym się wpakować w taką relację. Budować swoje szczęście na nieszczęściu kogoś innego.

Tęskniłaś za nim?

Tak, tęskniłam, ale nie miałam żalu o to, że tak się to zakończyło. Właśnie dlatego, że od początku zakładałam, że nic z tego nie będzie.

Twoje pierwsze wrażenia, jak już poszłaś do policji?

Powiem ci, że policja to jest tak naprawdę jeden wielki konflikt. Tam się ciągle toczą jakieś wojny, cały czas coś się zmienia. To, co się tam dzieje, jest w rzeczywistości odzwierciedleniem wydarzeń w polityce. Ciągle ktoś chce kogoś wygryźć albo komuś świnię podłożyć. No i tak się to toczy.

Na niższych szczeblach też?

Tak. Dam ci przykład. Jak byłam w kryminalnych, to w pewnym momencie komendant zaproponował mi stanowisko rzecznika. Nawet nie masz pojęcia, ilu zyskałam przez to wrogów. Od razu zaczęły się pojawiać głosy w stylu: „Jak to? Po pięciu latach służby została rzecznikiem prasowym? Przecież to skandal! Jak tak może być!? Tylu chętnych było na to miejsce!”. A ja dostałam to stanowisko tylko dlatego, że umiałam malować. No, namalowałam komendantowi portrety dla wojewódzkich, które on im zawiózł w prezencie.

W ogóle ten komendant miał różne dziwne historie. Kilka razy był zawieszany, a raz znalazł się już nawet na wylocie za gorzałę i dupy.

Jak to za dupy?

No bo miał różne dziwne sprawy o molestowanie i mobbing. Generalnie to był cham i prostak. Strasznie go nie lubiłam.

Wobec ciebie też się tak zachowywał?

Masz na myśli molestowanie? Nie, nie wykorzystywał okazji do macanek. Ale niestety są tacy, którzy nie umieją się powstrzymać.

A jak w ogóle oceniasz sytuację kobiet w policji?

Różnie. Nie można udzielić jednoznacznej odpowiedzi. Wiele kobiet musi nauczyć się pracy tutaj.

Bo mają tak naprawdę dwa razy trudniej niż faceci. Od samych dziewczyn zależy, jak do tego podejdą i jaką drogę wybiorą. Czy im nie przeszkadza to, że są uważane za idiotki, i spokojnie pną się po kolejnych szczeblach kariery różnymi sposobami, czy może wolą pokazać, że są warte więcej niż to, co mają pod bluzką. Znam takie i takie policjantki. Z tym że idiotki mają znacznie łatwiej, nie oszukujmy się. Tylko zastanawiam się, jak dużo muszę wypić wcześniej. (*śmiech*)

Są też policjantki, które są przełożonymi i sypiają ze swoimi podwładnymi. Mam taką jedną u siebie w Koluszkach.

Sypia z podwładnymi?

No tak. To chora sytuacja. Jak któryś da się w to wciągnąć, później ma problemy. A ona jest takim zaborczym typem.

Ale co, wszyscy o tym wiedzą?

To po prostu widać. Trzeba się dobrze ukrywać, żeby nikt nie zauważył. A ona miewała akurat romanse z takimi, którzy niekoniecznie cenili sobie dyskrecję. Jak to mawiała moja koleżanka: byłoby więcej rozwiązłych kobiet, gdyby było więcej dyskretnych mężczyzn.

A czemu po szkole nie trafiłaś do patrolówki?

Wolałam tego uniknąć, bo zawsze wszyscy straszyli nas patrolem. W szkole, jak ktoś coś przeskrobał, to się go straszyło, że trafi do patrolówki, że tam jest najgorzej. A to jest bzdura – wszystko zależy od tego, jakie masz predyspozycje.

Są tacy, którzy się realizują w takiej pracy, a inni lepiej się sprawdzają w dochodzeniówce. Do tego nie każdy może być policjantem operacyjnym. Zresztą u nas w Koluszkach praca operacyjna praktycznie nie istnieje. Bo tu są miejscowi policjanci zamieszani w wiele brudnych lokalnych spraw. Chodzi o to, że u nas rządziły kiedyś grupy przestępcze. Policjanci się ich bali i praktycznie nie podejmowali interwencji.

Ale jakieś poważne grupy?

Tak. Strzelaniny były dosyć często. No i policjanci z nimi współpracowali. Za pięćdziesiąt złotych kserowali im akta albo inne papiery. To było co prawda dziesięć lat temu, ale pewne rzeczy cały czas się ciągną.

No i, choć zabrzmi to śmiesznie w moich ustach, bo jestem kobietą, ja tam zaczęłam w pewnym momencie robić porządki.

Masz poczucie, że kobiety w takiej sytuacji nie traktuje się poważnie?

Trochę tak jest. Bo wiesz, ja się czuję stuprocentową kobietą, która w domu ceni sobie zapach jedzenia, prania i tak dalej. Lubię ciszę, spokój, na nikogo nie krzyczę. Ale jak idę do pracy, to zmieniam się o sto osiemdziesiąt stopni.

Z czego to wynika?

Inaczej się nie da. Trzeba tak robić, żeby tam przetrwać. Muszę zachować dystans, a także być stanowcza i zdecydowana, żeby ludzie na ulicy mnie słuchali. Oni muszą robić to, co im każę, i rozumieć, czego od nich w danej sytuacji wymagam. Czyli niejako ich wychowuję.

Miałam kiedyś partnera w patrolu, który wychodził z podobnych założeń, ale długo nie pojeździliśmy razem, bo komendant się zesrał i nas rozdzielił.

Dlaczego?

Była skarga za skargą. Cała sprawa otarła się o BSW, czyli Biuro Spraw Wewnętrznych.

Jak to?

Pierwsza skarga była związana z interwencją na domówce. Dostaliśmy zgłoszenie, że w jednym z mieszkań odbywa się impreza i jest za głośno. No to pojechaliśmy tam na spokojnie, żeby uciszyć towarzystwo. Nawet nie chcieliśmy mandatów wystawiać, tylko pouczenie dać, żeby ściszyli muzykę.

Okej, wchodzimy do mieszkania, a tam trzech chłopaków i jedna dziewczyna. No i ona spokojna, dwóch z tych chłopaków też, ale trzeci zaczął się wyrywać. Poleciały jakieś ostre wyzwiska w stylu: „Psy, kurwa, przyjechały" i tak dalej. No to mówię do jego kolegów:

– Uspokoją panowie swojego gościa? Bo zaraz się to dla niego źle skończy.

Ten się jednak jeszcze bardziej podkręcił i mówi:

– A co, kurwa? Chuja możecie mi zrobić. – I dalej leci z wyzwiskami.

No to odparowałam:

– Zamknij się, kurwa, człowieku, bo zaraz z nami pojedziesz!

– Mogę, kurwa, jechać!

– Okej, no to chodź.

Krzyknął do mnie coś jeszcze, a ja już nie wytrzymałam i lutnęłam mu z pięści. Facet się wyłożył na ziemi, doskoczył jeszcze ten mój partner i go zawinęliśmy. Potem, jak już jechaliśmy w radiowozie, to dalej się darł. Więc pizdnęłam go jeszcze z liścia w twarz. No i zamilkł w końcu.

Jak to się dalej potoczyło?

Pojechaliśmy z nim do lekarza. Bo przed osadzeniem na dołku trzeba gościa zawsze zbadać.

Dlaczego?

Chodzi o to, że w trakcie interwencji możemy użyć środków przymusu bezpośredniego. Ale jeżeli obrażenia u gościa pojawiłyby się, kiedy już siedział na dołku, to zrobiłby się problem. W każdym razie zawieźliśmy go do lekarza.

Ale ja w tej adrenalinie postanowiłam się jeszcze nad nim poznęcać. Wzięłam go do takiego zagajnika przed szpitalem, rzuciłam na ziemię i zaczęłam mu łeb wycierać w tym piachu, co tam był. Jeszcze mu na dokładkę gazem mordę natarłam. Powiem ci, że wył jak piesek. Ale powiedziałam tylko:

– Zamknij się, kurwa! Tam domy są zaraz obok!

Na koniec dostał jeszcze pod żebra od mojego kolegi takim ciosem, że się zesrał. Dosłownie.

Co dalej?

Wzięliśmy go do szpitala z tą obdartą mordą. Lekarz się pyta:

– Ma jakieś obrażenia?

Bo wiesz, oni nie sprawdzają nawet specjalnie. A facet na pewno miał jakieś sińce na udach i pośladkach, bo dostał też parę pał w międzyczasie. My go dobre dziesięć minut oprawialiśmy w tym lesie... Później nam się jeszcze odgrażał na komendzie, to ponownie gazem dostał.

Jak to się skończyło?

Zaskarżył nas. My oczywiście powiedzieliśmy, że to brednie. No bo jak? To niedorzeczne, żebym ja kogoś do lasu wywiozła. Nawet pani z BSW powiedziała:

– No bo jak tak na panią popatrzyłam, to właśnie pomyślałam, że to jakaś bzdura! On napisał tak, jakby pani jakąś psychopatką była.

A ja mówię na to:

– No absolutnie nie.

(*śmiech*)

(*śmiech*)

Jestem znana z używania gazu, miesięcznie średnio zużywam pięć pojemników. Do kierownika nawet kiedyś powiedziałam, żeby na weekend po prostu dawał mi litrowy. (*śmiech*) Gaz jest najlepszy. No bo jakie ja mam szanse w konfrontacji z facetem na pięści? Nie mam najmniejszych!

Dla faceta to musiał być szok, że kobieta tak go sprała.

Nie spodziewał się tego. Zresztą to nie był jedyny, którego tak spraliśmy. Kiedyś wywieźliśmy w nocy faceta głęboko do lasu za stacją Koluszki i tam zostawiliśmy. Żeby na drugi raz zapamiętał.

Gołego?

Nie, ale z gazem na jajkach.

To też piecze?

O ho, ho, ho, ho, ho! (*śmiech*) Nawet na dłoniach piecze, a co dopiero na błonach śluzowych.

A po tym nie ma się uszkodzonych oczu?

No niby jakoś minimalnie tak, ale po co ktoś fika? Jak jest grzeczny, to nie dostanie. Zawsze tak mówię, bo to prawda.

Ostatnio mieliśmy taką interwencję, że czterech gówniarzy siedziało nawalonych na przystanku. Podjechaliśmy i zaczęliśmy ich legitymować. Oni w pewnym momencie zaczęli pajacować przy radiowozie. Powiedziałam, żeby się zachowywali normalnie, ale nie posłuchali. No to wyciągnęłam gaz. Wszyscy od razu uciekli za przystanek. (*śmiech*)

To jest małe miasto, te same twarze ciągle się przewijają. Muszę do nich uderzyć ostro, żeby później mieć spokój.

Ale z tym gazem na jajkach, to na samą myśl boli.

Najczęściej robimy tak z domowymi agresorami. Widzę, że biedna rodzina, a każde zawiezienie takiego pana na dołek to jest minus trzysta złotych. A dla nich to ogromne pieniądze. No więc oprawiamy go po swojemu – tak żeby zapamiętał na drugi raz.

Był kiedyś jeden typ, u którego interwencje zdarzały się co tydzień. My pojechaliśmy tam raz i się skończyło.

A pamiętasz swoją pierwszą interwencję?

Tak, była dość śmieszna. Pani nas wezwała, bo sąsiedzi imprezę robili na górze. Wchodzimy do niej, a ona mówi:

– Słyszycie to? Oni tam seks uprawiają na dwa pokoje! Ich tam jest ze dwudziestu! Czuję się zgwałcona emocjonalnie!

Nie wytrzymałam. Odwróciłam się i zaczęłam śmiać.

Ludzie w ogóle często mają jakieś zwidy, omamy. Wzywają nas, a my nic nie możemy zrobić. Wtedy trzeba kombinować. Kiedyś – pracowałam wtedy w kryminalnych w Łodzi – miałam taką sytuację, że przyszła pani, która chciała zgłosić gwałt. Już po głosie dyżurnego zorientowałam się, że coś jest nie tak. Patrzę – pani stoi w przedsionku z butelką wody i co chwilę przemywa sobie twarz. Myślę: „O kurwa, znowu jakaś wariatka". No ale dobra, idę do niej i pytam, co się stało. A ona mówi, że chodzi o gwałt.

Pytam, w jakich okolicznościach, kiedy to się stało. A ona mi na to, że to się dzieje cały czas od trzech dni. Bo w nocy do jej domu przyszły duchy, ona wypiła z nimi flaszkę, a potem te duchy zamontowały jej w macicy urządzenie do nagrywania. I to nas cały czas nagrywa.

Pomyślałam sobie wtedy: „Chryste Panie, gdyby moja matka to zobaczyła i posłuchała, jakimi rzeczami się zajmuję...". No ale co z tą babą zrobić?

Poszłam do dyżurnego, wyśmiałam się i powiedziałam, żeby dał mi jakiś patrol. W międzyczasie przekonałam tę babkę, że pojedziemy do ginekologa, żeby on wyjął jej ten sprzęt z macicy. Uwierzyła, ale tak naprawdę pojechaliśmy do psychiatryka. No i tam ją zostawiliśmy.

Tak że nieraz trzeba improwizować. Szczególnie jak się ma do czynienia z chorymi ludźmi, z którymi nie da się normalnie porozmawiać.

A jak sobie radzą inne kobiety?

Mam na przykład koleżankę Anielkę. Drobniutka, malutka, ze czterdzieści pięć kilo wagi, ale ma takie jaja, że niejeden facet mógłby jej pozazdrościć. Kiedyś pacyfikowałyśmy takiego strasznie agresywnego ćpuna. Aniela była świeżo od fryzjera, a ten jej napluł na włosy. To ona do niego:

– Skurwysynu, dopiero u fryzjera byłam! – I luta mu z pięści prosto w nochal. Potem z kolana go okładała.

A wiesz, facet był tak naćpany, że fugi zaczął wyciągać, bo myślał, że to krecha.

Masakra.

Po tej interwencji on nam dosłownie łaził po ścianach. Wspinał się nogami po kaloryferze i tak dalej. No i non stop pluł. Nie wiem, skąd tyle śliny miał. Chłopaki kombinowały, żeby mu skarpetę do ust wsadzić. Bo normalnie nie dawaliśmy rady, wszyscy byliśmy opluci. (*śmiech*)

Najbardziej mnie dyżurny wkurwił. Kiedy zobaczył, że gość ma oczy załzawione od gazu, wziął chusteczkę i poszedł mu je wytrzeć. Jak wróciłam, to mu jeszcze raz psiknęłam. Dyżurny – a to był taki młody policjant – mówi do mnie:

– Co ty robisz?

To mu odpowiedziałam:

– Wypierdalaj stąd! Możesz się poskarżyć naczelnikowi, ale teraz wypierdalaj i nie wtrącaj się!

Bo wiesz, pomagał temu ćpunowi, a on się jeszcze bardziej agresywny robił w stosunku do nas. Tak że czasami mamy takie historie.

A to w ogóle legalne? Tak ludzi gazem traktować?

Legalne, oczywiście. Jak ktoś nie wykonuje moich poleceń, to mogę. Gaz jest akurat na tyle bezpiecznym środkiem przymusu, że można go używać tak naprawdę do woli. Jedyne, czego nie można, to łączyć go z kajdankami. Ale niestety zdarzają się też takie sytuacje, że trzeba użyć gazu wobec zakajdankowanego. Nie da rady inaczej tego ogarnąć. A gaz trochę osłabia człowieka i skupia jego uwagę na bólu oczu, a nie na tym, że chce się z nami szarpać.

Poza tym ja się nigdy nie będę godziła na to, żeby ktoś mnie wyzywał, obrażał albo na mnie pluł. W życiu umiem wybaczać, ale na służbie nie. Mamy na przykład jednego takiego skurwysyna, z którym zawsze trzeba się lać na interwencji.

Ile ma lat?

Już taki po pięćdziesiątce. Ma ryj wytatuowany i jak się tylko na niego spojrzy, to od razu wiadomo, że coś z nim nie tak. Jest też posiadaczem dwóch amstaffów.

Kiedyś była taka sytuacja, że jednego zostawił w samochodzie. A to było lato. Co prawda wieczór, ale i tak gorąco. Zaglądam do tego auta i widzę, że ten amstaff cały pokaleczony. No to wołam tego pojeba i mu mówię:

– Co ty sobie, kurwa, człowieku wyobrażasz? Masz natychmiast tego psa zabrać do siebie albo pootwierać okna i dać mu wodę. Przyjdę tu jutro o ósmej rano i jak nie będzie z nim wszystko w porządku, to ci łeb odjebię.

Wyobraź sobie, że w tym wypadku zadziałało. Pootwierał szyby i przyniósł temu psu wodę.

A zdarzyła ci się taka sytuacja, że ktoś cię zaatakował?

Oczywiście. Opowiem ci jedną historię. Trzepaliśmy kiedyś chłopaków na blokowisku. No i jeden z nich miał przy sobie sporo takiego suszu zielonego. Mówię sobie: „Bingo, mamy cię, chłopczyku". A on nam na to:

– Chuja mi zrobicie! To dopalacze ze sklepu, i to legalne.

– To się jeszcze zobaczy – odparłam.

No i zabraliśmy go na komendę. Był mocno pijany i naćpany, a w komendzie wyskoczył do mnie z łapami. Normalnie mnie za szyję złapał. Ale ja mu od razu wywinęłam kopa w jaja. W dodatku obok stał mój kolega i szybko go powalił na ziemię. Na to wszystko wszedł dyżurny i zaczął jęczeć: „Olaboga, co wy robicie?". Zresztą ten sam obsraniec co wcześniej.

Ten, co gaz wycierał?

Tak. To mówię:

– Co ty, człowieku? Nie wpierdalaj się, nie przychodź tu. Nie chcesz nam pomóc, to wypierdalaj.

Już później to jechałam z nim na ostro, wcale się nie czaiłam.

Ale wracając do sprawy: w komendzie był wtedy jeszcze jeden kolega policjant, który również nie lubi, jak mu się na głowę wchodzi. No to od razu sprzedał chłopu sierpa w brzuch i na glebę. Klęczeliśmy na nim we troje. I tak go prostowaliśmy, że mu połamaliśmy żebra i rękę. Ząb miał też ukruszony z przodu. No ale naprawdę bardzo się rzucał. Dostał jeszcze pałą, bo dyskutował.

A znęcaliście się potem nad nim?

Trochę tak. Na przykład jak przysypiał, to waliliśmy z całej siły pałą w ławkę. A to jest taki hałas, jakby ktoś z broni wystrzelił. Gość się budził, a my:

– Nie spać, kurwa! To nie jest Ciechocinek! Co ty tu, kurwa, spał będziesz?

No bo wiesz, my tak odreagowujemy, bo to pomaga zachować jakąś przytomność umysłu i równowagę. Inaczej, jakbyśmy tak po prostu przyjmowali na siebie wszystkie te ciosy, to szybko nabawilibyśmy się nerwicy.

Jak to się dalej potoczyło?

Jak wytrzeźwiał, wyszedł i z marszu pojechał z siostrą do prokuratora złożyć zawiadomienie, że go pobiliśmy. Czyli przekroczenie uprawnień. Pół komendy wtedy przesłuchali. BSW robiło rekonstrukcję zdarzeń. (*śmiech*) Sprawa się ciągnie nadal, ale idzie w dobrym kierunku. Tylko wiesz, faceci dzisiaj w ogóle honoru nie mają. Dostał wpieprz, to powinien usiąść i nie pajacować. Ale nie, lecą od razu do prokuratora. Jak tu się nie denerwować?

Ty zachowujesz pogodę ducha.

Ja w ogóle jestem pogodnym człowiekiem.

Znam policjantki, które po sześciu latach pracy przychodzą do firmy i po prostu rzygać im się chce. Są tak dojechane psychicznie.

Wiesz co? Też tak miałam przez jakiś czas, gdy pracowałam jako rzecznik w Łodzi. Byłam na przykład umówiona z kimś z naszej prasy lokalnej, żeby napisać artykuł, a przychodził pan komendant i przynosił mi czterysta kopert do wysłania. Zajmowałam się tym, a potem na koniec dnia była zjeba, że artykuł nienapisany. Generalnie ciągle ktoś czegoś ode mnie chciał i miałam dość. Kompletnie nie mogłam swojej pracy usystematyzować. Dlatego najpierw przeszłam do ruchu drogowego, a potem na własne życzenie do patrolówki.

A jak pracowałaś w ruchu drogowym, to brałaś w łapę?

Nie, nigdy w życiu. Myślałam sobie: „Co mi da te pięćdziesiąt czy sto złotych? To nie zmieni mojego życia". Mogłabym wziąć łapówkę w wysokości pięćdziesięciu milionów dolarów. To by była kwota, którą warto przyjąć. Ale mnie proponowano tylko jakieś drobne sumy. (*śmiech*) Zdecydowanie mówiłam wtedy:

– Proszę pani czy pana, czy naprawdę pan / pani uważa, że zaryzykowałabym pracę dla pięćdziesięciu czy stu złotych? Ja chyba już nie muszę więcej mówić. Proszę się nad tym zastanowić. Do widzenia. – Bo to naprawdę łatwy pieniądz.

Jeszcze zrozumiem policjanta, który ma dużą rodzinę na utrzymaniu, kredyty, chore dziecko czy coś w tym stylu, i jest niewydolny finansowo. Ale ja? Po co mam to brać? Żeby sobie jakieś nowe buty kupić? To sobie inaczej na to zarobię albo będę żyła na tyle, na ile mnie stać.

Masz powołanie i lubisz tę pracę.

Czasami jestem osłabiona. Miałam ostatnio taki okres, kiedy nas rozdzielili w tym patrolu, że trochę zwątpiłam, czy to ma sens. Myślałam nawet, żeby zmienić tę robotę. Bo kiedy mam pracować, jak nic nie mogę zrobić i muszę omijać tych wszystkich gnojów i uważać, żeby im przypadkiem siniaczka nie nabić, to mi się odechciewa. Naprawdę miałam moment stagnacji i jeszcze trochę w nim tkwię. To znaczy robię swoje, nie daję sobie włazić na łeb, ale przystopowałam z wynikami.

Przełożeni tego nie widzą?

Pewnie niedługo wezwie mnie komendant i zapyta, dlaczego tak się dzieje. Wtedy mu powiem. Ale – tak swoją drogą – mamy od paru miesięcy nowego komendanta. Takiego, co z plebsem nie rozmawia. Czyli zwykłemu policjantowi ręki nie poda.

Więc jeśli kogoś wzywa, to tylko po to, żeby go zjebać albo wkręcić mu jakieś postępowanie.

Ostatnio miałam taką sytuację, że mnie wezwał. Miałam akurat wolne. Zostawiłam w mieszkaniu telefon do adwokata, bo mam teraz taką manię, że zostawiam go swojemu bratu – na wypadek gdyby mnie za coś zamknęli. No i poszłam do komendanta z marszu, w szortach, nawet włosów nie umyłam. Strasznie się stresowałam. Tak bardzo, że spociłam się jak świnia. Jeszcze jego sekretarka mówi do mnie na wejściu:

– Pan komendant to cię nie wpuści w takim stroju.

– A w jakim niby miałam przyjść? Przecież mam, kurwa, wolne.

– W mundurze!

Ale sobie myślę: „Nie, nie będę wracała do domu. Mam to w dupie. Najwyżej mnie wygoni".

I co? Przyjął cię?

Tak, ale na wstępie powiedział:

– Wypadałoby, żeby do komendanta nie przychodzić w szortach. – I dalej mówi: – Słyszałem, że pani gazuje ludzi.

(*śmiech*)

Autentycznie! Jak dziennikarz TVN-u. Odpowiedziałam:

– Panie komendancie, absolutnie!

– Bo wie pani, przeanalizowałem pani pracę i zauważyłem, że pani ma niezłe wyniki, że pani się wybija ponad wszystkich.

– No tak, starałam się, żeby tak było.

– I to się chwali, ale dlaczego tyle skarg? Skąd te skargi i czemu pani tak tych ludzi gazuje?

No i zaczęłam mu tłumaczyć, że Koluszki to jest takie miasto, że tu z ludźmi trzeba rozmawiać ich językiem. A wyniki mam ostatnio słabsze, bo nas rozdzielono z moim partnerem, i nie ukrywam, że zbiło mnie to z tropu. On mi na to, że tak zrobiono, bo trzeba było nas ukarać po tych wszystkich zażaleniach.

Tak swoją drogą, to nie była jedyna kara. Bo przez te skargi nie dostałam też awansu. Już w tamtym roku powinnam zostać starszym sierżantem. A nadal jestem sierżantem.

Fatalnie.

No, a miałam już wcześniej taką nieprzyjemną sytuację w poprzedniej komendzie w Łodzi. Na Święcie Policji mój przełożony nachlał się i zaczął mnie wyrywać do tańca, mówić per piękna i tak dalej. No rozumiem, że możemy się najebać, ale są pewne granice.

Sama też byłam pijana i mu odpowiedziałam, że nie dla psa kiełbasa. I się obraził. Potem miałam przejebane. Bo wiecznie coś było źle w papierach, a to, a tamto. Uwziął się na mnie po prostu. No i przez to w końcu zmieniłam miasto. Tym bardziej że byłam wtedy w okresie służby przygotowawczej, więc wszelkie postępowania dyscyplinarne mogły się dla mnie źle skończyć.

A w Koluszkach już cię rozpoznają?

Tak, i wiem, że się boją. Podobno ludzie mówią między sobą, że jak przyjeżdżam na interwencję, to trzeba od razu telefon wyciągnąć i nagrywać, bo wtedy nie będę ich gazować. Zresztą nawet jak gdzieś idę i towarzystwo mnie widzi, to się od razu rozchodzi.

A pogróżki dostajesz?

Tak, na Facebooku na przykład otrzymywałam różne wiadomości. Kiedyś nawet się wkręciłam w rozmowę z jednym takim. Żalił się, że mandat dostał za nic. A ja akurat byłam wstawiona i siedziałam z koleżanką, która zaczęła mnie podkręcać. No to napisałam mu, żeby nie zachowywał się jak cipa. A on złożył na mnie skargę.

(*śmiech*)

Poszłam z tym nawet do adwokata. Ale uspokoił mnie, że nic mi nie udowodnią. Wystarczy, jak powiem, że to nie ja, tylko ktoś z mojego konta to napisał, i po sprawie. No i tak w to brnęłam. A miałam fart, że pani prokurator, która prowadziła tę sprawę, to wielka psiara. W sensie, że uwielbia psy, tak jak ja. Pół godziny trwało przesłuchanie, a potem przez godzinę gadałyśmy o psach. Pytam w końcu:

– Pani prokurator, czego ja mogę się po tym spodziewać?

A ona:

– Niczego.

I do widzenia.

Najpierw siedzisz siedem miesięcy na kursie, następnie sześć lat wspinasz się po szczeblach kariery, a potem strasznie łatwo można wylecieć.

Bardzo łatwo. To się tak mówi: w policji jest stała praca, czego tu więcej chcieć!? Takiego wała. Mogą cię wypierdolić z dnia na dzień.

Opowiem ci taką historię. Policjant ode mnie z komendy jechał samochodem razem z kolegą mechanikiem. Obaj byli wypici. No i się rozbili. Kolega policjant zwiał, a mechanik był tak pijany, że nie mógł wysiąść z samochodu. No i go zgarnęli. A wiesz, naczelna zasada w podobnej sytuacji jest taka, żeby spieprzyć z miejsca zdarzenia. Bo nikt ci nie udowodni, że to ty jechałeś. Wystarczy, jak na przykład powiesz, że zgarnąłeś autostopowicza i dałeś mu prowadzić, a jak się rozbiliście, to on uciekł. I nikt ci niczego nie udowodni.

Ale wracając do tematu: wzięli mechanika na przesłuchanie, zaczęli go cisnąć i w końcu wszystko opowiedział. Na drugi dzień wywalili tego policjanta. Dla dobra służby.

Dla dobra służby? Jest taki przepis?

Oczywiście! To właśnie jest ten najbardziej bolesny dla nas przepis. Mogą cię też wyrzucić ze względu na „oczywistość czynu".

A to co za przepis?

No, że wszystko jest ewidentne i nie ma wątpliwości, że popełniłeś dany czyn. W każdym razie wywalili ich od razu, mechanika w końcu też. Jeden teraz pracuje jako ochroniarz na stacji benzynowej, a drugi na ochronie w Realu. Młode chłopaki, kurde. Ale fakt, przegięły pałę. To były takie dwa ziomki, że jak balet był, to po całości.

A tobie się balety zdarzają?

Jasne. Pamiętam, jak były jakieś uroczystości i pojechałam tam jako rzecznik zrobić parę zdjęć. No i wracałam potem ze znajomymi policjantami. Jeden z nich w pewnym momencie rzucił:

– No to co? Ja tobym się ananasówki napił!

Dobra. Zajechaliśmy na stację. Mamy taką jedną, gdzie możemy bezpiecznie alkohol kupować.

Jak to bezpiecznie?

No, że nikt nas nie zakabluje, że w mundurach alkohol kupujemy. (*śmiech*) Bo wiesz, nie może być tak, że klienci stoją w kolejce, a my kupujemy flaszkę. Nie ma takiej opcji. Albo ci zamówienie przynosi pani z zaplecza, albo sam idziesz na zaplecze, tam kupujesz, chowasz pod kurtkę i w ten sposób wychodzisz. Sama to praktykuję, jak na przykład wracam ze służby i chcę sobie po drodze piwo kupić. No bo nie ma sensu jechać specjalnie do domu, żeby się przebrać, i dopiero po alkohol, nie?

Ale wracając do tamtej sytuacji: najpierw kupiliśmy sobie te małe ananasówki. Każdy wypił po jednej. No to dokupiliśmy więcej. W zasadzie to od cholery tych butelek było. (*śmiech*) No i pojechaliśmy radiowozem do takiego zagajnika koło szpitala. Tam włączyliśmy sobie muzykę i zaczął się lekki balecik przy radiowozie. Mówię ci, jak sobie to przypomnę, to po prostu szok. (*śmiech*) Policjanci w granatowych mundurach piją i tańczą przy oznakowanym radiowozie...

Nie baliście się, że ktoś na was doniesie?

Jak człowiek pijany, to nie myśli. A wiesz, my tam mordy normalnie darliśmy. (*śmiech*) W dodatku koledzy musieli przecież kilometry natłuc. No to jeden z nich wsiadł za kierownicę i jeździliśmy tam i z powrotem, żeby kilometrów narobić. Później zajechaliśmy na komendę, a tak byliśmy wstawieni, że koledzy nie mogli notatnika sobie rozpisać. W ogóle ręka nie pracowała. Ja spróbowałam i też nie dałam rady. Oni na szczęście żyli w zgodzie z dyżurnym i jakoś się tam rozliczyli. A mnie później do domu odwiózł kolejny patrol. Tak że zdarzały się takie balety. (*śmiech*)

Zresztą jeden z tych gości, z którymi balowałam, to ten sam, co się tym samochodem potem rozbił i go wyrzucili.

A kim oni dokładnie byli?

Dzielnicowymi. Jeden z nich sypiał z tą kierowniczką, o której ci wspominałam. Tam zresztą była niezła telenowela. Bo jej mąż się w końcu dowiedział i pobił się z tym chłopakiem na jakichś zajęciach sportowych. A ona w końcu została z mężem.

A tobie często zdarzało się pić?

No czasami się zdarzało. Pamiętam, że jak byłam rzecznikiem prasowym w Łodzi, to siedziałam w pokoju w komendzie razem z policjantem od nielatów, czyli w policyjnym slangu „nieletnich". No i on strasznie lubił sobie chlapnąć. Dzień zaczynał od szklanki gorzały. Mnie też zawsze pytał:

– Chcesz? Chcesz?

No i kiedyś przyszłam z samego rana wkurwiona na komendanta i powiedziałam:

– Dobra, polej mi.

Napierdzielił mi szklanę gorzały i wypiłam ją. Oczywiście nie naraz, bo nie byłabym w stanie przełknąć. Ale najgorsze było to, że potem musiałam iść do komendanta. Bałam się, że wyczuje. Dlatego siedziałam u niego cały czas na wdechu.

(*śmiech*)

Oj, były nieraz historie. W kryminalnym miałam takiego ziomala, z którym mieliśmy stałe dyżury. Zawsze się dobrze rozumieliśmy. Co nie powiedziałam, to on się zawsze śmiał. Bardzo fajny gość. Poza tym miał bardzo dużą wiedzę i mogłam się od niego wiele nauczyć. No i lubiliśmy sobie na jakieś piwko pojechać.

Na służbie?

Tak. (*śmiech*) Ale tam nie było lipy. Nikt nas na interwencje nigdzie nie wysyłał, mogliśmy jeździć, gdzie chcieliśmy.

No i zdarzyła się sytuacja, że przyszła do nas taka młoda policjantka, a my postanowiliśmy ją wdrożyć w szeregi. Pojechaliśmy do baru na pizzę i wzięliśmy do tego trzy cytrynówki.

Trzy razy po pół litra?

Tak. Wypiliśmy to we trójkę i totalnie się narąbaliśmy. Potem jeździliśmy tak po pijaku. Jak wzięliśmy o dziewiątej rano nieoznakowany radiowóz, to oddaliśmy go dopiero o szesnastej. Nikogo nie interesowało, gdzie jesteśmy. Ale akurat po tej sytuacji miałam moralniaka. Niewiele brakowało, żeby się wpakować w szambo.

A jakie jeszcze interwencje zapadły ci w pamięć?

Opowiem ci o takiej trochę śmiesznej. Kobieta do nas zadzwoniła, bo mąż pijany i nie chce go do domu wpuścić. Okej, przyjeżdżamy na miejsce i pytamy babę, gdzie on jest. Mówi, że gdzieś uciekł. I jeszcze pyta:

– Ale co, nic nie zrobicie?

– A co mamy zrobić? Złożyła pani zawiadomienie o znęcaniu?

– Nie, nie.

Czyli mogłam z nim najwyżej pogadać. Jeśli nie byłby agresywny, to nawet nie miałabym podstaw, żeby go zawinąć.

Zjawiłam się na tej interwencji z kolegą, który był w tym mieszkaniu już wcześniej. No to go pytam, czy wie, gdzie może być ten mąż. On na to, że pewnie w piwnicy siedzi. Okej, idziemy tam, ale ten mój kolega był trochę niechętny.

– Eeee, nie idźmy tam. Ciemno jest i jeszcze pewnie jakieś szczury łażą…

– Nie, chodźmy – zaoponowałam. – Załatwmy to.

No i zaczęliśmy schodzić. Nie wzięłam latarki, więc świeciłam sobie telefonem. Już mieliśmy wracać, ale postanowiłam zajrzeć w jeszcze jedno miejsce. Patrzę – i aż sama podskoczyłam, bo poszukiwany tam właśnie stał.

Mówię do niego:

– Co ty mnie straszysz!?

Ale chłopina nic nie zrobił. (*śmiech*) Zaczęliśmy z nim rozmawiać i on w pewnym momencie mówi:

– Jak ja się z nią bzykam, to ona w ciążę zachodzi!

– Chłopie, ile ty masz lat? Nie wiesz, jak się dzieci robi?

– No ale jak ona mi mówi, że mogę, to psiukam… – Taki tekst do nas. (*śmiech*)

– Masz dwie opcje – odpowiedziałam – albo jedziesz z nami na dołek, albo do psychiatryka.

– To ja chcę do psychiatryka.

– Jak zatem przyjadą panowie z pogotowia, masz im powiedzieć, że miewasz myśli samobójcze. A jak tak nie powiesz, jedziesz z nami na dołek i nie pierdol.

Okej, powiedział ekipie z pogotowia, że ma myśli samobójcze, i zawieźli go do szpitala.

Za dziesięć minut znowu wywołuje nas dyżurny:

– Jedźcie pod szpital, bo się tam dantejskie sceny dzieją.

Przyjeżdżamy, a facet stoi przed budynkiem. Pytam go:

– Czemu wylazłeś?

– Bo oni mnie dusili...

Dobra, chuj tam, teraz to ja cię przyduszę. I gazem mu, a potem za wszarz i na pogotowie z powrotem. A tam ratownik mówi do nas:

– No, kurwa, złapał mnie za smyczkę, jak go chciałem zbadać, i zaczął mnie dusić. No to ja też zacząłem go dusić.

Tak ich ten facet wkurwił, że wzięli go przypięli pasami, a cewnik mu na żywca zakładali. (*śmiech*)

No, powiem ci, że czasami jeździ się do takich głupot. Problem w tym, że niektórzy policjanci kompletnie się do tego nie nadają.

Na przykład?

Mamy teraz taką dziewczynę, którą znałam jeszcze z poprzedniej komendy. Tylko że tam była sekretarką i nosiła papiery. Aczkolwiek i tak nikt nie dawał jej niczego odpowiedzialnego, bo zawsze coś schrzaniła. Jak inne dziewczyny wracały z urlopów, to się za głowy łapały, bo nie wiedziały, od czego zacząć z tymi papierami. Wszyscy się zastanawiali, kto w ogóle przyjął do firmy tę kobietę.

Teraz jest jeszcze większy problem, bo już nie siedzi za biurkiem, tylko pracuje na ulicy. Jak jedziemy na jakąś interwencję, to się wszystkiego boi. Zawsze mnie pyta:

– Ale trzeba będzie się z nimi ciągać czy nie trzeba będzie?

– A skąd ja mam, kurwa, wiedzieć, czy trzeba będzie się z nimi ciągać? Pojedziemy, zobaczymy – odpowiadam. – Jak będzie trzeba, to co poradzisz?

– Bo ja bym wolała, żeby nie.

Raz pojechałyśmy do takiego gościa, który dopiero co wyszedł z więzienia i tłukł strasznie swoją matkę. Staruszka nas błagała, żebyśmy go zabrali, bo on ją zabije. Pokazała nam, że uciekł do takiego lasku. No to stwierdzam:

– Idziemy po niego.

A ta moja koleżanka na to:

– Ja to nigdzie nie będę szła. Przestań, jeszcze jakiegoś kleszcza złapię! Za gęsto jest. A wiadomo, gdzie on się schował?

Tak mnie to wtedy wkurwiło... Mówię do niej:

– Albo, kurwa, wysiądziesz z tego radiowozu, albo cię za kudły wyciągnę.

– A czemu ty tak na mnie krzyczysz?

– Nie wkurwiaj mnie, tylko wysiadaj!

No i wysiadła z radiowozu obrażona. Ruszyłam z nią i z pałą przez las i drę się:

– Gdzie jesteś, szmaciarzu!?

Myślałam, że wyjdzie, jak go trochę obrażę. Niestety nie miał ambicji. W końcu ta nasza koleżanka go znalazła. Leżał na brzuchu schowany w krzaczorach. Mówię do niego:

– Co ty, kurwa, przed policją się chowasz? – I jeb go pałą. A potem gazem.

Najgorsze było to, że za bardzo się nachyliłam i sama dostałam kropelką w oko. Zalałam się łzami, co jeszcze bardziej mnie wkurwiło, bo rozmazałam sobie makijaż.

No ale jakoś go tam wyszarpałyśmy i zaczęłyśmy prowadzić przez las. Ja niosłam nasze pałki i inne pierdoły, a ta koleżanka go prowadziła. Nagle on się obraca i mówi do niej:

– Puść mnie, kurwa!

I ona go puściła! Tak po prostu.

Na szczęście się przewrócił i zarył ryjem o glebę. Mówię do niego:

– I na chuj się wyrywasz?

– Kurwa, do prokuratury pójdę!

– Idź, kurwa. Ja pójdę do prokuratury z twoją matką.

Innym razem było tak, że ta sama panna pojechała z moim kolegą na interwencję, bo jakiś psychol biegał z siekierą. Zbliżyła się radiowozem sto pięćdziesiąt metrów od miejsca zdarzenia i powiedziała, że ona pierdoli i dalej nie jedzie. Kolega mówi:

– Podjedź trochę bliżej, bo nie będę tyle szedł.

Podjechała więc może jeszcze z dziesięć metrów i powtórzyła, że bliżej nie podjedzie, bo się boi, że ten psychol szyby w samochodzie powybija. Zamknęła się w radiowozie, a kolega sam poszedł na interwencję. Nawet nie wiedziała, co się tam dzieje. Samego go zostawiła. Potem dopiero drugi patrol przyjechał. Na szczęście spacyfikowali gościa i nikomu nic się nie stało.

Ale nikt nie pisał na nią żadnych raportów?

No, bo to jest takie mylne przeświadczenie, że nikt nikogo nie będzie podpierdalał i mu krzywdy robił. A tak naprawdę jest odwrotnie. Bo ktoś może przez to ucierpieć.

Ta dziewczyna nawet by nie wiedziała, kiedy ma pomoc wzywać. Ja z nią wielokrotnie rozmawiałam i mówiłam, że tak nie może być. Pytałam, co ona w ogóle lubi w tej pracy. Nie była w stanie mi odpowiedzieć. Bo wkurwia ją nawet to, że musi w mundurze przychodzić, a nie może w miniówie. Zresztą takich dziwnych przypadków jest więcej.

Raz pojawił się u nas chłopak, który był totalnie nierozgarnięty. Wszystko trzeba mu było pięćdziesiąt razy powtarzać. Nawet, kurwa, radiowozem nie umiał jeździć. Jak wyjeżdżał z placu naszym ducato, to mu pięć razy zgasł. A przecież to jest taki czołg... najlepszy samochód na świecie. Mówimy na niego czasami „komnata śmierci" albo „pokój zwierzeń".

Czemu tak?

Bo od razu załatwiamy w nim przesłuchania. Tam są przyciemniane szyby i z zewnątrz nic nie widać. Jak piźniesz komuś, to żaden postronny obserwator nie widzi. A jak ktoś cię wkurwi, to wsadzasz go do klatki i zapierdzielasz, hamujesz gwałtownie, gazujesz, wchodzisz szybko w ostre zakręty. A gość tam lata jak ulęgałka. Tak że ta „komnata śmierci" jest zajebista do jeżdżenia na służbie. Poza tym jak masz śmierdziela zaszczanego, no to go zapakujesz do tej klatki i nic nie czujesz. Wszystko jest zajebiście, nic cię nie interesuje.

A jak przy robocie takiej jak twoja wygląda kwestia ciąży?

Ciąża to jest genialna sprawa w policji. Masz świetne warunki... Nie interesowałam się za bardzo tym tematem, ale wiem, że gdybym zaszła w ciążę, to pierwszego dnia mogę iść na zwolnienie lekarskie na sto procent i nie muszę tutaj specjalnie się tłumaczyć. Nikt nie może mieć pretensji, że ja w patrolu nie chcę robić w ciąży. Bo to byłoby chore – niepotrzebne narażanie siebie i dziecka na niebezpieczeństwo.

A jeśli chodzi o zwolnienie, to masz w stu procentach płatne. Potem rok urlopu macierzyńskiego. A jeszcze jest taki przepis, że jeżeli jesteś samotnym rodzicem, to do ósmego roku życia dziecka nie możesz mieć weekendów i nocek. A jak wychowujesz dziecko z kimś, to do czwartego roku życia. Tak że to jest fajnie zrobione.

A ty nie miałaś takiego instynktu czy odkładałaś to na później?

Wiesz co? Po prostu nie było do tej pory w moim życiu faceta, który dałby mi takie poczucie bezpieczeństwa, żebym się zdecydowała urodzić mu dziecko. Tylko i wyłącznie z tego to wynika. Instynkt nie ma tu nic do rzeczy.

To jest kwestia tego, że muszę mieć w facecie oparcie. A to jest trudne. Niełatwo być z kimś, kto wykonuje taką pracę jak ja. Nie da się tej pracy nie przynosić do domu.

Ja jestem taka, że jak mi się coś przydarzyło w ciągu dnia, to mam potrzebę się komuś wygadać. I na przykład mój (jeszcze) obecny mąż tego nie udźwignął. On nie umiał tego słuchać. Nawet nie chciał. A mnie to było potrzebne. Potrzebowałam nawet tego, żeby się przytulić albo wypłakać. A on to wszystko bagatelizował. Unikał takich rozmów. Nie chciał być dla mnie oparciem.

A poprzedni mąż, ten policjant?

Jego przyłapałam na zdradzie. I to takiej ewidentnej. Chociaż już wcześniej powinnam się tego domyślać, bo to był okres, kiedy bardzo często wyjeżdżałam w sprawach służbowych jako projektantka. No i koleżanka namówiła mnie w pewnym momencie, żebym zainstalowała w domu kamerkę. Tak też uczyniłam. Umieściłam ją w misiu, który leżał na półce. No i okazało się, że odchodziły u nas sceny dantejskie.

Widziałaś to wszystko?

Nie, nie byłam w stanie. Jak tylko zobaczyłam początek, od razu zwymiotowałam. Ale moja koleżanka była na tyle odważna, że obejrzała cały film... No i tam było podobno z pięć czy sześć różnych osób, i to nie tylko były kobiety. To było najgorsze.

Prostytutki?

Nie, byli też faceci! Ja nie wiem, czy praca go tak zżarła, czy był jakimś kryptogejem i bał się do tego przyznać... Tylko nie mogę zrozumieć, czemu on tak robił.

Zaczęłam się go okropnie brzydzić – za to, że okazał się takim skurwysynem i dopuszczał się takich rzeczy. On się wobec mnie zachowywał tak, jakbym to ja go zdradzała na prawo i lewo, a tak naprawdę sam to robił. Tymczasem nie pozwalał mi nawet z domu w szpilkach wyjść. A sam ze mną nie sypiał – tak z półtora roku przed rozwodem.

W ogóle?

W ogóle. Uwierz mi, że tak można.

Z czego to wynikało?

Ciągle się kłóciliśmy. Poza tym on miał takie dziwne pomysły, na przykład żeby jeszcze jednego pana zaprosić. Czujesz? Chciał, żebym oglądała, jak jakiś facet mu robi loda. Kurwa mać. Ja w ogóle nie brałam pod uwagę takich rzeczy.

Coś mu się pomieszało we łbie. Może za dużo czasu spędził w pracy w męskiej szatni?

Powiem ci, że w pewnym momencie wstydziłam się wychodzić z nim do ludzi. Bo on potrafił na przykład w towarzystwie opowiadać o tym, że bierze łapówki. Tłumaczył, że od miejscowych się nie bierze, tylko od Litwinów, Ruskich i tirowców. Próbowałam go hamować, ale mnie nie słuchał. Wyjaśniałam:

– Uważaj, bo ktoś cię kiedyś zakabluje, jak tak będziesz gadał.

On pracował w ruchu drogowym?

Tak. Zawsze o tym marzył. Do tej pory tam zresztą pracuje. Cud, że jeszcze się nigdzie nie wpieprzył. A BSW już kiedyś za nim łaziło. Mnie też wypytywali, czy mój były mąż brał łapówki i czy zajmował się tematem sprowadzania samochodów.

Prawdziwi mistrzowie gry operacyjnej.

No, pojechali nawet do mojego dziadka. On do mnie potem zadzwonił i pyta:

– Co żeś ty, kurwa, nawywijała?

– Ale o co chodzi?

– Przyjechało do mnie jakichś trzech ludzi i się wypytywali o ciebie. Na pewno coś nawywijałaś.

– Nie, dziadziusiu, nie, nie nawywijałam. Nie wiem, o co chodzi. Pewnie jakieś formalności.

Bo jak się później okazało, oni bardzo dyplomatycznie rozmawiali z moim dziadkiem, ale on nie był głupi i wiedział, że coś jest na rzeczy. Potem dziadkowi wyjaśniłam, że to nie o mnie chodzi, tylko o mojego byłego męża. On mi na to:

– Kurwa, nie wierzę. Coś mi się tu nie podoba.

A jak wyglądała twoja rozmowa z ludźmi z BSW?

Spotkali się ze mną przed basenem, na który chodziłam. Pamiętam, że byłam strasznie zestresowana. Maglowali mnie chyba przez godzinę. W końcu im powiedziałam:

– Słuchajcie, nie wiem. Jeśli nawet coś brał, to ja nigdy tego nie widziałam i nie miałam z tym nic wspólnego.

Taka zresztą była prawda. To znaczy wiedziałam, że bierze, ale nigdy z tych pieniędzy nie korzystałam. On sobie to gdzieś odkładał, i tyle. Zresztą ja nigdy nie byłam zależna od drugiej osoby. Nie chciałam być utrzymanką faceta.

Jak wyglądało wasze rozstanie?

Wyprowadziłam się pod jego nieobecność. On był w pracy, a ja spakowałam się i uciekłam.

Dlaczego tak?

Bo się go bałam. On był nieobliczalny. Kiedyś, jak się pokłóciliśmy, zapytał:

– Co, pewnie będziesz chciała się ze mną rozstać?

Odpowiedziałam, że zastanowię się nad tym. On mi na to, że nie pozwoli mi odejść. A jak będę naprawdę chciała to zrobić, to wyrzuci mnie z balkonu i powie, że sama się zabiłam. Już ci o tym mówiłam. A wtedy uwierzyłam. Jego było na to stać.

No więc wiedziałam, że muszę się wyprowadzić w takim momencie, kiedy nie będzie mógł mnie zatrzymać. Jak wyszedł na szóstą rano do pracy, to spakowałam wszystkie rzeczy i po prostu zwiałam. Cała się trzęsłam ze strachu, taka byłam spanikowana, ale zrobiłam to.

Jak zareagował?

Wydzwaniał, szukał mnie, dopytywał, dlaczego się wyprowadziłam. W końcu spotkałam się z nim przed komendą i powiedziałam:

– Jeśli będziesz stwarzał jakiekolwiek problemy, to wypłynie nagranie, na którym jesteś ze swoimi kolegami i koleżankami.

Jak to usłyszał, zrobił się blady i aż się zachwiał na tych schodach do komendy. Powiedziałam mu jeszcze:

– Rozstańmy się jak ludzie, w zgodzie, bez żadnych pretensji... i daj mi święty spokój.

Posłuchał?

Powiem ci, że na początku była masakra. Wystawał pod tą komendą, płakał, przepraszał mnie, pisał SMS-y, wydzwaniał. W pewnym momencie jeździłam do pracy samochodem razem z koleżanką, tylko schowana na tylnym siedzeniu, tak żeby on mnie nie widział. To był ciężki czas, ale w końcu mu się odmieniło. Przyszedł moment, że znowu zaczął pałać do mnie nienawiścią. Ale nie robił mi już problemów.

A kim był twój drugi mąż?

Strażakiem.

Jak go poznałaś?

Pracowałam wtedy w wydziale kryminalnym i pojechałam razem z technikiem na wypadek. Na miejscu była też oczywiście straż pożarna. No i jeden z tych strażaków – właśnie mój przyszły mąż – poprosił mnie w pewnym momencie, żebym przestawiła radiowóz. Powiedziałam, że okej. On na to, czy może wsiąść ze mną. Zgodziłam się.

A po co chciał wsiąść?

No chyba po to, żeby mnie poderwać, bo nie widzę innego powodu. (*śmiech*)

Powiedział coś w stylu: „O, jeszcze nigdy nie jechałem radiowozem. Jak chcesz, to możesz się wozem strażackim przejechać". Odpowiedziałam, że już miałam okazję jeździć, na innych zdarzeniach. No i taka gadka szmatka.

Jak to się dalej potoczyło?

Koleżanka policjantka miała męża, który też był strażakiem. No i okazało się, że mój przyszły mąż załatwił sobie tą drogą numer telefonu do mnie. Napisał, umówiliśmy się na spotkanie i tak się wszystko zaczęło.

A co do ciebie napisał?

Nie pamiętam dokładnie. Jakąś bzdurę w stylu: „Jak tam dzień mija? Pozdrawiam. Strażak z wypadku". Potem zaczęliśmy gadać i dałam się zaprosić na randkę.

Pamiętam, jak rozmawiałam o tym z koleżanką. Powiedziałam jej, że facet się do mnie przystawia, ale na razie chyba odpuszczę sobie jakieś spotkania. Ona na to:

– Idź, co będziesz sobie żałowała. Przecież nie będziesz od razu za niego wychodzić.

No ale po tej randce wszystko się rozkręciło.

A długo się spotykaliście, zanim się chajtnęliście?

Półtora roku albo dwa lata. Jakoś tak. Ale bardzo szybko się do niego przeprowadziłam. Zaledwie po jakichś dwóch miesiącach znajomości. Trochę to wyszło z konieczności, bo bez sensu było wynajmować dwa mieszkania. Niestety wiązało się to z przeprowadzką do teściów, co okazało się gwoździem do trumny dla naszego małżeństwa. Zresztą u niego też zaczęły się ujawniać pewne problemy, których nie widziałam wcześniej.

To znaczy?

Chodziło o alkohol. Jak on pił, to nie potrafił sobie powiedzieć „dość". Walił do totalnej zwały. Ale nie takiej, że szedł potem spać, tylko włączał mu się tryb „szwendacza". No i to był problem. Bo nigdy nie było wiadomo, co mu odpierdoli.

A jaki był problem z jego rodzicami?

Wiesz, to się zaczęło od takich głupot. Na przykład przeszkadzało im, że światła gdzieś nie zgasiłam albo drzwi nie zamknęłam.

A to był duży dom?

Tak, sto trzydzieści metrów. My mieliśmy całą górę, a oni dół. No i to było tak, że ci rodzice skarżyli się mojemu mężowi na takie pierdoły właśnie. Ale ja to oczywiście wszystko słyszałam. Akustyka była w tym domu taka, że było nawet słychać, jak oni pierdzą na dole.

Aha...

No, nie kryli się z tym. Kiedyś, jak przyszła do mnie koleżanka i zostawiłam drzwi uchylone, to co oni pierdnęli, to myśmy to słyszały. Jeszcze się śmiali z tego i puszczali następne. Czasami miałam wrażenie, że sobie robią zawody...

Kurwa, ludzie to mają pomysły.

Poza tym jego matka była w ogóle bardzo zimną osobą. Odnosiłam wrażenie, że ma jakieś upośledzenie emocjonalne. Swoim wnuczkiem zajmowała się jak pielęgniarka. Bez jakichś większych uczuć, tylko na zasadzie obowiązku. Nie widziałam nigdy, żeby go czule przytuliła. Wiesz, co mam na myśli? To wszystko było takie właśnie... chłodne i mechaniczne. Nie znosiła też moich psów. Ona w ogóle nienawidziła zwierząt, mimo że się na wsi wychowała.

Z czym jeszcze był problem?

Mój mąż pracował co trzeci dzień, bo miał dyżury dwudziestoczterogodzinne. No to wykorzystywałam ten czas, kiedy go nie było, żeby sobie na przykład pójść na zakupy albo spotkać się z koleżanką. No i moja teściowa zaczęła mnie podpierdalać do męża, na zasadzie, że cały czas gdzieś latam i mnie nie ma. Nie miała tylko pojęcia, że mój mąż doskonale o tym wiedział.

On ci to powtarzał?

Czasami to słyszałam, a czasami on mi mówił. Jak sobie motocykl kupiłam, to też ich drażniło, że gdzieś sama jeżdżę. A ja nie robiłam nic złego, tylko na przykład pojechałam matkę odwiedzić. Nie daj Boże, jak pojechałam gdzieś ze znajomymi, którzy też byli motocyklistami. No, generalnie nie akceptowali tego, że mogę wychodzić gdzieś sama, bez niego. A jak jego nie ma, to – według nich – powinnam siedzieć w domu.

Kolejną kwestią było to, że jak przychodziłam do domu w mundurze, to teściowa się na mnie krzywo patrzyła.

Dlaczego?

Zapytałam kiedyś o to męża. Odpowiedział mi:

– Wiesz, bo jej się to źle kojarzy.

Generalnie chodziło o to, że jej pierwszy syn był ścigany międzynarodowym listem gończym za kierowanie zorganizowaną grupą przestępczą. No i był taki czas, że policja często bywała u nich w domu.

Ale ja mówię do niego:

– Przepraszam, kurwa mać, ale twojej matce policja się źle kojarzy, a gangsterka się dobrze kojarzy? No chyba nie tędy droga? Ja mam się wstydzić munduru czy to raczej twój brat powinien się wstydzić, że matce problemów narobił?

Kiedy mąż powiedział ci o tym, że jego brat jest ścigany listem gończym?

Jeszcze przed ślubem. W tym temacie był uczciwy. Aczkolwiek bardzo go to stresowało. Pamiętam, że pokazał mi na stronie policji jego wizerunek. Oni są do siebie bardzo podobni, więc w pierwszej chwili powiedziałam:

– Kurde, to ty?

A on na to, że nie, to jego brat. Spytał mnie też, czy to stanowi dla mnie jakiś problem. Odpowiedziałam, że nie. Przecież to nie on był poszukiwany, więc dlaczego miałabym mieć z tym jakiś problem?

A co on mówił o swoich rodzicach? Tłumaczył ich jakoś?

Nie, tylko na zasadzie: „No tacy są". Ale, kurde, bez przesady. Miałam się przebierać na komendzie, bo jego matce policja się źle kojarzyła? *Sorry*, ale bez jaj.

A ojciec jaki był? Pantoflarz?

Nie, on ją bardzo kochał. Aczkolwiek zdradził ją też kiedyś. Przez to ona go olewała. Inna sprawa, że był alkoholikiem, który miał okresy niepicia. Czyli na przykład nie pił przez rok, a potem przez tydzień lub dwa napierdalał non stop.

Jak twój mąż odbierał twoją pracę w policji?

Kiedyś powiedział mi, że jestem psychopatką.

Dlaczego?

Opowiem ci całą sytuację. Byłam akurat na interwencji i on zadzwonił do mnie z pytaniem, czy nie chciałabym czegoś do jedzenia. Odpowiedziałam, że chętnie, bo wiedziałam, że trochę nam zejdzie. No to kupił kebab i mi go przywiózł.

Tak się złożyło, że mieliśmy akurat akcję z bardzo agresywnym gościem, który wyskoczył do policjantów z łapami. Chłopaki go spacyfikowały i wsadziły do radiowozu, ale ten cały czas strasznie się darł i rzucał. No to otworzyłam drzwi w pewnym momencie i nawaliłam mu gazu. Tak się złożyło, że widział to mój mąż. Później mi powiedział, że jestem nienormalna i zrobiłam to chyba po to, żeby się popisać.

Mówię mu:

– Nie robię tego po to, żeby się popisać, tylko facet po prostu dał nam się we znaki. Ale co ja ci będę tłumaczyć, jak ty i tak nie zrozumiesz.

Bo wiesz, on uważał, że powinnam być taka bardzo... praworządna. Nawet jak jechaliśmy samochodem i złamałam jakiś przepis, to on mnie opierdalał. Ale jeśli on to zrobił, to nie było problemu. Kiedyś mu nawet powiedziałam:

– Ty masz jakieś wyobrażenie o kobiecie i próbujesz mnie do tego dopasować.

Wiesz, im dłużej byliśmy razem, tym więcej rzeczy zaczęło mu nagle przeszkadzać.

Ale zmieniałaś się w trakcie tego związku?

Starałam się czasami stosować do jego wymagań. On na przykład nie lubił, kiedy przeklinałam, więc starałam się tego w domu nie robić.

Pamiętam, jak raz jedyny opowiedziałam mu kiedyś o interwencji, podczas której ktoś dostał pałą i gazem. Był tym bardzo zniesmaczony, więc przestałam mu mówić o podobnych sytuacjach. Ale i tak słyszałam od niego teksty typu: „To w ogóle nie jest robota dla ciebie. To w ogóle nie jest odpowiednia praca dla kobiety. Nie wiem, dlaczego ty to robisz".

Czyli zaczęliście się od siebie emocjonalnie oddalać?

Tak. W pewnym momencie doszło do tego, że on był zawsze zmęczony, nic mu się nie chciało, zaczął wcześniej chodzić spać, na przykład o 21.30. A dla mnie to było za wcześnie. Poza tym zawsze miałam coś jeszcze do zrobienia. Jak przychodziłam po służbie do domu, to musiałam wstawić pranie, posprzątać, poprasować, zrobić coś do jedzenia i tak dalej. On tego nigdy nie robił.

No i tak stopniowo zaczęliśmy się od siebie oddalać. Pamiętam, że chciałam się kiedyś do niego przytulić, a on na to:

– A po co?

– No jak „po co”? Bo chcę.

– Ale ja nie mam ochoty.

– O co ci chodzi? Jesteś zły? Coś zrobiłam nie tak?

– No, jestem zły.

– Na co?

– Tak ogólnie.

– Jak ogólnie?

On w ogóle często stosował taki tekst, że jest wkurwiony. Na co? Na mnie. O co? O wszystko. „Bo mnie wkurwiasz”. Bo mu wszystko we mnie przeszkadzało.

Oni chcieli, żebym siedziała w domu. No to siedziałam. Był taki moment, że przez pół roku w ogóle nigdzie nie wychodziłam po pracy. Zrezygnowałam z tego. Byłam prawdziwą panią domu. Kiedyś załatwiłam nawet od swojej siostry zmywarkę, bo nienawidziłam zmywać naczyń. No to najpierw zbierali się ruski rok, żeby ją zainstalować, a potem jeszcze słyszałam od teściowej teksty w stylu: „Jakaś stara ta zmywarka”, „Coś słabo zmywa”. Wiesz, żadnego: „Dziękuję”, „Super, że to załatwiłaś”, „Jest lżej”, nic.

W ogóle oni byli strasznie leniwi. Mieli wielkie podwórko, na którym stał rozpadający się kojec dla psów, do tego stara, powyginana siatka, jakieś niepoprzycinane drzewa i krzewy. No, generalnie wszystko zarośnięte i zapuszczone. A ja byłam taka, że ciągle się ruszałam i wciąż chciałam coś robić.

To zresztą chyba też drażniło moją teściową, bo wolała nie wyjść na taką, co nic nie robi i się leni. A miała tylko kawałek ogródka, na którym pieliła warzywa.

Co było dalej?

W pewnym momencie zaczęły się przytyki, że rzekomo mam jakieś romanse.

Skąd takie oskarżenie?

Miałam w pracy jednego strasznie namolnego kolegę. Taki typowy „Tulipan", lowelas, który zaczepia wszystko, co się rusza. No i zaczął wypisywać do mnie SMS-y: „Miłego dnia najpiękniejszej dziewczynie" i tym podobne.

Ja to generalnie zlewałam i po jakimś tygodniu mu przeszło. Ale dowiedziałam się, że mój mąż trzepie mi telefon. Co za tym idzie, zobaczył SMS-y od tego gościa.

Jak się o tym dowiedziałaś?

Zapytał mnie wprost, kto to jest i dlaczego do mnie pisze. Odpowiedziałam mu, że to taki przygłup z roboty, i zapytałam, dlaczego przegląda mój telefon. Odpowiedział:

– Bo przecież kiedyś powiedziałaś, że nie mamy przed sobą tajemnic.

Stwierdziłam, że nie mamy, ale to jest jednak mój telefon i to trochę tak, jakby grzebał mi w bieliźnie. Kurde, no, to jest jednak intymna sprawa i według mnie nieetyczna. Ja jego telefonu nigdy nie dotykałam. Może to błąd i dawałam się robić w konia. No ale trudno. To jest osobista sprawa każdego z nas.

Aczkolwiek on w ogóle miał problem z tym, że jacykolwiek koledzy z pracy piszą do mnie SMS-y. Nawet jeśli było to coś w stylu: „Siema, czy mamy dzisiaj razem służbę?".

Kiedy sytuacja osiągnęła apogeum?

Był taki moment, że odprowadzaliśmy kibiców po meczu i stwierdziliśmy, że po pracy pojedziemy w plener z całą ekipą zrobić jakąś flaszkę. No i zasiedliśmy na jednym parkingu i piliśmy. Po tej „imprezce" miałam w telefonie zdjęcie, na którym widać, jak flaszka stoi na bagażniku, a my wokół niej.

I mąż pewnie przetrzepał ci telefon i zobaczył tę fotkę.

Właśnie. Obudził mnie w nocy i powiedział:

– Wypierdalaj, szmato.

– Ale o co ci, kurwa, chodzi?

No i zaczął się na mnie strasznie wydzierać. Sam był wtedy wstawiony. Ja byłam totalnie zszokowana, nie wiedziałam w ogóle, co się dzieje.

To zdjęcie było takie straszne?

No właśnie nie! Ja tam nie siedziałam nikomu na kolanach ani nic z tych rzeczy. On po prostu potrzebował pretekstu, żeby ze mną zerwać.

Ale wracając do sytuacji: w pewnym momencie wyciągnął telefon, pokazał mi to zdjęcie i zapytał:

– Co to, kurwa, jest?

To odpowiedziałam:

– Weź mnie nie rozśmieszaj, człowieku, co ty w ogóle...? Oddawaj mi ten telefon, to nie jest twoja własność!

Na to wszystko przybiegła teściowa i zaczęła pytać, co tu się dzieje. A on dostał szału. Zerwał ze mnie kołdrę i powiedział, że mam wypierdalać, bo inaczej zadzwoni po policję.

– Ty chyba jesteś nienormalny, jeśli myślisz, że ja stąd wyjdę – odparłam. – Wzywaj sobie, kurwa, policję.

A teściowa co?

Powiedziała:

– No, mówiłam, żebyście się rozstali, żebyście się rozeszli... Mówiłam, że za wcześnie wzięliście ślub...

Wiesz, zamiast go uspokoić, upomnieć, żeby się tak do mnie nie odzywał, tylko podgrzewała atmosferę. A mąż cały czas się darł, że mam wypierdalać, inaczej wezwie policję.

– Jak wezwiesz policję – odparłam – to ci gwarantuję, że jutro rano jestem u twojego komendanta. A ja i tak stąd nie wyjdę, policjanci też mnie stąd nie wyprowadzą, bo jestem tu zameldowana. – Byłam taka wkurwiona, że jeszcze dodałam: – Pierwszą osobą, która dzisiaj stąd odjedzie z policją, będziesz ty, bo jesteś nawalony i agresywny. Zastanów się, czy tego chcesz.

W dodatku, wyobraź sobie, zadzwonił jeszcze po moją matkę. Nawet o tym nie wiedziałam, nagle usłyszałam tylko, że dzwoni domofon, i okazało się, że to moja mama razem z moim ojcem i bratem.

Weszli do środka i mama pyta:

– Boże, co się stało?

Mąż na to do mnie znowu:

– Zabieraj się stąd, bo jak nie, to dzwonię po policję.

– Hola, hola, chwileczkę – wtrąciła moja mama. – Jaką policję i o co chodzi?

No to zaczęłam im tłumaczyć powoli, co się stało. Na to brat do męża:

– Ruszyłeś z łapami na moją siostrę!? Pytam się!

Zaczęłam go uspokajać, bo chyba pierwszy raz widziałam go w takim stanie. Potem mi powiedział, że gdyby się okazało, że mąż wystartował do mnie z łapami, toby go po prostu tam zajebał na miejscu.

W międzyczasie on pokazał im to feralne zdjęcie. Jak rodzice je zobaczyli, to go po prostu wyśmiali. Mama w końcu mówi do mnie:

– Kurwa, dzieciaku, zostaw go w pizdu i wyjdź z tego domu. Już ci wcześniej mówiłam, żebyś go zostawiła.

Tak przy nim?

Tak.

A kiedy ci mówiła, żebyście się rozstali?

Jakiś rok wcześniej. Mieliśmy kryzys i wyprowadziłam się od niego na miesiąc. Po prostu miałam już dość tego, że im przeszkadza, jak sama jeżdżę na motocyklu i tak dalej. Powiedziałam mu wtedy, że albo się wyprowadza ze mną, albo się rozstajemy. No i się wyprowadziłam.

Chciałam, żeby się wprowadził do mnie. Nie zrobił tego, ale i tak codziennie przychodził i u mnie siedział.

A czemu nie chciał się do ciebie wprowadzić? Z lojalności? Ze strachu?

No właśnie nie wiem, kurwa, z jakiego powodu. Myślę, że to była kwestia jego bratanka. W sensie dziecka jego brata, tego, który był poszukiwany listem gończym. Myślę, że teściowa chciała, żeby mój mąż zastępował temu bratankowi ojca. No i on faktycznie angażował się w opiekę nad nim.

A co z matką tego dzieciaka?

No na co dzień był u niej, ale na weekendy przyjeżdżał do dziadków. Tylko że ta matka miała jakieś dziwne, chore wizje własnej przyszłości i nie umiała zrozumieć tego, że nie tędy droga.

A poznałaś kiedyś tego brata?

Nie, nigdy nie miałam z nim do czynienia. Ale on raczej nie chciałby mnie poznać.

A co by było, gdybyś go zobaczyła i on by cię poprosił o lojalność, żebyś nie wzywała policji?

Nie wezwałabym.

Czyli stanęłabyś po stronie męża?

Wiesz co, ja bym nie chciała się w to po prostu wtrącać. Aczkolwiek nie zgodziłabym się, żeby go kryć specjalnie. Czyli żeby go na przykład gdzieś przewieźć samochodem. Bo ja w ogóle byłam do niego bardzo uprzedzona po tym, jak się dowiedziałam, że kazał kiedyś mojemu mężowi przemycić narkotyki do więzienia.

Jak to?

Jego brat trafił do aresztu na pół roku za kradzież samochodu. No i poprosił swojego młodszego brata – czyli mojego późniejszego męża – żeby mu przemycał na widzeniach narkotyki.

Po co?

Po to, żeby nimi handlować.

W jaki sposób twój mąż je przemycał?

W ustach.

Jakie to były narkotyki?

Koks.

A jakby mu to pękło w ustach?

No właśnie. Uważałam, że to jest skurwysyństwo ze strony starszego brata, żeby tak narażać młodszego. Ale on był totalnym egoistą i miał to w dupie. Gdybym ja prowadziła jakieś ciemne interesy, w życiu nie mieszałabym w to swojego młodszego rodzeństwa.

A jakie miałaś jeszcze akcje z tym swoim mężem?

Najgorzej było, jak wypił. Wtedy mu odpierdalało po prostu.

Kiedyś pojechał na przykład napić się do kolegi. Tak było wesoło, że w końcu się pokłócili, a potem pobili. W dodatku ten kolega wywalił mu plecak przez okno i ktoś ten plecak ukradł. No i mój mąż przyszedł o wpół do piątej rano do mnie – w sensie, że do tego mieszkania, które wynajmowałam, jak się wyprowadziłam. Wyglądał jak totalny menel – poszarpany, koszulka porwana. Dopiero na drugi dzień opowiedział, co się stało.

Ale on generalnie tak miał po alkoholu – wybierał sobie jakiegoś kolegę i mówił: „No, zajeb mi, zajeb mi". Normalnie był taki cichutki, a jak wypił, robił się niesamowicie wkurwiający.

Inna sytuacja. To z czasów, jak mieszkałam u niego. Pojechał pić na jakąś imprezę strażacką do miejscowości oddalonej od naszej jakieś czterdzieści pięć kilometrów. No i zupełnie nie interesowało go, jak wróci. Jeszcze go pytałam o to wcześniej. On na to:

– Jakoś sobie poradzę.

Miałam wtedy służbę od czternastej do dwudziestej drugiej, byłam bardzo zmęczona i jedyne, o czym myślałam, to żeby wrócić do domu. No ale zadzwonił do mnie przed dwudziestą pierwszą i zapytał, czy go nie odbiorę. Wtedy był jeszcze w całkiem dobrym stanie.

– Dobra – powiedziałam. – Pijesz jeszcze czy już nie pijesz?

On na to, że nie pije. Ale go już dość dobrze znałam i wiedziałam, że jak jest blisko końca imprezy, to wtedy zaczyna pić kieliszek za kieliszkiem. Kompletnie traci kontrolę.

No ale dobra, skończyłam służbę, wsiadłam w samochód i pojechałam. Jak już się zbliżałam, to zadzwoniłam do niego i pytam:

– Słuchaj, to gdzie jesteś konkretnie? Wychodź, za moment po ciebie podjadę.

A on mi na to, żebym jednak przyjechała za dwie godziny, bo on sobie jeszcze posiedzi. No nie wkurwiłbyś się?

No tak.

Ale myślę sobie: „Spokojnie". Mówię do niego:

– Jestem zmęczona po służbie, nie będę czekać dwóch godzin. Wyjdź teraz i pojedziemy do domu.

Jak się zaczął na mnie drzeć... „Ty kurwo taka i taka". Rozłączyłam się, nie mogłam tego słuchać. Ale mimo że mnie tak potraktował, czułam się jakoś za niego odpowiedzialna i znów tam pojechałam.

No i co, wyszedł z tej imprezy?

Tak. Zaczynam:

– Chodź, jedziemy do domu.

A on na to:

– Poproś mnie, żebym pojechał, to pojadę.

We mnie się zagotowało.

– Nie będę cię prosić – odparowałam – bo to ty mnie poprosiłeś, żebym tu przyjechała.

On na to, że w takim razie ni chuja, nigdzie nie pojedzie. Chłopaki się na to włączyły i mówią:

– Dobra, to poczekaj, my pójdziemy z nim, jeszcze jakieś piwo wypijemy i zaraz pojedzie.

– Nie, chłopcy. Jak z nim piliście, to teraz się z nim bujajcie.

Ale oni już wiedzieli, czym to śmierdzi, i żaden nie miał ochoty nocować go u siebie.

– Aha, tak myślałam. W takim razie ja was bardzo proszę, skoro jesteście jego kolegami, pomóżcie mi wpierdolić go do samochodu i róbcie sobie dalej, co chcecie.

Okej, pomogli mi go jakoś wsadzić do samochodu. Odjechaliśmy kawałek, a ten złapał za klamkę i wysiadł w trakcie jazdy. No to zadzwoniłam do koleżanki, której mąż też był na tej imprezie – żeby było śmieszniej, nasi świadkowie na ślubie – i poprosiłam ją, żeby oni go spróbowali jakoś zgarnąć.

I co, udało się?

Tak, ten świadek to był kawał chłopa, więc złapał go po prostu za bluzę, coś mu tam palcem pogroził i wpieprzył go do ich samochodu. Ja pojechałam za nimi. W międzyczasie zadzwoniłam do teściowej, żeby ją poinformować, w jakim stanie jest jej synuś. Opowiedziałam jej, jakie szopki odstawiał, i poprosiłam, żeby pomogła mi go opanować, jak przyjedziemy do domu.

No i jak to wyglądało?

Oczywiście skończyło się na awanturze. Powiedział wtedy do swojej matki takie zdanie:

– Ja nawet z nią nie spałem od roku, bo się jej brzydzę.

Usiadłam i mówię do niego:

– Boże, ja w to po prostu nie wierzę. – No i się rozpłakałam, bo zrobiło mi się strasznie przykro. Zastanawiałam się, co ja mu takiego zrobiłam, że on się mnie brzydzi. Po tej sytuacji postanowiłam się wyprowadzić.

Te ostatnie dni były bardzo nerwowe. Dzień przed wyprowadzką powiedział:

– Brzydziłem się ciebie, bo nie wiedziałem, kto się na ciebie spuszczał.

– Jak ty możesz się do mnie w ten sposób odnosić? Jak możesz mówić takie rzeczy? I ty twierdzisz, że mnie kochasz? Jak w ogóle możesz do mnie coś takiego powiedzieć?

Pamiętam dobrze ostatni dzień. Już się pakowałam, on siedział z komputerem na kanapie i nagle mówi:

– Chodź się przytulić.

Tak mi się zrobiło przykro, że aż mi się łzy zakręciły w oczach.

– Ale po co ty się chcesz teraz do mnie przytulać? – zapytałam. Nie chciałam tego zrobić. To by było robienie sobie jeszcze większej krzywdy.

A tak naprawdę to on jeszcze w tej ostatniej chwili się nade mną znęcał. Tak mi się przynajmniej wydaje. Chciał, żebym bardziej cierpiała.

No i co, przytuliłaś się do niego w końcu?

Położyłam się obok niego, a on mnie przytulił. Powiedział jeszcze:

– Bo ja już tęsknię za tobą.

Nie wytrzymałam wtedy i zaczęłam ryczeć. On w ogóle lubił, jak płakałam. Twierdził, że to go podnieca.

To chyba trochę chore.

Chyba tak.

A jak wyglądał sam moment wyprowadzki?

Też wyniosłam się, jak on był w pracy.

Teściowie byli w domu?

Tak. Jego matka przyszła do mnie rano i powiedziała:

– Przykro mi, że tak się ułożyło między wami.

Odpowiedziałam, że też mi przykro. Nie odwróciłam się nawet do niej, tylko dalej się pakowałam. Chciałam, żeby sobie poszła w pizdu. Na końcu powiedziałam im „do widzenia" i wyszłam.

A nie miałaś wrażenia, że zostaniesz sama?

Ale ja się nie przejmuję tym, czy zostanę sama, czy nie. Nigdy tak nie miałam, że kurczowo trzymałam się jakiegoś faceta albo bałam się, że zostanę sama. Wiem, że wiele kobiet może uważać za karę od losu sytuację, gdy zostają same. Ale człowiek musi trochę pobyć sam, żeby się odnaleźć i poznać samego siebie.

Praca była dla ciebie w tych trudnych chwilach odskocznią?

Oczywiście! Niekiedy wesołą. Mam na przykład takiego kolegę, na którego wołamy „Adolfik". Ma taki styl: „Dobry! A co w tej torbie niesie? A co tam ma? A jak się nazywa? A dokumenty ma? Dać mi dokumenty!". Wiesz, tak bezosobowo i tonem takiego Hitlerka.

No i mieliśmy zgłoszenie, że do stacji benzynowej dobija się dwóch pijanych – że się awanturują, sprzedawczynię wyzywają. No to dobra, jedziemy. Okazało się, że już po drodze spotkaliśmy tych gości. Domyśliłam się, że to oni, bo prowadzili się nawzajem. Jeden to był tak nawalony, że nie wiedział, co się dzieje.

Zatrzymaliśmy się, otwieram szybę i mówię do nich:

– Dzień dobry, proszę dokumenty. Jak się nazywacie?

Wiesz, żeby szybko i bez problemu dane podali. No a ten Adolfik wyskoczył na zewnątrz i zaczął mi się wpierdalać w rozmowę razem z tymi swoimi odzywkami. Wystartowali więc do niego z łapami.

Siedziałam wciąż w radiowozie i myślałam: „Pierdolę, wpieprzył mi się w temat, to niech się teraz męczy". Ale widziałam, że zaczęło się robić nieciekawie. No to dobra, wysiądę, bo, kurwa, Hitlera zaraz zabiją. (*śmiech*)

Jednego wzięłam, oparłam o płot, a z drugim próbowaliśmy gadać, ale on zaczął się przypierdalać na ostro. No to niewiele się zastanawiając, wzięłam gaz i mu przypierdzieliłam. Potem za fraki i do radiowozu. Ale w międzyczasie zniknął nam ten, co był tak fest nachlany. Myślimy: „Gdzie on się podział?". Nagle usłyszeliśmy chlupanie za radiowozem. Patrzymy, a on się wyłożył prosto w głęboką kałużę. Miotał się jak ryba.

Wzięliśmy go za wszarz i postawiliśmy do pionu. A ten wyciąga telefon i mówi, że będzie nas nagrywał. To się wkurwiłam, wyrwałam mu ten telefon i wyrzuciłam za płot. (*śmiech*) Oczywiście był tak najebany, że po pięciu minutach w ogóle nie pamiętał, że miał telefon.

Ale Adolfik się pospinał i mówi:

– No i co? A jak on będzie miał jakieś roszczenia?

– Weź, kurwa, daj spokój. Jakie on niby ma mieć roszczenia? Widziałeś, żeby coś miał? Nie? No to, kurwa, o co chodzi? Weź się lepiej tamtym zajmij, bo napierdala kopytami w radiowozie w siedzenia.

To poszedł i go spałował. Niewiele to dało, więc jeszcze raz go zgazowałam.

W radiowozie?

Tak. W ducato jest taka klatka zupełnie oddzielona od kierujących. Chociaż czasami trochę czuć ten gaz. A Adolfik jak tylko poczuje, to go od razu na wymioty rwie. Mówię kiedyś do niego:

– Gdzie ty pracujesz? W kwiaciarni czy w policji? (*śmiech*)

No ale w końcu zadzwoniliśmy po drugi patrol i ich zawinęliśmy. Ten jeden, co z nami jechał, strasznie nas wyzywał. Dałam głośniej muzykę, żeby tego nie słuchać. Potem z kolei płakał, że chce lekarza, bo go oczy bolą. Ale z nimi zawsze tak jest. Na ulicy zgrywają kozaków, a w komendzie to: „A poluźniłaby mi pani kajdanki?". Albo im się chce szczać, albo srać. Co chwilę coś. Po dziesięciu minutach od wejścia na komendę zaczyna się proszenie.

Tymczasem z Adolfikiem były jaja, bo on tego gościa zaczął prosić, żeby ten mu dane podał. Czujesz? A zatrzymany go, kurwa, wyzywał. W końcu mu te dane podał, ale powiedział jeszcze:

– A teraz mnie, kurwa, prowadź do łazienki, chuju!

No i ten go zaprowadził. Potem jeszcze mi powiedział, że trzeba tego zatrzymanego odwieźć do domu, bo jeszcze się pod samochód właduje. A ja:

– No to niech się właduje! A co, będziesz się nad nim rozczulał?

– Nie, tak nie można, tak nie można... – No i zaciągnął go do radiowozu.

Siedzimy tam razem, a zatrzymany znowu zaczął wyzywać Adolfika. Jechał z nim ostro. Do mnie na szczęście nie podskoczył. Zapytał tylko:

– A pani co potrafi?

– Do mnie to się lepiej, kurwa, nie odzywaj, dla własnego dobra.

No i się nie odzywał. (*śmiech*)

A najlepsze było to, że jak go już przywieźliśmy pod dom, to wysiadł i jeszcze pokazał Adolfikowi środkowy palec. (*śmiech*)

Ale myślisz, że to wynika ze strachu? Czy policjant boi się, że ktoś na niego złoży skargę?

Tak. Tym bardziej że Adolfik jest młody stażem i obawia się, że go wyrzucą. Ale ja mu potem powiedziałam:

– Jak na drugi raz ten gościu napotka patrol w innym składzie i zacznie się rzucać, to dopiero będzie zdziwiony. Bo dostanie wpierdol i nie będzie wiedział, o co chodzi. Wtedy pójdzie i złoży skargę, bo ty go dzisiaj niemal po buzi głaskałeś.

No nie można tak robić po prostu. Ja sobie nie wyobrażam, żeby ktoś tak wyzywał policjanta. Nie rozumiem tego, że niektórzy sobie na to pozwalają.

Inna sprawa, że – jak ci wspominałam – Koluszki to bardzo specyficzne miasto. Tu większość policjantów była taka jak ten Adolfik. Bywało, że niemal przepraszali za to, że żyją. Zdarzały się sytuacje, że jak jechali pod blok na interwencję, to pseudogangsterka skopała radiowóz, opluła policjantów, nieraz jeszcze i im po kopie zasadziła. A oni odjeżdżali i wszystko było okej.

A ta cała gangsterka w jakim wieku była?

Tak dwadzieścia–dwadzieścia pięć lat. Był taki moment, że porozbijano ich wszystkich. Towarzystwo poszło siedzieć albo pouciekało, i był spokój. No ale teraz to się zaczyna powoli odradzać. Bo ogólnie Koluszki to miasto pełne narkotyków.

Dlaczego?

Bo Koluszki są na trasie przelotowej, którą ludzie przewożą mnóstwo narkotyków. Wiesz, tu się przecinają linie kolejowe z całej Polski, więc i handel kwitnie.

Czym dokładnie handlują?

Amfą, maryśką, wszystkim. W lasach jest też pełno hodowli marihuany. Problem w tym, że tak jak już mówiłam, u nas praktycznie nie ma pracy operacyjnej. Bo to są wszystko miejscowi policjanci i mają wyjebane. Część z nich niestety współpracuje z BSW.

Donoszą?

Tak. Jak u nas w komendzie nie ma BSW przez dwa tygodnie, to znaczy, że coś się dzieje. W innych komendach to jest nie do pomyślenia.

Nikt za nimi nie przepada.

No tak. Nigdy nie wiadomo, do czego się mogą przyczepić. Dlatego na tych interwencjach z jednej strony należy być zdecydowanym, a z drugiej trzeba uważać. Na przykład jak komuś sprzedam porządnie dwa liście, to muszę uważać, żeby go nie trafić w ucho, bo mogę mu przebić błonę bębenkową. Kiedyś miałam sytuację, że oprawialiśmy gościa w tym naszym „miejscu kaźni" niedaleko szpitala. Chciałam mu gazem przywalić, ale nie mógł głowy podnieść, więc wzięłam go pociągnęłam za ucho. Potem się okazało, że miał to ucho trochę naderwane. No i jak się z tego wytłumaczysz?

No, mógł zawadzić o ostry liść na przykład... (*śmiech*)

Tak się tłumaczyłam, że gość dostał białej gorączki i rzucał się jak szalony. Tak swoją drogą... zastanawiam się, skąd się bierze ten mechanizm, że się tak zmieniam po wyjściu do pracy. Bo wiesz, w domu jestem naprawdę bardzo spokojną osobą. A jak wkładam mundur i wychodzę na służbę, totalnie się zmieniam. Nawet jak mówię, to przybieram inny ton głosu.

To znaczy to jest coś takiego, jakby się wkładało kostium superbohatera? Że to ci tuninguje osobowość?

Wiesz co? Może niektórzy policjanci tak to odbierają. Są strasznie podjarani tą robotą i wydaje im się, że są superbohaterami. U mnie to działa raczej w ten sposób, że mundur to jest jakby tarcza. Bo wkładając go, muszę przybrać postawę takiego człowieka ze stali. Tu zresztą przeszkodą czasami jest moja płeć. Niektórzy uważają, że kobieta będzie z automatu miękka.

A nie jest tak, że trening czyni mistrza? Że na początku czułaś strach, ale z każdą interwencją nabierałaś pewności siebie?

Patryk, ja zawsze czuję strach. Boję się za każdym razem, kiedy jadę na interwencję. Z tym że strach nie może mnie zdominować.

To jest zawsze taka walka wewnętrzna, bo tak naprawdę nigdy nie wiem, czego się mogę spodziewać. Zawsze może się trafić jakiś pierdolnięty człowiek, który zrobi ci krzywdę. Tak jak jednej policjantce, której facet wbił siekierę w głowę.

Zabił ją?

Na szczęście nie, ale cały czas dochodzi do zdrowia. Dlatego dla mnie nie ma czegoś takiego jak rutynowa interwencja. Jeżeli jeździłam gdzieś już piętnaście razy, to wiem, czego mogę się spodziewać, ale nie wiem, co może się wydarzyć. Szczególnie, że ludzie, z którymi mamy do czynienia, często są pijani albo naćpani. Jak masz jeszcze obok siebie niepewnego partnera, to już w ogóle jest strach. Wtedy muszę mieć podwójnie wzmożoną uwagę, bo trzeba jeszcze uważać na niego. Ale generalnie nie może być tak, że ten strach cię pokona. Bo wtedy to by oznaczało, że nie nadajesz się do tej roboty.

A ta laska, która dostała w łeb, to myślisz, że wróci jeszcze do pracy?

Chciałaby wrócić, ale na pewno nie na ulicę.

Rozmawiałaś z nią?

Nie, ona jest z innego miasta, ale mój kolega się z nią zna.

Dziewczyna ma jakieś trwałe komplikacje zdrowotne?

Chyba nie. Przechodzi teraz rehabilitację. Ale ma straszną traumę psychiczną. Długo leżała w śpiączce i było nieciekawie. Miała też przez pewien czas kłopoty z mówieniem. Ale do pracy umysłowej nadaje się cały czas.

W przypadku tamtej interwencji zgubiła ich właśnie rutyna. Byli w tym miejscu wcześniej już kilkanaście razy i nie spodziewali się, że gościowi tak odpierdoli i zaatakuje ich siekierą. Dlatego zawsze trzeba mieć oczy dookoła głowy. Bo nigdy nie wiesz, co się wydarzy.

Dużo miałaś trupów w pracy?

Oj, sporo. Przy osiemdziesiątym siódmym przestałam liczyć. Bo na początku miałam takie założenie, że właśnie będę liczyć, ile miałam trupów przez całą służbę. Ale pogubiłam się już w obliczeniach.

(*śmiech*)

Serio. W poprzednim mieście miałam tak, że praktycznie co dyżur był jakiś trup. Mało tego: tam mieli taki zwyczaj, że policjanci jeździli na sekcje zwłok. No a że chętnych nie było, to najczęściej jeździłam ja. Byłam na trzydziestu czy czterdziestu sekcjach. Ale to mi nie przeszkadzało. W ten sposób oswajałam się ze śmiercią.

Zdarzało się nawet tak, że jak pan Zimny Janek odcinał denko czaszki, to zaglądałam do środka. Jeszcze mi mówił:

– Odsunie się pani, bo będzie chlapać teraz!

Potem już przychodziłam w fartuszku.

Elegancko.

Pamiętam na przykład sytuację, kiedy mieliśmy topielca i trzeba go było wyciągnąć na brzeg. Ręka mu tylko wystawała. No to kolega, który był już trochę wstawiony, mówi:

– To ja go wyciągnę.

No i wziął trupa za rękę i tak go pociągnął, że cała skóra zeszła nieboszczykowi z przedramienia.

Innym razem historia z wisielcem. Chłop już długo nie żył i był dość mocno napuchnięty. Zdjęli go na ziemię, a potem jeszcze chcieli trochę przesunąć, żeby łatwiej na nosze przenieść. No i złapali trupa za nogi, a jemu przerwały się powłoki brzuszne. Całe wnętrzności poszły im na spodnie...

Rzygali potem jeden przez drugiego. To był po prostu taki widok, że mnie też zaczęło rwać, ale szybko się odwróciłam i do okna.

(*śmiech*)

Innym razem pojechaliśmy pod Koluszki do letniej rezydencji żuli. To było takie miejsce w zagajniku za torami, gdzie żuliki miały skrzynki od piwa poustawiane, jakiś stolik, kawałek krzesła i szmaty zarzucone na górę, żeby im woda na łby nie leciała. No i tam, kurwa, było pełno gówien. Nawet byś nie powiedział, że oni mogą sadzić takie kloce potężne. Normalnie trzeba było uważać, gdzie się stąpa.

Przyjechałam tam do trupa z dwoma skacowanymi policjantami. Leżał tam już ze dwa dni. Jak nasz technik tam wlazł, to rwało go co chwilę. W końcu wdepnął w te gówna i poszedł rzygać. Jak to zobaczył drugi policjant, też zaczęło go rwać. To im powiedziałam:

– Chłopaki, opanujcie się, bo zaraz prokurator przyjedzie. Jak to, kurwa, wygląda? (*śmiech*)

Jeszcze innym razem przyjechaliśmy na melinę, gdzie siedziało ze dwanaście osób. Jak się wchodziło, to czuło się taki zaduch, że powietrze można nożem kroić. Oczywiście nie było tam żadnej toalety, tylko za zasłoneczką stało wiadro, a w nim wszystko, co chcesz.

Przyjechałam tam z kolegą, który generalnie był takim kozakiem. Irokez, spodnie moro, kabura udowa. Wchodzimy, patrzę, a ten się już blady robi – od tego smrodu.

– Patrz na to! – I pokazuję mu to wiadro.

Facet nie wytrzymał i puścił im pawia centralnie w przedpokoju. Po czym okazało się, że nie było tam gościa, którego szukaliśmy, więc dziękujemy, do widzenia, zamknęliśmy drzwi i tyle. (*śmiech*)

Pawia walnął w przedpokoju i „do widzenia"? (*śmiech*)

Z nim tak było. Kiedyś jechaliśmy samochodem, a ja zaczęłam mu opowiadać ze szczegółami o tym, co widziałam na sekcji zwłok. Ten w pewnym momencie po prostu otworzył szybę i puścił hafta przez okno. Później tylko na myjnię pojechaliśmy, żeby nie było, że obrzyganym radiowozem jeździmy.

Ale on prowadził?

Tak.

I w trakcie jazdy rzygał?

No tak. Jak zobaczyłam, że się tam wygina, złapałam za kierownicę, żebyśmy się nie rozwalili. Ale on tak miał z tym rzyganiem. Jemu wystarczyło, że w kiblu coś śmierdziało, i od razu luuuu… A takich sytuacji, że zwymiotował ludziom w chałupie, to miał kilka. (*śmiech*)

Jak reagują na takie coś cywile?

Problem polega na tym, że policjant dzisiaj jest urzędnikiem, który wszystko ma robić zgodnie z procedurami. Nieważne, że gość, który stoi przed tobą, pluje na ciebie, wyzywa cię albo wyciąga łapy. Ty masz powiedzieć: „Chwileczkę… Proszę pana, muszę pana ostrzec, że mogę wobec pana zastosować środki przymusu bezpośredniego".

I nie chodzi o to, że po prostu mu zajebiesz. Nie ma tak. Nie daj Boże, jak ktoś by to nagrał, wtedy jest pozamiatane. Bo usiądzie potem nad tym pięć mądrych głów, które powiedzą: „O nie! Hola, hola. W tamtym momencie to ona powinna zachować się inaczej". Tylko że nikt z tych oceniających nie był, kurwa, w takiej sytuacji.

Czyli w sumie łamiesz przepisy, kiedy traktujesz ludzi gazem?

Wiele z tych sytuacji kwalifikuje się pod „nagięcie" przepisów.

Powinnaś wcześniej ich ostrzec, że jak się nie uspokoją, to użyjesz gazu, tak?

Mówię: „Proszę się stosować do poleceń funkcjonariusza". A formalnie powinnam powiedzieć: „Proszę się stosować do poleceń, bo w przeciwnym razie będę zmuszona zastosować środki przymusu bezpośredniego". Ale ile, kurwa, trwa wypowiadanie takiego zdania?

Poza tym myślisz, że normalny człowiek to zrozumie? Pomyśli, że mówię do niego w innym języku. Dlatego najlepiej powiedzieć: „Weź się, kurwa, uspokój, bo zaraz będziesz żałował". I czasami to działa, a czasami trzeba kogoś uspokoić.

Pamiętasz swój pierwszy dzień na służbie?

Oczywiście. Pojechałam na swojego pierwszego wisielca. Pamiętam, że byłam wtedy razem z takim technikiem kryminalistyki, który był najstarszym pracującym u nas policjantem. Miałam wrażenie, że jest obrażony, bo w ogóle się do mnie nie odzywał. Nie wiem, czemu to tak wyglądało, ale jak mu później przyniosłam wódkę, to zmienił nastawienie. (*śmiech*)

Wracając do tematu: przyjechaliśmy na miejsce, a ja kompletnie nie wiedziałam, co mam robić. Nie umiałam nawet protokołu napisać. No ale pomagałam ściągnąć tego wisielca. Facet powiesił się na klamce. Chorował na raka wątroby i miał już takie bóle, że nie był w stanie tego wytrzymać, dlatego popełnił samobójstwo. A wcześniej się do tego przygotował. Wyjął dokumenty na wierzch, wypastował sobie buty, przygotował garnitur.

Nie pamiętam wszystkich trupów, na których byłam, ale tego pamiętam doskonale.

Długo tam wisiał?

Chyba całą noc. Miał już strasznie szyję wyciągniętą – tak ze dwa razy dłuższą niż normalnie. Stężenie pośmiertne było mocne i gość wisiał jakby w pozycji embrionalnej.

Później z tym samym policjantem byłam na swojej pierwszej sekcji zwłok. To była dwudziestojednoletnia dziewczyna po wypadku. Pamiętam, że miała bardzo ładną figurę, była bardzo zadbana, nóżki wygolone, krocze też... No i tak stoję i patrzę w napięciu, co się będzie działo, a ten stary policjant mówi do mnie:

– Patrz! Ale ma cipkę wygoloną!

(*śmiech*)

Odparłam:

– No wiesz co?

Ale rozładował w ten sposób trochę napięcie i ja też się bardziej wyluzowałam.

Jak zginęła?

W samochodzie. Uderzyła głową o słupek między drzwiami, taki boczny, który masz po lewej stronie.

Była jakoś operowana?

No właśnie nie. Zginęła w sekundę. Miała tylko siniaka na skroni, nie była jeszcze napuchnięta ani nic. Lekarka prowadząca sekcję rozkroiła jej mózg na plasterki i pokazała mi, że były tam takie cieniuteńkie włosowate naczynia, czyli wylewy jakieś. No i powiedziała, że to właśnie oznacza, że zmarła natychmiast.

Ruszają cię takie trupy?

Powiem ci, że najgorzej jest z dziećmi. To jest po prostu strasznie przykre. Było kiedyś na przykład zdarzenie, że kobieta urodziła dziecko do kibla. Widziałam to na zdjęciach.

Wiadomo, że dziecko się rodzi główką w dół. A ono w tym kiblu siedziało główką do góry. Kobieta tłumaczyła policjantom, że nawet nie wiedziała, że urodziła. W każdym razie to był straszny widok. Dziecko było wciśnięte do tego kibla tak, że woda sięgała mu ponad nos dosłownie centymetr.

Ono się utopiło, tak?

Tak. W pewnym sensie przypominało mi... figurkę aniołka w kościele. Było całe sine, wręcz białe, i przybrało taką dziwną pozycję. Dookoła było mnóstwo takiej piany różowej, jakby z krwią...

Nie wiem nawet, jak to nazwać.

Matka chciała spuścić to dziecko...?

Tak. Chciała je tam wepchnąć, tylko jej się nie zmieściło...

Co potem stało się z tą kobietą?

Nie wiem. Ale to była straszna patologia.

Kiedyś też zdarzyło się w jednej wiosce, że kobieta zaczęła rodzić w nocy, więc poszła za stodołę, wykopała dołek i tam urodziła...

Żywe dziecko zakopała?

Tak. W sądzie powiedziała:

– Dwa razy zapyrałam i wyleciało! I jak wyleciało, to zakopałam.

Masakra. Po prostu straszna patola.

Miała jakieś inne dzieci?

Trójkę. Jej facet – nie wiem, czy mąż, czy konkubent – powiedział, że jak ona wyjdzie z więzienia, to on ją przyjmie z powrotem. Generalnie wszystko okej, nic się nie stało. Myślę, że ci ludzie mieli po prostu jakiś stopień upośledzenia umysłowego, które nie zostało zdiagnozowane.

To jest w ogóle przerażające, że wiele dzieci rodzi się w takich patologiach. One to potem powtórzą, bo nie znają innego życia. Straszne jest też to, że w tych patologicznych rodzinach rodzi się właśnie najwięcej dzieci.

Kiedyś przyjechałam do domu, w którym wszyscy członkowie rodziny byli totalnie zażuleni. Tymczasem matka w ciąży, córka w ciąży... No i co będzie z tymi dziećmi? Przecież te kobiety cały czas mają alkohol we krwi. To powoduje nieodwracalne zmiany w mózgu noworodka. Jaką przyszłość ma taki człowiek? Przecież to nie będzie wyglądało inaczej niż u jego matki. Tak mi się przynajmniej wydaje.

A pamiętasz pierwszy raz, jak kogoś uderzyłaś?

Tak. Pamiętam, że musiałam faceta gonić, i tak mnie to wkurzyło, że jak go dorwałam, to mu w tej złości zajebałam porządnie z liścia.

Kiedy to było?

W dochodzeniówce, ale już wtedy pracowałam w wydziale narkotykowym. Było nas tam jedenaścioro, z tym że ze mną jako jedyną kobietą. No i chłopaki często zabierały mnie na zasadzki czy inne pierdoły. Chodziło o to, że jak ubrałam się w cywilne ciuchy, to ludzie bardziej mi ufali i na przykład chętniej otwierali drzwi.

No i była taka sytuacja, że jechałam z jednym kolegą i on zauważył gościa, który zazwyczaj miał przy sobie narkotyki i jeździł bez uprawnień. No to sru za nim! Kiedy nas zauważył, zaczął uciekać samochodem. To ja koguta na dach i gonimy.

W pewnym momencie gość się zatrzymał i zaczął uciekać pieszo. Mówię:

– Dobra, stój, będę go gonić! – No i wyskoczyłam w swoich balerinkach, dżinsikach i zaczęłam za nim biec.

Miałaś przy sobie broń?

Tak, ale nie zdążyłam założyć tego specjalnego pasa na broń, więc musiałam go trzymać. Ale dostałam niesamowitej adrenaliny. Gdy facet dobiegł do takiego żywopłotu, to krzyknęłam:

– Stój, kurwa, bo cię zastrzelę!

Ale w ogóle to na niego nie podziałało. (*śmiech*) No i przeskoczył.

A to była dwunasta w południe, pełno ludzi dookoła, no i ja się nie chciałam tam wspinać, bo jeszcze bym się wyjebała i byłoby mi wstyd. (*śmiech*) Ale mówię: „Czekaj, jeszcze wrócisz, gnoju". Nie minęły dwie godziny, a koleś przyszedł na komendę po samochód.

Czyli auto mu zhaltowaliście?

Oczywiście. Żeby przeszukać, czy nie ma tam jakichś narkotyków. Przy okazji trochę mu ten samochód zniszczyliśmy.

Jak to?

Kolega, który przeszukiwał auto, był strasznie cięty na tego gościa. Mówił, że miał już z nim wcześniej do czynienia. Chłopak był w wieku raptem osiemnastu lat, ale musiał się już bardzo dać ludziom we znaki. W każdym razie ten mój kolega przeciął mu siedzenie, zniszczył pendrive'a, przejechał kluczykiem po lakierze i tak dalej.

To był nowy samochód?

Nie, taki stary. Ale gość przyszedł w końcu po niego na komendę. Miał na sobie okulary przeciwsłoneczne, a ja podeszłam do niego i mówię:

– Zdejmuj te okulary!

Jak to zrobił, to mu takiego liścia sprzedałam, że aż się okręcił. Potem jeszcze poprawiłam i wyszedł z komendy cały czerwony.

Przy ludziach to zrobiłaś?

Nieeee. Mieliśmy na komendzie taki mały pokoik, do którego zapraszało się petentów, żeby jakieś papiery wypisać. Tam nie było żadnych kamer ani nic takiego.

Gdy mu lutnęłaś, coś powiedział?

Nie, nic.

A kiedy pierwszy raz potraktowałaś kogoś gazem?

Już w Koluszkach. Zbiegło się to zresztą z moim pierwszym użyciem pały. Dostaliśmy zgłoszenie, że gościu pokłócił się z żoną, a potem pobił jej koleżankę przed pubem. Oczywiście później się okazało, że tylko ją popchnął. Bo wiesz, te zgłoszenia to często trzeba przefiltrować dziesięć razy. Ludzie się między sobą poszarpią, a potem dzwonią i mówią, że zostali pobici.

Ale mniejsza o to. Przyjeżdżamy na miejsce i babka nam mówi, że jej mąż się uchlał, jest o nią chorobliwie zazdrosny, a teraz sobie w ogóle gdzieś polazł. W międzyczasie, jak z nią rozmawialiśmy, wrócił cały zalany łzami. Szlochał niesamowicie i mówił, jak bardzo ją kocha, a ona się tak pierdoli. Mówię:

– No jak się pierdoli, skoro teraz stoi z nami?

– Pierdoli się! Jak tylko się odwrócę.

(*śmiech*)

– Dobra, chłopie, weź się uspokój i wsiadaj do radiowozu.

Ledwie wsiadł i zaczyna:

– No patrzcie, kurwa, liże się! Zobaczcie, co ona robi!

A ona stała z boku i rozmawiała z koleżankami.

(*śmiech*)

Okej, zawieźliśmy go do domu i już mieliśmy nadzieję, że podjedziemy do takiego baru Przystanek na naleśniczki. Ale za chwilę dyżurny woła:

– Nie, wróćcie się, bo gość tym razem pobił swoją siostrę, po czym wybiegł z domu i powiedział, że się powiesi.

Myślę: „No nie. Jak dorwę skurwysyna, to już na pewno nie wróci do domku, tylko do nas na hotel". No i poszliśmy go szukać.

W końcu go dopadliśmy, a ten znowu w płacz. Pytam:

– Czego beczysz? – Bo wiesz, wielki chłop, a tak się rozkleił po pijaku, że to było aż śmieszne. – Wsiadaj do radiowozu.

– Nigdzie nie będę wsiadał!

No to kolega zaczął mu wykręcać jedną rękę, a ja próbowałam drugą. Tylko że jak ktoś się tak zepnie, to te chwyty obezwładniające nie mają żadnego sensu. No to wyciągnęłam pałę i tak zaczęłam go po udach napierdalać, że aż sobie uklęknął. Do tego jeszcze gazu użyłam.

Wtedy już go przewróciliśmy na ziemię i zaczęliśmy zakładać kajdanki. On do mnie jeszcze mówi:

– Jak pani mnie mogła tą pałą tak potraktować?

– Zaraz ci tę pałę wsadzę w dupę, aż ci gardłem wyjdzie na komendzie! Czekaj ty, kurwa!

– Jak pani się do mnie odzywa?

Wiesz, w szoku był, że ja w ogóle mogę się tak do niego zwracać. (*śmiech*)

– No popatrz! Widzisz, jaka jestem niedobra!

– Pani jest chora, pani jest chora!

– Zaraz zobaczysz, jaka jestem chora. Zobaczysz, jak się pobawimy! A co, myślałeś, że normalnych do policji przyjmują? Nieeeeee, mój drogi, nie przyjmują.

(*śmiech*) Wiesz, taki teatrzyk odchodził.

(*śmiech*)

Jeden gościu mi kiedyś powiedział, że jestem opętana. Był naćpany, a my wywieźliśmy go do lasu i zaczęliśmy wkręcać.

W jaki sposób?

Takim wyciszonym głosem mówiłam do niego:

– Spotka cię kara... zaraz zobaczysz... To co, na którym drzewie go wieszamy? Musimy złożyć ofiarę, rozumiesz? Padło akurat na ciebie.

A on coraz większe gały robił. Pytam:

– Co się patrzysz? Niestety nikt cię nie będzie szukał. I tak nikt nie widział, że cię zgarnęliśmy do tego radiowozu, więc możemy cię złożyć w ofierze. (*śmiech*) Zresztą wiele osób tak wkręcaliśmy. A im bardziej byli naćpani, tym bardziej w to wierzyli. Do jednego mówię kiedyś:

– Ale co wolisz, żeby ci język czy jajca obciąć? (*śmiech*) Jeden się tak wystraszył, że aż się zeszczał ze strachu.

No to trochę się znęcaliście.

Tak, ale nigdy nam nie przyszło do głowy, żeby komuś naprawdę krzywdę zrobić. Chodzi tylko o to, żeby dać nauczkę takiemu delikwentowi. Żeby zapamiętał i na drugi raz nie robił głupich rzeczy.

Mój kolega ma na przykład niesamowitą umiejętność wciskania kitu, jak komuś mandat wypisuje. Robi to tak, że ludzie mu jeszcze za to dziękują. A że przez lata stał na bramkach na dyskotekach, to świetnie potrafi rozmawiać z nieznajomymi. Z nim się zawsze świetnie rozumiem na patrolu. Jak zaczynam wkręcać komuś kit, on to od razu podłapuje i rozwija temat. W dodatku robi to tak, że czasami sama już nie wiem, co powiedzieć, i zaczynam się śmiać. W ogóle śmiesznych sytuacji zdarza się pełno.

Kiedyś dyżurny wysłał nas na interwencję, bo jakiś pijany gość jechał rowerem nieoświetloną drogą. Tam zresztą było pełno wypadków zawsze. Przyjeżdżamy, patrzymy – faktycznie facet zatacza się na rowerze, bez żadnej kamizelki, bez odblasków, bez niczego. No i co z nim, kurwa, zrobić?

Gość zaczął z nami pertraktować i mówi:

– Podajmy sobie ręce i się rozejdźmy. Będzie dobrze.

– To czemuś, chłopie, nie założył żadnej kamizelki? No bo co, nie wiedziałeś, jak będziesz wracał?

– Nie przewidziałem, że będę wracał o tej porze. Miałem tylko jedno piwo wypić i wracać!

A wiesz, był tak nawalony, że się kołysał. No i tak się zastanawiamy, co z nim zrobić. A byliśmy tam škodą yeti. W końcu wymyśliliśmy tak, że chłop wsiadł na tylne siedzenie, i jeszcze włożyliśmy mu tam rower. Tyle że kawałek koła wystawał i drzwi musiały zostać otwarte.

Jechaliście z otwartymi drzwiami?

Tak. Na sygnale. (*śmiech*) Myśmy zresztą na tę interwencję we trójkę przyjechali. No więc z tyłu siedział ten chłop z rowerem, z przodu na siedzeniu pasażera jeden kolega, ja u niego na kolanach, no i kierowca. (*śmiech*)

No i co? Dojechaliście?

Tak. Największy ubaw miałam z tego, że jechaliśmy na sygnale czterdzieści na godzinę. (*śmiech*) Wszystkie samochody nas wyprzedzały. Najgorsze było to, że każdy, kto się dobrze przyjrzał, wyprzedzając nas, widział, co jest w środku. Po prostu komedia.

Chłop cały rozbawiony mówił:

– Łooooo kurwa! Jak komuś opowiem, to nikt mi nie uwierzy! Ale odjebaliście numer, panowie.

(*śmiech*)

Panowie?

No tak. Już się przyzwyczaiłam, że ci nawaleni często mówią do mnie z rozpędu per pan. A jak jeszcze mam w kucyk włosy związane pod czapką, to oni nie widzą, czy to facet, czy kobieta. A jak często gęsto jesteśmy podobnego wzrostu, to już w ogóle im wszystko jedno.

MATKA TERESA

Patryk Vega: Pamiętasz pierwszą interwencję, która cię dotknęła?

Starszy aspirant Małgorzata Bojke: Dwa razy zdarzyło mi się płakać w pracy. Pierwszy raz na samym początku kariery. Byłam wtedy przewodnikiem psa i pojechałam na zgon noworodka. Dziecko, a w zasadzie jeszcze płód, zostało porzucone w worku na śmieci i przykryte jakąś szmatą. Wyglądało to okropnie. Jak zobaczyłam tego dzieciaka całego zakrwawionego, z niezawiązaną jeszcze pępowiną, to mnie ruszyło. Przez parę minut nie mogłam nad sobą zapanować. Ale w końcu powiedziałam sobie: „Dziewczyno, jesteś w robocie, ochłoń". Bo wiesz, ja zawsze starałam się stawiać sobie poprzeczkę wysoko.

W jakim sensie?

Przez pierwsze pół roku, wiadomo, każdy musi odbębnić swoje na ulicy. Ale potem większość dziewuch ląduje w wykroczeniach, dochodzeniówkach, nielatach, rzadziej w kryminalnych. A ja od dziesięciu lat, chyba jako jedyna policjantka w Gorzowie, zasuwam na ulicy. No i staram się nie ustępować facetom. Jak trzeba przypierdolić, to przypierdolę. Jak trzeba komuś życie uprzykrzyć, to też potrafię to zrobić.

Choć pamiętam taką interwencję niedługo przed swoim rozwodem. Awantura domowa, tatuś bije mamusię. Jak przyjechaliśmy na miejsce, to okazało się, że chłop był strasznie napity i agresywny. No więc pierwsze, co zrobiłam, żeby nas nie zrzucił ze schodów na klatce, to poprosiłam grzecznie, żeby wrócił do mieszkania. Weszliśmy do środka, chciałam go momentalnie złapać za ramię, ale on był bez koszulki i cały spocony, więc wyślizgnął mi się. Potem wpadł do pokoju i wyskoczył przez okno na mój radiowóz, a z radiowozu na beton.

Z którego piętra?

Z drugiego.

Z premedytacją to zrobił?

Tak. Stanęłam w szoku i przez pierwsze parę sekund myślę: „Kurwa, i co teraz?”. Chłopak, który przyjechał ze mną na interwencję, też stał jak słup soli i ani be, ani me. No ale w końcu się otrząsnęliśmy i zlecieliśmy na dół. Facet leżał na ziemi i charczał. Od razu wezwałam karetkę.

Bo spadł na dach radiowozu?

Nie, bo walnął deklem o nasz przedni reflektor, a całą resztą ciała rozłożył się na chodniku. No więc praktycznie w stanie krytycznym został zabrany do szpitala. Ja go tylko ułożyłam w pozycji bezpiecznej. Nie wiedziałam, jakie ma złamania, więc nie chciałam go za bardzo ruszać. A ten mój partner stał, kurwa, jak wesz i tylko się zastanawiał: „Co robić? Co robić? Co robić?”. To mówię:

– No, zesraj się na środku i to rozklep! Jak mi nie pomagasz, to mi chociaż nie przeszkadzaj, chłopie.

Oczywiście przyjechał jeszcze ruch drogowy z alkotestem.

Dlaczego?

No bo skoro facet mi się tak wyrwał, to ja na bank musiałam być pijana. Za chwilę przybył też mój naczelnik. No i wtedy już się rozsypałam. Wpadłam w autentyczną histerię. Nie dlatego, że gość wyskoczył przez okno, nie dlatego, że widziałam, jak mu się piana z ust toczyła, tylko dlatego, że tego nie ogarnęłam. Miałam do siebie ogromny żal, że sobie nie poradziłam.

A jak ten alkotest?

Oczywiście zero przecinek zero. Nigdy nie byłam na służbie nawalona. Zdarzyło mi się dosłownie dwa razy przyjść do pracy na kacu. W każdym razie przyjechałam na komendę, a tam wszyscy mnie oczywiście klepali po plecach i mówili, że ten skoczek z drugiego piętra to nie moja wina. Potem pojechałam do domu, w którym był mój eksnarzeczony. Stwierdzili, że zostawią mnie pod jego opieką. Ale powiem ci, że całą noc chlałam przez tego skoczka.

A ten gościu przeżył?

Tak. Po jakimś miesiącu wypisał się ze szpitala na własne żądanie. Pewnie gdyby był trzeźwy, to nie byłoby co zbierać. A tak to stał się, że tak powiem, bardziej elastyczny. Nie wiem, jak te skurwysyny to robią, ale im bardziej są nawaleni, tym mniej im się dzieje na skutek wypadków.

Ale nic poważnego mu się nie stało?

Nie no, miał jakieś obrażenia wewnętrzne. Ale facet był tak silny, że bardzo szybko się pozbierał. Wyszedł ze szpitala na własnych nogach. A wiesz, cała sytuacja była naprawdę przerażająca. On mi praktycznie schodził na rękach. No ale cóż... po jakichś dwóch miesiącach i tak się zachlał na śmierć.

Dlaczego się rozwiodłaś? Przez pracę?

Tak, przede wszystkim miało to związek z robotą. Bo wiesz, mówi się, że pracy nie przynosi się do domu. Ale ja nie pracuję w piekarni. To nie jest tak, że upiekę chlebek, bułki, położę na tacę, zamknę drzwi i wyjdę. Te wszystkie emocje, nerwy, stresy związane zarówno z samą służbą na ulicy, jak i tym, co się dzieje w komisariacie, odbijają się na tobie. A jebią nas, kurwa, praktycznie na każdym kroku. Chcesz być człowiekiem, ale nie możesz.

Dlaczego?

Opowiem ci na przykładzie: 24 grudnia, Wigilia, chłopak zgłasza kradzież z włamaniem do swojego mieszkania. Zadzwonił i powiedział, że boi się wyjść na zewnątrz, bo ktoś dobiera mu się do drzwi. Okej, pojechaliśmy z kolegą pod wskazany adres. Na klatce pusto, w mieszkaniach cicho, wszyscy śpią. *What the fuck?* Za chwilę wyszła matka zgłaszającego i powiedziała, że żadnego włamania nie było, tylko jej syn ma jakąś depresję i siedzi naćpany na strychu. No to poszliśmy z kolegą na to poddasze i spokojnie pukamy. On mówi, że dopóki nie sprawdzimy tego, co się dzieje wokół budynku, on nie wyjdzie.

Powiedziałam mu, że wysłałam kolegę, żeby sprawdził wszystko wokół, i nikogo tam nie ma. No to ten chłopak zaczął nas przekonywać, że ktoś mu w dach napierdala. A wiesz, dach był bardzo stromy i nie było w ogóle opcji, żeby tam ktoś wlazł bez zabezpieczenia. Za chwilę przyleciała jego matka po raz drugi z telefonem. Pokazała nam SMS-y, z których ewidentnie wynikało, że chłopak chce się targnąć na swoje życie. W końcu jednak zszedł do nas i zaczął gadać dosyć składnie, że nie, nic z tych rzeczy, ale że ma generalnie dosyć rodziny, że matka go nęka, że każe mu iść do pracy, więc postanowił się wyprowadzić na strych. No i że jemu jest tam dobrze poza tym, że ma jakieś lęki, ale skoro sprawdziliśmy wszystko i nic się nie dzieje, to on nie będzie już nic zgłaszał.

Mój kolega na to mówi:

– No to co? Nic tu po nas, zawijamy dupę.

– Nie, nie zawijamy – kontruję – bo nie daj Boże, my stąd wyjdziemy, a coś się zesra. Kto wtedy za to beknie?

Zdecydowałam się wezwać karetkę, bo dla mnie to jest zawsze dodatkowy dupochron. Niech lekarz podejmuje decyzję, czy zasadna jest hospitalizacja delikwenta.

No i co powiedział lekarz?

Uznał, że facet jest zupełnie normalny. Ale matka podeszła także do niego i pokazała mu te SMS-y. Lekarz się mnie pyta:

– To co robimy?

– Nie wiem. To ty tu jesteś od podejmowania takich decyzji. My ci możemy pomóc co najwyżej przetransportować tego gościa.

No bo wiesz, chłopak wyglądał trochę na takiego chuligana – łysy, wydziarany, w biało-zielonych dresach. No ale okazało się, że był potulny jak baranek. Zawieźliśmy go na spokojnie do psychiatryka.

I co było dalej?

Lekarz z pogotowia powiedział psychiatrze, że stwierdził, iż facet nie ma żadnych myśli samobójczych. No to pani doktor odparła, że skoro pan nie potrzebuje pomocy, wręcz jej odmawia, to po jakiego grzyba my z nim tutaj przyjechaliśmy? I na tym nasza rola powinna się zakończyć.

Ale że to była Wigilia, chłopak był w cienkiej bluzie i spodenkach, uznaliśmy, że odwieziemy go na chatę – tym bardziej że to i tak było w naszym rejonie. Co się okazało: po dwóch dniach dzwoni do mnie dyżurny i mówi, że chłopak nie żyje.

– Jak to nie żyje? – pytam zszokowana.

Okazało się, że jego rodzina przyleciała na komisariat z awanturą, że nie dość, że zabraliśmy mu dowód osobisty, to jeszcze nie zostawiliśmy go w szpitalu, tylko przywieźliśmy z powrotem do domu.

Jak się zabił?

Wrócił do mieszkania, poszedł na strych i zapił kreta jakimś domestosem czy innym specyfikiem z substancjami żrącymi. Zabrali go na SOR, zrobili tam, co mogli, ale gość nie przeżył.

A o co poszło z tym dowodem osobistym?

Oddaliśmy go człowiekowi, tylko on go gdzieś wyrzucił czy zgubił. Nieważne. W każdym razie po tej akcji dostałam niesamowitą zjebkę od swoich przełożonych. Usłyszałam, że jestem głupia, naiwna i nie powinnam mieć w ogóle takich ludzkich odruchów. Że jak wychodzę do pracy, to przestaję być człowiekiem i staję się psem. Tylko że ja tak, kurwa, nie potrafię!

Nie najęłam się do tej pracy dlatego, że po piętnastu latach mam emeryturę, jakiś socjal, sto procent płatne L4 i na wszystko wyjebane. Nie. Ja zawsze chciałam pomagać ludziom, którzy cierpią.

Sama w życiu nie miałam lekko. Pochodzę z tak zwanej rodziny patologicznej. Jak to kiedyś powiedział pewien milicjant, większość policjantów to patole albo owoce osób z rodzin patologicznych. No i ja, proszę ciebie, jestem takim, kurwa, owockiem. Zresztą mój dziadek też był milicjantem.

Ojciec znęcał się nad tobą?

Tak, stary mnie lał przez piętnaście lat mojego życia, a później mnie jeszcze tłamsił psychicznie. Na początku była dwieście siódemka pod tytułem przemoc fizyczna i psychiczna, a potem już się tylko na psychicznej skupił, bo nie miał za bardzo pola manewru z racji tego, że moja mama od niego odeszła, a ja wraz z nią. No i ja sobie kiedyś postanowiłam, że tego typu ofiarom będę pomagać – niezależnie od tego, czy będę lekarzem, psychologiem czy policjantem.

A mieszkałaś tylko z nim?

Nie, jeszcze z bratem. Gdy matka odeszła, to miałam klasyczny objaw syndromu sztokholmskiego.

Z jednej strony chciałam od niego spieprzyć jak najdalej, nie odzywać się, nie utrzymywać kontaktu, ale z drugiej myślałam sobie: „No ale chwila. To jest jednak mój ojciec". Tym bardziej że on nagle po rozwodzie stwierdził, że jestem jego oczkiem w głowie.

No, generalnie byłam bardzo rozdartą nastolatką.

Utrzymujesz jeszcze kontakt z ojcem?

Od trzech lat nie, bo pokłóciłam się z nim o swój pogrzeb.

Jak to?

Opowiem ci. Jak wcześniej wspominałam, byłam przewodnikiem psa. Dla mnie najlepsza fucha w policji. Uwielbiałam psy, dużo się działo, miałam też fajnych kumpli. No i pewnego pięknego dnia znalazłam się na zwolnieniu lekarskim – już nawet nie pamiętam, z jakiego powodu. Nagle zadzwonił do mnie naczelnik z grubą sprawą. Okazało się, że samochodówka dojechała trzech złodziei i jednego zastrzeliła, drugiego raniła, a trzeci nawiał. Trzeba zatem było tego trzeciego delikwenta poszukać.

Nasz naczelnik posrał się w majtusie i z racji tego, że nie miał żadnego innego przewodnika pod ręką, zadzwonił do mnie. A ja byłam na telefon zawsze jak tania dziwka. Chyba tylko dwa razy przez sześć lat odmówiłam, jak byłam na wolnym. W każdym razie przyjechał po mnie radiowóz, następnie pojechaliśmy na komisariat, żebym mogła pobrać sobie broń, i ruszyliśmy na miejsce zdarzenia.

Pies od razu wskazał mi drogę odejścia sprawcy, dziękuję, kropka, sprawa załatwiona. Z tym że jak już naczelnik ochłonął, to pomyślał: „Kurwa, co ja odpierdoliłem? Jakim prawem ściągałem dziewuchę do roboty, kiedy ona jest na L4?". No bo prawda jest taka, że mu mogłam narobić zajebistego smrodu. A co robią przełożeni, kiedy chcą się wybielić? Zaczynają polowanie na czarownice. Czyli chciał za wszelką cenę wywalić mnie z roboty, bo bał się, że mogę to w jakichś tam okolicznościach wyciągnąć i mu zaszkodzić.

Co robił?

Na przykład co drugą służbę kontrolował mi notatnik, czy na pewno wszystko mam wpisane. Sprawdzał wydruk z GPS-u, żeby wiedzieć, gdzie jeździłam radiowozem. No dobra, tylko powiedziałam sobie wtedy: „Róbcie, co chcecie, ale psa mi nie zabierzecie".

A ten pies mieszka z tobą?

Oczywiście!

To jest standardowa sytuacja, że pies mieszka z przewodnikiem?

To zależy od przewodnika. Może być w kojcu na miejskiej, ale ja sobie nie wyobrażam takiej sytuacji, że mój pies siedzi zamknięty w jakiejś klatce dwa metry na dwa. W każdym razie w pewnym momencie podupadł trochę na zdrowiu, więc wycofałam go ze służby.

Jak to podupadł na zdrowiu?

No podupadł, bo... musiał. (*śmiech*) Żebym go mogła wybrakować i już całkowicie przejąć nad nim opiekę. Jednocześnie pożegnałam się z referatem interwencyjnym i przenieśli mnie na krótko do takiej dzielnicy, gdzie straszna patologia mieszkała. No i jak się przenosiłam na ten nowy komisariat, to pomagał mi w tym tatuś.

Przyjechał samochodem, zapakowaliśmy wszystkie moje rzeczy i pojechaliśmy. W drodze zapytał mnie, co się stało i dlaczego rezygnuję z pracy, którą przecież uwielbiam. No to zaczęłam mu opowiadać o sytuacji z naczelnikiem, która wywołała całą lawinę innych zdarzeń. On pyta:

– No i co z tego?

Więc mu mówię:

– Człowieku, słuchaj: gdyby cokolwiek mi się stało podczas tego tropienia, kiedy byłam na zwolnieniu lekarskim, to moja mama, której nienawidzisz jak psa, nie miałaby mnie nawet za co pochować. Bo PZU nie wypłaciłoby złamanego grosza.

No i wtedy się zaczęło. Usłyszałam, że jestem walnięta, bo pomimo wszystkich krzywd, jakie mi moja mama wyrządziła, ja i tak przepisuję wszystkie pieniążki na nią. I z jakiej, kurwa, racji? Przecież noszę jego nazwisko i to on będzie decydował, jak i gdzie mnie pochować, a te pieniądze to się, kurwa, jemu należą. I dalej tym tonem. No to mu powiedziałam, że jak zamierza mnie chować w wieku trzydziestu paru lat, to do widzenia.

Kim on jest z zawodu?

Kupę lat pracował w fabryce suwnic samochodowych, potem jakąś firmę miał, trochę pracował w komunikacji miejskiej, a następnie przez cztery lata nie robił nic. Siedział i pierdział w stołek, a całą naszą rodzinę utrzymywała matka. W tej chwili jest taksówkarzem. Tylko że to totalny prostak, cham i burak. Od czasu tamtej sytuacji nie mam z nim żadnego kontaktu.

Na policyjnych interwencjach udaje ci się zachować zimną krew?

Nie ma schematu działania w trakcie naszych interwencji. Jak antyterroryści, czyli czarni, wchodzą do kogoś na kwadrat, jak mówimy slangowo na mieszkanie, to wcześniej dostają dużo informacji – wiedzą, gdzie i po co wchodzą. Natomiast my tak naprawdę nie wiemy za dużo, jadąc na akcję. Dostajemy tylko informację, że na przykład stary leje starą. Co najwyżej sprawdzą ci, czy facet ma pozwolenie na broń palną w domu. Nie wiesz natomiast, czy gość nie kupił sobie pistoletu na czarnym rynku i nie trzyma go w szufladzie. A jest taka możliwość. Jak przyjeżdżamy na interwencję, to często jest totalna rzeźnia. Lata wszystko łącznie z tasakami. Musisz reagować natychmiast i podejmować decyzje, mając na ich przemyślenie sekundy.

Kiedyś na jednej interwencji przed oczami przeleciał mi nóż kuchenny. Nie wiem, czy miał trafić we mnie, czy w kobietę, która nas do domu wpuściła. W dodatku tym nożem rzucił siedemdziesięcioletni dziadek. Skurczysyn wyczekał do momentu, aż obróciłam się do niego plecami. Mój błąd, ale chciałam porozmawiać ze zgłaszającą o tym, jakie ma plany – czy chce Niebieską Kartę, czy będzie składała zawiadomienie i tak dalej.

I co zrobiliście z tym dziadkiem po tym, jak rzucił nożem?

Dostał trzy szybkie liście w pysk. No jednak trzeba znać umiar. Nie będę przecież tłukła dziada, bo jeszcze go zabiję. Aczkolwiek przechwyciliśmy go chwilę przed tym, jak chciał sięgnąć po tasak.

On był pijany? Leczony?

Z tego, co wiem, to był wcześniej kilkukrotnie leczony psychiatrycznie. W każdym razie poskładaliśmy go troszkę, założyliśmy kajdanki i pojechaliśmy razem z nim i jego żoną na komisariat.

Nie bili się tam z tyłu w tym radiowozie?

Nie, nie, to nie tak. Ja jechałam z nim z tyłu, a ona jechała z przodu z kierowcą. Nie ma takiej możliwości, żeby dwie strony konfliktu siedziały z tyłu razem.

I co? On był potulny czy groźny?

Potulny! Płakał, przepraszał i ją, i mnie. Ale tylko do czasu.

Jak to?

Było wtedy ciepło, więc nie zostawiłam psa w radiowozie, tylko zabrałam ze sobą do pomieszczenia, w którym sporządzałam całą dokumentację. No i w tym pomieszczeniu siedział też ten dziadek, cały zasmarkany i zrozpaczony. Nagle – nie wiem, co mu odbiło – podniósł takie metalowe krzesło i uderzył nim psa. No ja myślałam, że kurwicy dostanę. Jakby we mnie jebnął, to pół biedy, ale nikt nie będzie mojego dziecka kudłatego krzywdził.

Co zrobiłaś?

Podniosłam dziadka tak, że majtał nóżkami w powietrzu, i uderzyłam nim kilka razy o stół. Na szczęście nic mu się nie stało. A uwierz mi, że mogło, bo byłam na takiej adrenalinie, że nie panowałam nad sobą.

A ten dziadek co?

Tak się w ogóle złożyło, że on mieszkał w tym samym rejonie co ja. No i potem za każdym razem, jak mnie spotykał, nawet w sklepie na zakupach, to ryczał. Po prostu zatrzymywał się, patrzył na mnie jak wół na malowane wrota i płakał. Tak że dostał porządną nauczkę.

Natomiast ta babeczka chyba wycofała zarzuty. To zresztą często się zdarza w takich sytuacjach. Dlatego od jakiegoś czasu prokuratorzy stosują taki myk, że eksmitują sprawcę z mieszkania. Nie interesuje ich, gdzie pójdzie, tylko oznajmiają, że z dniem tym i tym szanowny pan robi wypad. Wtedy te ofiary mają zagwarantowane ciszę i spokój. Przynajmniej w teorii.

Nawet jak jest właścicielem, to mogą go wyrzucić?

Tak. Pamiętam taką sytuację. Matka z synem mieli dwa mieszkania. Ona wynajmowała jedno, a mieszkała razem z synem w drugim, które mu przepisała. No i tam się odgrywały dantejskie sceny. Kiedyś, jak do nich przyjechałam, to ona była cała posiniaczona, zakrwawiona i nawet ciuchy miała porozrywane.

Ile ten syn miał lat?

Jakieś trzydzieści sześć–trzydzieści siedem.

Wywodził się ze złego środowiska?

No właśnie nie! To był synek mamusi, oczko w głowie. Jego matka miała w czasach PRL-u zakład fryzjerski, nałapała tam różnych znajomości i opływała w dostatki. Ojca nie było, więc gówniarz dostawał wszystko, na co miał ochotę. Rozbestwiony do granic możliwości. No i w pewnym momencie zaczął się stawiać mamusi.

Zaczęło się od drobnych awantur, a skończyło na tym, że regularnie ją bił. Szkoda mi jej było, bo ja mam strasznie miękkie serce, szczególnie gdy chodzi o starszych ludzi. Po którejś z tych awantur praktycznie wjechałam tam razem z drzwiami, wywiozłam skurwysyna na izbę i wróciłam do tej kobieciny, żeby jej zrobić pranie mózgu. Bo ona absolutnie niczego nie chciała nam zgłaszać na protokół. Ale w końcu przekonałam ją, że on ją któregoś dnia zabije.

Mówię do niej:

– Pani szanowna, finał będzie taki, że pani kiedyś nie zdąży do mnie zadzwonić. A przyjdę do pani dopiero wtedy, jak sąsiedzi poczują odór spod drzwi, bo będzie pani leżała już martwa.

Przemówiło to do niej?

Tak. Złożyła zawiadomienie. Zatrzymałam więc gościa, przesłuchałam wszystkich świadków i tak wszystko ogarnęłam, że dochodzeniowiec nie musiał już niczego robić. Łącznie z oględzinami ciała, choć to nie był mój zasrany obowiązek. No i w ciągu trzech dni prokurator wydał decyzję, że chłopaczek ma wyjeżdżać z chaty. Miał na to dwa tygodnie.

Wyobraź sobie, że nagle zrobił się potulny jak baranek. Mamusiu, srusiu, kawkę, herbatkę, pierożki, nie pierożki, sprzątamy, pucujemy. No kurwa, wzór cnót i ideałów. Aż zadzwoniła ta baba do mnie i zaczęła mi mówić, jak to on się zmienił. Więc jej powiedziałam:

– Proszę pani, który raz z rzędu on to obiecuje? Niech pani wytrwa. Błagam.

Poważnie?

Poważnie! Kupa mojej pracy, zaangażowania w tę sprawę, a ten się chciał wywinąć. A ja czasami nie potrafię się tak zdystansować. Zwłaszcza jak patrzyłam na cierpienie tej baby.

No i jak to się skończyło?

Przychodzę któregoś dnia do pracy, a tam siedzi ta baba i szlocha. Okazało się, że gość tuż przed wyprowadzką wypił jakiś domestosik i podciął sobie żyły. Tylko nie wzdłuż, ale w poprzek, co było, kurwa, jakąś demonstracją, niczym więcej. Chciał po prostu przekonać matkę, żeby go zostawiła w domu.

Co się z nim stało?

Wsadzili go do psychiatryka na dwa czy trzy miesiące. Mamusia mu obiadki nosiła i była z niego dumna, bo został przewodniczącym jakiejś grupy terapeutycznej czy chuj wie czego.

(*śmiech*)

Ta babka tymczasem mówi do mnie:
– Wie pani co? Ja jednak wycofam to zawiadomienie.
– Okej. To jest wyłącznie pani decyzja. Tylko że jak teraz coś się będzie działo, a dam sobie upierdolić obie ręce, że tak będzie, to ja już pani nie pomogę. Bo ja już, kurwa, nie mam ani siły, ani ochoty. Nie znam drugiego policjanta, szczególnie w tym komisariacie, który zrobiłby dla pani tyle i tak mocno się zaangażował jak ja.
– Nie! On będzie inny! Zmienił się!
Co się okazało? Nie minął miesiąc, jak synek wrócił do domu, a kobiecina znowu zgłosiła się na komisariat, że on ją pobił. Nie wiem, jak to się dalej potoczyło, bo w międzyczasie zwinęłam się stamtąd do patrolówki. Myślałam, że się na tej jebanej dzielnicy wykończę.

Wiesz, co się dalej w tej sprawie działo?

Nie wiem. Nawet specjalnie się nie interesowałam, bo baba mnie wkurzyła. Ale generalnie przejmuję się takimi sprawami. Kiedyś pisałam nawet z moimi podkuratelnymi z rejonu pozwy rozwodowe, chociaż to nie był mój obowiązek!

W jakiej sytuacji?

Przyszła do mnie kiedyś kobitka i płakała, że mąż się nad nią znęca. Zrobiłam wywiad środowiskowy i faktycznie okazało się, że stary się na niej wyżywa. A że ona pracowała jako suwnicowa i nie do końca była piśmienna, to postanowiłam jej pomóc. Szczerze mówiąc, wystarczyło wpisać w Google „pozew o rozwód" i wyskakiwało ci trzysta takich wzorów. Zrobiłam kopiuj, wklej, coś dopisałam i wszystko było cacy. A ludzie przychodzili do mnie i mówili: „Ty, dziewczyno, się w takie sprawy nie wpierdalaj, bo zobaczysz, że to się obróci przeciwko tobie!". I, kurwa, mieli rację.

Dlaczego?

No bo minęło parę miesięcy i z niezgody małżeńskiej znowu zrobiła się zgoda. Aczkolwiek ten mąż został przeze mnie parę razy dojechany.

Jak?

Pamiętam, że w pewnym momencie zrobił się z tego grecki dramat. Bo powołano u nas w MOPR-ze grupę roboczą, no i raz chciałam na nią wysłać jego, a raz ją. Dojechałam go więc gdzieś tam na rejonie i mówię:

– Słuchaj, gnoju: jutro o godzinie jedenastej jest grupa robocza, a, kurwa, spróbuj mi się nie pojawić, to cię spod ziemi wykopię i cię tam za ucho doprowadzę.

– Będę. Na sto procent będę!

I na tym się skończyło. Przyszedł tam, ale nie o jedenastej, tylko o dziewiątej, i nie na grupę roboczą, tylko żądać pieniędzy. Jakimiś kubkami zaczął rzucać, klawiaturą strzelił i domagał się renty socjalnej. A wiesz, dziewczyny w MOPR-ze to były takie ciche, spokojne, więc siedziały tam przestraszone jak trusie.

Dały mu te pieniądze?

Nie, a skąd! Tylko mnie o tym poinformowały. No to ja się wkurzyłam nieziemsko, dorwałam go i zawinęłam na komisariat. Jak go wzięłam w obroty, to po jakichś dziesięciu minutach prawie pod biurkiem siedział i o wybaczenie prosił.

Zbiłaś go?

Nie, tylko wystraszyłam. W takich sytuacjach nie chodzi o to, żeby komuś krzywdę zrobić, tylko żeby go nastraszyć. A on się mnie bał jak diabeł święconej wody.

Pytam go:

– Co wczoraj zrobiłeś?

– No byłem tam i pani nie przyszedła...

– Po pierwsze to nie „nie przyszedła”, tylko „nie przyszła”. A po drugie byłam, ale mówiłam ci, franco, że masz się stawić na jedenastą, a nie na dziewiątą. I nie po to, żeby tam dym robić, tylko żeby porozmawiać o problemach waszych małżeńskich, kurwa.

(śmiech)

Mówię mu dalej:

– Teraz nie wiem, jak to zrobisz i skąd będziesz miał pieniądze, ale masz kupić cztery bombonierki, goździki i zapierdalać tam przepraszać dziewczyny!

No i tak zrobił. Nic to, że bombonierki były przeterminowane, ale przeprosił.

A wzięli ten rozwód?

W końcu chyba nie, ale mąż został doprowadzony do pionu. (*śmiech*)

Zawsze się tak angażujesz w sprawy?

Tak, za każdym pierdzielonym razem. Jak widzę, że się źle dzieje, to podchodzę do tego bardzo emocjonalnie. A nie powinnam.

Nie rozwala cię to?

Rozwalało mnie właśnie, kiedy byłam na dzielnicy. Bo tam miałam kilka spraw, w których non stop uczestniczyłam. Tak jakby stawałam się elementem tej całej rozpierduchy. Tutaj przyjeżdżam, robię, co powinnam, i wyjeżdżam. Z resztą babrze się dzielnicowy. Patrolówka to jest moje życie na dobrą sprawę. Uwielbiam tę robotę. Naprawdę.

Co konkretnie ci tu pasuje?

Nie znoszę nudy w pracy. Lubię, jak coś się dzieje, jak czuję podwyższony poziom adrenaliny i mogę, kuźwa, pomagać tym wszystkim oszołomom. Czyli tak naprawdę podobnym do mnie. Bo sama przeżywałam swojego czasu ciężkie chwile, chociażby wynikające z tego mojego posranego pożycia. Dlatego nie potrafię się zdystansować, a to jest duży minus w tej pracy.

Niektórzy mówią na mnie w pracy „Matka Miłosierdzia" albo „Matka Teresa" – oczywiście z taką nutką ironii. Bo ja powinnam pojechać na akcję, opierdolić jedną i drugą osobę, wywieźć je na izbę i sprawę zamknąć. A ja staram się pomóc, nakierować, namówić do złożenia zawiadomienia w komisariacie. Przy okazji angażuję też bardziej dzielnicowych.

A to zabiera czas, a nie nabija statystyk.

Właśnie. Policja skupia się głównie na pierdolonych słupkach. A takich ludzi jak ja, którzy chcą pomóc społeczeństwu zgodnie z treścią ślubowania, jest w komisariacie jeszcze dwoje, może troje. Takich, co chcą więcej, niż tylko przyjechać, odpierdolić swoje, pouczyć, zamknąć drzwi i mieć wszystko w dupie. Ja tak nie umiem. I chyba, kurwa, już się tego nie nauczę. Aczkolwiek nie zawsze jest to mile widziane.

Na przykład jak robię notatkę służbową ze zdarzenia, to jest to elaborat na kilka stron papieru kancelaryjnego. Mojemu naczelnikowi nie chce się nawet tego czytać. Mówi:

– O kurwa, znowu się rozpisała.

Za każdym razem, jak idę do niego z jakimiś kwitami, to żegna się lewą nogą. No ale ja nie umiem inaczej. Chyba jestem po prostu za sumienna.

A pamiętasz jakieś niebezpieczne sytuacje w swojej pracy?

Oczywiście. Jedna z nich wydarzyła się zresztą w dniu… mojego rozwodu. To było w lipcu 2010 roku.

Miałam wtedy nockę i patrolowaliśmy taki rejon, który słynął z wyjątkowych patoli. Po prostu dzielnica cudów i omamów. Ja w dodatku byłam na tym patrolu z chłopakiem, który generalnie stronił od używania środków przymusu bezpośredniego. Stawiał raczej na rozmowę, co nie zawsze przynosiło pożądany skutek. No i w pewnym momencie dyżurny dał nam znać, że przy takich budach, które stały nieopodal, coś się zaczyna dziać. Na monitoringu było jedynie widać, że ludzie przed czymś uciekają.

No dobra. Podjechaliśmy tam, patrzymy – faktycznie dziwna sytuacja. Ludzie rozbiegają się jak wolne elektrony, każdy w inną stronę. Wysiadam z radiowozu, rozglądam się i w pewnym momencie prawie zemdlałam. Zobaczyłam gościa, który stał z odpaloną piłą łańcuchową. Darł się przy tym, że on ich wszystkich powyrzyna.

Naprzeciwko niego stało tak z trzydziestu gości, którzy mieli w rękach pały, jakieś ciężkie krzesła, ławki i ewidentnie chcieli go zlinczować. Myślę sobie: „Kurwa mać, przecież jesteśmy tylko we dwójkę. Możemy tego nie ogarnąć". No ale krzyknęłam przez stację, że potrzebujemy wsparcia, i polecieliśmy do nich.

Pierwsze co, to powiedziałam do tego gościa z piłą:

– Rzuć to, gnoju!

– Wypierdalaj!

– Sam wypierdalaj! Rzucaj to natychmiast i poddaj się!

A on, zamiast rzucić tę piłę, zrobił krok w naszą stronę, a potem zawinął się w taki ciemny zaułek.

Ruszyliśmy za nim, a za nami tych trzydziestu kolesi. Darłam się cały czas:

– Stój, gnoju, rzuć to!

A ten się w pewnym momencie odwrócił i ruszył z odpaloną piłą na mojego partnera.

Wyciągnęłam broń i strzeliłam dwa razy w powietrze. A mój kolega, zamiast też wyciągnąć broń i strzelać do napastnika, zaczął z nim rozmawiać. Gościu, dopiero jak usłyszał drugi wystrzał, rzucił tę piłę i zaczął uciekać. Ale kolega pobiegł za nim i szybko go dorwał. Ja w tym czasie starałam się udobruchać tych trzydziestu facetów.

Jakich konkretnie argumentów użyłaś?

„Wypierdalać, bo zacznę strzelać!" No bo co miałam do nich powiedzieć? Tam nie było możliwości, żeby tłumaczyć i prosić. Wszyscy działali na megaadrenalinie. Nie codziennie spotykasz gościa, który naoglądał się *Teksańskiej masakry piłą mechaniczną*.

Po chwili pojawiło się kilkanaście naszych patroli. Przejęli gościa i zawieźli na komendę. A tamtych tylko przesłuchaliśmy w charakterze świadków. Oczywiście przyjechał też mój naczelnik, który zaczął się na mnie drzeć:

– Jakim prawem!? Dlaczego wyciągnęłaś broń i strzelałaś!? Nie szło tego, kurwa, załatwić inaczej!?

To się go pytam:

– Po co więc jest ta broń? Ma służyć jako breloczek, kurwa, do kluczy? Chyba powinniśmy ją wykorzystywać, jeśli zajdzie taka potrzeba, tak? A w tym momencie nie było innego wyjścia! To nie był ktoś choćby i z kijem bejsbolowym. To był gość, który mógł tą piłą zarżnąć kilka osób!

Potem na komendę przyjechał też drugi naczelnik i na wstępie zapytał dyżurnego:

– Dlaczego ona, kurwa, strzelała?

To jej odpowiedział:

– Jak chcesz się do dziewczyny przypierdalać, to najpierw przeczytaj opis interwencji, a dopiero później komentuj.

Tak że chyba tylko dlatego, że dyżurni się za mną wstawili, nie wszczęto wobec mnie postępowania dyscyplinarnego.

A o co w tym wszystkim chodziło?

Okazało się, że to był jakiś gość, który przyjechał tam ze swoją babką. No i ta dziewucha postanowiła go porzucić na rzecz jakiegoś tam pana bramkarza-ochroniarza. A koleś był najebany, naćpany i mocno zazdrosny. Skąd wziął piłę? Z jakiegoś samochodu. Tylko nie wiem, czy ze swojego, czy ją komuś ukradł. Poza tym wyszło jeszcze na jaw, że facet był wcześniej ścigany listami gończymi, bo działał w jakimś podrzędnym gangu.

A jak ułożyłaś sobie facetów w robocie? Nie podchodzili do ciebie na początku jak do „laski do wyruchania"?

Tak raczej nie. Bardziej jak do słabego ogniwa. Kiedy zostałam przewodnikiem psa, to jako jedyna kobieta służyłam w referacie interwencyjnym. Na pięćdziesięciu chłopa byłam tam sama. Nasz kierownik, straszna menda, był z tego powodu bardzo niezadowolony. Nie miał jednak wyboru, bo byłam z psem, a psy podlegają pod komendę miejską policji. No więc przez ponad pięć lat siedziałam tam jako jedyna laska.

Przez ten czas nabrałam dużo męskich cech. Stałam się mniej delikatna, a bardziej... wulgarna. No, takim babochłopem się trochę zrobiłam. Ale większości chłopaków odpowiadała praca ze mną, bo ja się nigdy nie pierdoliłam w sytuacjach podbramkowych. Kiedyś nawet tak dostałam w mordę, że mi szczęka z zawiasów wypadła.

Jak to się stało?

Zatrzymaliśmy jednego nurka za kradzież hamburgerów z Biedronki. Początkowo miał dostać tylko mandat. Ale zaczął się strasznie stawiać, szarpać mnie za mundur, no to powiedziałam do niego:

– Ja ci, skurwielu, nie odpuszczę i z miejsca zatrzymuję cię za naruszenie mojej nietykalności jako funkcjonariusza policji.

No i pojechaliśmy na komisariat.

Jak już dotarliśmy na miejsce, to w pewnym momencie gnojek zaczął się do mnie burzyć. A ja popełniłam błąd i podeszłam do niego zdecydowanie za blisko. W dodatku wdałam się w niepotrzebną wymianę zdań. Nagle gość się zamachnął i tak mi zasunął z bani, że już tylko gwiazdy zobaczyłam, a chwilę później wylądowałam na chirurgii szczękowej.

Co facet za to miał?

Zarzuty o naruszenie nietykalności. Sąd nie potraktował tego jako czynnej napaści. W związku z tym koleś dostał jakiś tam wyroczek w zawiasach. W tej chwili jest o tyle fajnie, że często sądy na nasz wniosek, który muszą zawrzeć w protokole przesłuchania, zwracają nam nawiązkę. Dzięki temu kiedyś dostaliśmy po tysiąc złotych od sprawców za znieważenie i naruszenie nietykalności.

Ale jak was znieważyli?

Na początku leciały „kurwy", „chuje" i tak dalej – czyli standard. A później doszło do małej szarpaniny.

Potem, już w komisariacie, koleś się uspokoił, ale lasce totalnie odpierdoliło. Zdemolowała nam całą salę odpraw. Zaczęła rzucać krzesłami, darła się. Była tak naładowana, że nie mogliśmy ogarnąć jej we dwójkę z kolegą, więc przyjechał jeszcze jeden patrol, żeby nam pomóc. W końcu skuliśmy ją za ręce i nogi, czego nie powinniśmy robić, bo krępowanie nóg jest zupełnie niewskazane. Ale nie dało się inaczej. Jeszcze zaczęła ściemniać, że jest w ciąży i musi do lekarza. Oczywiście okazało się potem, że kłamała.

Opowiedz o interwencji, podczas której miałaś połamane żebra.

To się wydarzyło we wrześniu ubiegłego roku. Pojechaliśmy na interwencję – ktoś zgłosił, że jakiś mężczyzna dobija się do drzwi mieszkania. Przyjechaliśmy na miejsce, patrzymy – stoi taki niepozorny facet przed drzwiami i puka. Więc go pytam:

– A pan szanowny czego tu szuka i dlaczego zakłóca spokój sąsiadów?

– A bo ja tutaj mieszkam. Piłem ze swoją mamą i wyszedłem, a mama jest w mieszkaniu i nie chce mi otworzyć.

No to zapukałam do tych drzwi i słyszę jakiś taki... jęk. Jakby ktoś wzywał pomocy, chociaż niekoniecznie kobieta. Ale ten facet powiedział, że jego mama ma jakiś stopień niepełnosprawności i coś mogło się wydarzyć. Już byłam gotowa wzywać straż pożarną, ale nagle drzwi się otworzyły.

W przejściu stanął gość, który był tak samo najebany jak ten, co się dobijał. Patrzę do środka, a tam na samym końcu korytarza w pokoju leży babka powyginana na wszystkie możliwe sposoby. Przytomna, oczy otwarte, komunikatywna, ale nie była w stanie się podnieść. No to weszliśmy do tego mieszkania, ale na spokojnie. Jak przyjrzeliśmy się z bliska, to okazało się, że kobieta miała mnóstwo obrażeń – jakieś sińce, stare zadrapania, twarz obitą, ręce powykręcane. No to powiedziałam obydwu narąbanym panom, żeby stanęli w bezpiecznej odległości od tej kobiety, i wezwałam pogotowie.

Ale ten pan, który otworzył nam drzwi, postawił sobie za punkt honoru, że on tę babkę poskłada i posadzi na kanapie. Mówię do niego:

– Pan ją zostawi, bo jeszcze pan jej więcej krzywdy narobi, niż to wszystko warte. Przyjedzie pogotowie, obejrzą ją służby ratownicze i wtedy będziemy dyskutować, co robić.

No ale on dalej próbował ją poderwać. Powiedziałam mu raz, żeby ją zostawił, potem drugi, w końcu się na niego wydarłam. On się wkurwił.

– Żadna kurwa policyjna nie będzie się na mnie drzeć – mówi.

– Albo spuścisz z tonu i grzecznie usiądziesz – odparowałam – albo ci w tym pomogę.

– No to mi, kurwa, pomóż.

A mnie nie trzeba dwa razy powtarzać. Pomogłam mu usiąść, ale on się nagle zerwał i sprzedał mi kopa z prawej strony. Poczułam taki kłujący, przejmujący ból – tym bardziej że miałam po tej stronie broń i latarkę.

Pijany był, a jednak sprawny?

Tak, kopnął mnie bardzo mocno. Ale kolega z patrolu od razu wyciągnął gaz żelowy i go nim potraktował. Problem w tym, że była już końcówka i zrobił się z tego aerozol, więc ja też dostałam rykoszetem po oczach. No ale jakoś obezwładniliśmy tego gościa.

Ja leżałam na nim mało romantycznie, bo miałam jego głowę między nogami, i próbowałam mu przytrzymać ręce. W pewnym momencie weszły tam jeszcze jakieś dwie baby, które zaczęły się potwornie drzeć. Jedna z nich była chyba jego żoną. Zrobiło się straszne zamieszanie i w pewnym momencie ktoś próbował mi zabrać broń. Nawet nie wiem kto, bo byłam zagazowana i prawie nic nie widziałam.

I wiesz co? Powiem ci, że wtedy się naprawdę wystraszyłam. Bo gdyby ten ktoś mocniej pociągnął za pistolet, to wyrwałby mi go z kabury, a wtedy nie wiem, co by się działo.

Jak to się skończyło?

Tak, że w tym momencie przyjechał drugi patrol i obu gości zawinęli na izbę wytrzeźwień. Ratownicy z kolei opatrzyli tę kobietę i okazało się, że tak naprawdę nic poważnego jej nie dolega. Potem przemyli mi oczy solą fizjologiczną i opatrzyli żebra – wtedy odkryli, że prawdopodobnie są jakieś złamania. Ten gościu, co mnie kopnął, dostał oczywiście zarzuty o naruszenie nietykalności osobistej i sprawa w sądzie toczy się do tej pory.

O co w ogóle chodziło w tym całym wezwaniu?

Ten gnój, który mnie kopnął, był sąsiadem z piętra wyżej i walił z nimi wódę. Być może zachciało mu się w pewnym momencie podupczyć mamuśkę, no to wywalił synka i zamknęli się od wewnątrz.

A jak reagujesz na trupy?

Nienawidzę tego smrodu, jestem bardzo wrażliwa na zapachy. Najgorszy jest moment, kiedy wchodzisz do jakiegoś pomieszczenia i nie wiesz, czego się spodziewać – czy to będzie świeżak (wtedy pół biedy), czy trup, który leży już kilka tygodni. A to nie tylko bardzo śmierdzi, lecz także strasznie wygląda.

Ale opowiem ci o jednej śmiesznej sytuacji. Zadzwonił do nas syn, że próbuje się dostać do mieszkania swojej psychicznie chorej matki, ale ta mu nie otwiera ani nie odbiera telefonu. Pojechaliśmy na miejsce i wezwaliśmy też od razu ratowników medycznych ze strażą pożarną. Jak już staliśmy przed drzwiami, to pojawił się fetor nie do opisania, więc byłam przekonana, że zastaniemy tam zwłoki. W końcu strażacy wyważyli drzwi i weszliśmy do środka.

No i faktycznie – w łóżku leży taki mały, siwy trupek kobiety, zawinięty w jakąś kołdrę. A w związku z tym, że byli ze mną ratownicy medyczni, to nawet nie sprawdzałam, czy ona ma puls. I stoję tak nad nią, patrzę, a ona nagle otwiera oczy i mówi „cześć".

(*śmiech*)

Kurwa, cuda-niewidy! Nogi się pode mną ugięły, bo wszyscy byliśmy święcie przekonani, że kobita nie żyje.

A jeśli chodzi o prawdziwych zgniłków, to jeden mi szczególnie utkwił w pamięci. Jak go znaleźliśmy, to już był, kurwa, cały czarny. Jak węgiel. Po prostu coś obrzydliwego. W dodatku śmierdział przeokrutnie. A wiesz, co było najgorsze? Jak przyjechały łapiduchy i podniosły go z podłogi, to skalp, plecki, pośladki i wszystkie elementy ciała, które leżały na podłodze, na niej, kurwa, zostały.

Na podłodze?

Tak. Oderwali zwłoki człowieka, ale elementy jego ciała zostały tam, gdzie leżał.

I czym to potem sprzątają?

Nie mam pojęcia. Spierdalałam stamtąd czym prędzej, bo to było po prostu ohydne. Chłopaki obstawiały, kto się pierwszy zrzyga: ja czy prokurator. Aczkolwiek powiem ci, że większy fetor poczułam kiedyś od żywego człowieka.

Jak to?

Dostaliśmy zgłoszenie, że na rynku pod ławką leży mężczyzna i trzeba go zgarnąć, a potem wywieźć na izbę. No to pojechaliśmy po niego. Jak go, kurwa, zobaczyłam, to nie mogłam uwierzyć własnym oczom. Gość się rozkładał za życia. Jeszcze miał portki i gacie opuszczone do kostek. Ilość dzikunów, które po nim łaziły...

Dzikunów?

To są te larwy much, takie białe, które zjadają człowieka po śmierci. Jak umierasz, to taka muszka składa w tobie jaja i później wykluwają się z ciebie różnego rodzaju robaczki. Takie małe, białe żyjątka, kurwa. I tylko dzięki temu, że te robaki były u niego na kończynach dolnych, to on jeszcze jako tako funkcjonował. Bo one pożerają martwą tkankę.

To co, on miał jakąś gangrenę?

Wiesz co, to był chyba efekt miażdżycy. Nie wiem, czy tam też jakieś zgorzele gazowe nie wchodziły w grę. Coś obrzydliwego.

Pamiętam, że w pewnym momencie wylazł mu spod napletka robak. Myślałam, że zwymiotuję, jak to zobaczyłam. Gdy przyjechało pogotowie, to wpakowali go do worków na śmieci, bo inaczej nie dało się tego ogarnąć. Sama od tamtej pory wożę w radiowozie worki na śmieci. Jak mam jakiegoś klienta obsranego, obszczanego i obrzyganego, to pakuję go w ten worek, zapinam pod samą szyjkę i ładuję do radiowozu. Wtedy możemy jechać. (*śmiech*)

Miewasz w tej robocie w ogóle jakieś sukcesy?

Była kiedyś taka sytuacja, że patrolowi, kryminalni i dzielnicowi szukali ze trzy miesiące gościa lub grupy osób, którzy na potęgę kradli nawigacje pokładowe z samochodów. Wartość najdroższej to szesnaście klocków. A tam było już najumane tego na kilkaset tysięcy. No ale strasznie ciężko było tych kolesi namierzyć. W końcu – zupełnie przypadkowo – mnie się to udało.

Jak to?

To był czas, kiedy trzymałam swoje dwa owczarki niemieckie w domu. Kończyłam nockę, pakowałam Jakuzę i Benia do radiowozu, podjeżdżałam na komisariat, rozliczałam służbę i wracałam z nimi do domu. No i pewnego dnia – pamiętam, że to była styczniowa niedziela, około szóstej rano – podchodzę już z nimi do domu i nagle widzę gościa w kapturze, który kręci się przy samochodzie.

Zaczęłam go spokojnie obserwować, bo równie dobrze mógł to być właściciel auta. Po chwili facet włączył latarkę, uderzył czymś w szybę i wsunął się do środka. Ruszyłam z tymi dwoma psami w jego kierunku, przy czym Jakuzę miałam na smyczy, bo to agresywny pies, a Beniu to taka mameja, więc latał mi gdzieś między nogami.

Gdy już podeszłam do gościa na odległość jakichś pięciu metrów, to on się wysunął z auta, rzeczywiście trzymając w rękach nawigację, którą zresztą szybko schował sobie pod bluzę. Jak tylko mnie zobaczył, oczywiście poszedł w długą.

Złapałam Benia, chwyciłam Jakuzę i pobiegłam z tymi dwoma czortami za nim. Gość najpierw mi zniknął za budynkiem, ale potem zobaczyłam go, jak stoi sobie na przystanku, jara szluga i czeka na tramwaj. Nie wiedział, że jestem policjantką, więc pewnie pomyślał, że „laska odpuści". A ja podeszłam do niego i mówię:

– Dzień dobry, policja, proszę o dokumenty. – Przy czym nie pokazałam mu legitymacji, bo obie ręce miałam zajęte ze względu na psy.

A gościu znowu w długą.

Tym razem jednak zareagował Jakuza – to inteligentne psisko i doskonale wyczuwa emocje. Tak się zerwał, że mi się wyszarpnął z ręki i pobiegł za kolesiem. Nawet go nie musiałam prosić, żeby zaatakował, bo doskonale wiedział, co ma robić. Tymczasem facet wybiegł na dość ruchliwą drogę, Jakuza za nim, a ja za nimi. W końcu pies chwycił go za nogawkę, wywrócił na jakiś pas zieleni i tam trochę poszarpał. Kierowcy nie wiedzieli, co się dzieje, któryś się zapytał, czy mi pomóc. Odpowiedziałam, że tak, bo właśnie łapię złodzieja. A zanim zdążyłam powiedzieć, że jestem policjantką, zdążył przyjechać patrol i spacyfikowaliśmy tego gościa.

Przełożeni pochwalili cię za taką interwencję po służbie?

Tak, dostałam zajebistą nagrodę w wysokości dwustu złotych. Śmiech na sali, bo ja tam naprawdę narażałam dupę. Nagrodę dostał też jeden z kryminalnych, bo przecież sprawca został namierzony dzięki rozpoznaniu, jakie mieli.

Jak to?

No bo oni mieli go już niby namierzonego, tylko ja się tam w zasadzie napatoczyłam. A nagrodę przeznaczyłam *de facto* na smycz, którą zerwał Jakuza – jedna taka kosztuje sto pięćdziesiąt złotych. Ale powiem ci jeszcze śmieszniejszą rzecz. Ten złodziej napisał skargę z zażaleniem na czynności zatrzymania. Stwierdził, że został poszczuty psem przez nieumundurowanego policjanta, który w dodatku nie okazał mu legitymacji służbowej w chwili przedstawiania się. I wyobraź sobie, że się, kurwa, tłumaczyłam w prokuraturze z przekroczenia uprawnień. Bo szczucie psem jako takie jest wykroczeniem.

Po tym wszystkim doszłam do wniosku, że choćby się waliło i paliło, to ja już więcej nie zareaguję, bo to jest gra niewarta świeczki.

A największe porażki?

Całkiem niedawno przyszła do nas na komisariat dwudziesto-dwudziestotrzyletnia dziewczyna, która poprosiła o interwencję u siebie w domu. Sprawa była znana dzielnicowemu – dziewczyna żyła w bardzo patologicznej rodzinie. Widać było, że ma depresję – była otępiała, osowiała i generalnie dało się wyczuć, że ogarniało ją takie ogólne poczucie beznadziejności.

To straszne mieć dwadzieścia parę lat i wpaść w depresję.

To prawda. Ona mieszkała w takim małym pokoiku, który dzieliła ze swoim bratem chuliganem. Chłopak pił na potęgę i jeszcze swojego czasu brał narkotyki. Był od niej starszy o kilkanaście lat. Do tego dochodziła schorowana matka po kilku zawałach, no i tatuś, czyli stary pijak, obszczany i zasrany.

A ona, dorosła dziewczyna, mieszkała w pokoju ze swoim bratem?

Tak, w dodatku on ją bił i okradał ze wszystkiego – z pieniędzy, telefonu komórkowego. Wszystko przeznaczał na chlanie. No i ona kilkakrotnie prosiła nas o pomoc. My interweniowaliśmy. Nawet mnie się zdarzyło zatrzymywać jej brata za znęcanie się nad nią.

A czemu prokurator nie chciał go wyrzucić z mieszkania?

Nie mam pojęcia. W każdym razie na przemian zatrzymywaliśmy jej brata i tatusia, bo oni się często między sobą bili, a dziewczyna dostawała rykoszetem. Niemniej jednak wypuszczano ich, po czym znowu była chryja, my ich znowu zatrzymywaliśmy, i tak w kółko.

A matka?

Nie reagowała, bo nie miała jak. To była naprawdę bardzo schorowana kobieta.

No i pewnego dnia przyszłam do pracy, a tam mi mówią:

– Ty, twój pupilek nie żyje.

– Jaki pupilek?

No i okazało się, że to ta dziewczyna popełniła samobójstwo.

Po prostu nie wytrzymała tego, nie była w stanie żyć w takich warunkach. Braciszek z tatusiem dokonali rzeczy strasznej, bo doprowadzili ją na skraj przepaści, z której ona w końcu spadła. A instytucja taka jak policja, która powinna jej zabezpieczyć stosunkowo spokojne życie, czyli wypierdolić jednego chuja z drugim z domu, nie zrobiła kompletnie nic. I ja niestety uważałam to też za swoją osobistą porażkę, bo nie pomogłam tej dziewczynie.

Często używasz siły?

Pamiętam taką sytuację: wychodziłam kiedyś z komendy i zobaczyłam, że dwaj ratownicy razem z jednym policjantem pacyfikują jakiegoś gościa. Nie mogli sobie z facetem poradzić. A ten policjant to był taki kawał chłopa z referatu interwencyjnego.

Ten, co go pacyfikowali, był tak pobudzony?

Tak, i strasznie silny. Pamiętam, że w pewnym momencie usiadłam mu na nogach. Lekka nie jestem, ale facet wyrzucił mnie jak z katapulty – poleciałam metr w powietrze i uderzyłam kolanem o krawężnik. Mało tego. Przed tę komendę miejską wyszedł zastępca komendanta wraz z naczelnikiem wydziału prewencji i nawet nie kiwnęli palcem – a mają przecież takie same odznaki jak każdy inny policjant. Wystarczyło, żeby stanęli jeden na jednej, a drugi na drugiej nodze tego zatrzymanego. Tymczasem co oni zrobili? Przytrzymali mi okulary, żeby mi z głowy nie spadły, jak się, kurwa, z nim napierdalałam wraz z ratownikami.

(*śmiech*)

Potem z tym kolanem pojechałam na SOR i wyciągali mi wodę, bo tak mocno uderzyłam. Dostałam też tydzień wolnego, ale to, co mnie najbardziej rozbiło, to reakcja naczelnika. Widział chłop całą sytuację, a mówił:

– Jak to się stało? Znowu ona! No niemożliwe! Jak ona sobie to zrobiła?

Czujesz? A gość wszystko widział!

Masakra.

To opowiem ci jeszcze lepszą historię. Kiedyś moje chłopaki ścigały chyba sześcioma radiowozami jednego skurwysyna. On miał taką starą stuningowaną cytrynę, która miała naprawdę niezłe przyspieszenie. Facet przejechał przez miasto z prędkością światła i bardzo ciężko było go złapać. No to patrol ruchu drogowego ustawił w pewnym miejscu blokadę w postaci dwóch radiowozów. Gość się nawet nie zatrzymał i w dodatku prawie staranował jednego policjanta. Gdyby ten nie rzucił się do rowu, nie byłoby co z niego zbierać.

To był środek nocy, pościg trwał już z czterdzieści kilometrów. W końcu jeden z chłopaków władował w jego samochód dwadzieścia dwa strzały i udało się go zatrzymać. Wyciągnęli gościa z fury, zakuli w kajdanki i zawieźli na komendę. Na to wszystko przyjechał naczelnik. Jego reakcja była po prostu niebywała.

Nie spytał policjantów, czy coś im się stało, czy wszyscy cali. Zaczął się drzeć i wypytywać, jakim, kurwa, prawem oni strzelali. No ja pierdolę! To ja się pytam, od czego my jesteśmy w tej śmiesznej policji? Żeby ustępować takim baranom?

Gość mógł kogoś potrącić i zabić.

Właśnie. Jeszcze jedna sytuacja. Byliśmy na patrolu. Nagle patrzymy – wielki tir z naczepą stoi na zielonym świetle i ma włączone awaryjne. Wysiadamy z radiowozu, podchodzimy, otwieramy drzwi od kabiny, a stamtąd tak zajechało alkoholem, że masakra. No to od razu wzięliśmy alkotest i kazaliśmy kierowcy chuchać. Okazało się, że facet jest trzeźwy.

Jak to?

No właśnie, alkotest musiał się zepsuć! Wystarczyło, że facet ci chuchnął, i czuć było alkohol. W dodatku mój kolega stał z przodu z dwoma psami i jak kierowca zobaczył policjantów, odpalił silnik i mało brakowało, a by ich przejechał! Całe szczęście, że nie ruszył – może miał ręczny zaciągnięty, tylko był pijany i zapomniał.

W każdym razie stwierdziłam, że nie ma chuja, tylko zabieramy go na komisariat, bo jeszcze doprowadzi do jakiejś tragedii. No i wyobraź sobie, że jak przyjechaliśmy na miejsce, to usłyszałam pytanie, na jakiej podstawie ja go, kurwa, zatrzymuję.

(*śmiech*)

To co, teleportował się pod te światła? Czy może go ufoludki tam pozostawiły? No musiał tam dojechać w jakiś sposób. Ale nie, nie ma podstaw do zatrzymania. Bo on akurat nie był w ruchu, tylko stał na wyłączonym silniku. Rozumiesz? Ręce opadają. Facet miał trzy promile i nie jechał, kurwa, dorożką, tylko wielką ciężarówką! W końcu go zatrzymaliśmy i facet stracił prawo jazdy, ale po jakiej walce. Powtarzam, ręce czasami opadają.

Co ci policja odebrała w życiu?

Opowiem ci o tym, jak policja rozwaliła moje małżeństwo. Wyszłam za mąż w 2009 roku za oficera marynarki handlowej. Ale to był tak naprawdę niedoszły policjant z powołania. I wiesz, co go we mnie urzekło? Nie piękne oczy, długie rzęsy, wyszczekany pysk, tylko to, że jestem policjantem.

Związując się z tobą, spełnił swoje marzenia.

Na początku tak mu się wydawało, zresztą sam niejednokrotnie o tym wspominał. Ale chyba nie zdawał sobie sprawy z tego, co ta firma robi z ludźmi.

Co masz na myśli?

Przede wszystkim alkoholizację po pracy, a czasami nawet przed.

Po to, żeby się zresetować?

Wiesz co... chyba trochę w myśl zasady, że jak nie pijesz, to kablujesz albo chcesz być przydupasem. Inna sprawa, że jak zamierzasz dobrze żyć z przełożonymi, to musisz się z nimi napić. Inaczej nie nawiążesz nici porozumienia. Czyli jednym zdaniem: jak nie pijesz, to jesteś trochę odszczepieńcem.

No więc problemy w moim małżeństwie zaczęły się od tego, że za dużo piję. Trochę się nie dziwię, że mu to przeszkadzało, ale przecież widziały gały, co brały.

Do tego doszło to, że tu nie zawsze można zostawić pracę w pracy. Nieraz jak jechaliśmy razem samochodem, to głowa kręciła mi się jak w cyrku. Jeśli zobaczyłam jakąś szarpaninę czy kogoś leżącego na ulicy, mówiłam do męża:

– Zatrzymaj się, może trzeba komuś pomóc, wezwać patrol policji.

A on mi na to:

– Co ty, kurwa, jesteś w pracy czy w domu?

Dodatkowo często zdarzały się sytuacje, że na przykład siedzieliśmy sobie razem w domu, piliśmy winko, a ja nagle dostawałam telefon i słyszałam w słuchawce: „Jesteś potrzebna". Bo to był ten okres, kiedy pracowałam jako przewodnik psa i wzywano mnie niezależnie od tego, czy miałam akurat dyżur, czy nie. Trochę jak tania dziwka na telefon. No i to bardzo destrukcyjnie wpływało na mój związek małżeński.

Trudno tego nie rozumieć...

Pewnego dnia okazało się, że zaszłam w ciążę. Nie powiedziałam jednak o tym w pracy i nie poszłam na L4. A w mojej robocie wiadomo, jak jest – dużo wysiłku fizycznego i stres. W końcu doszło do tego, że pewną piękną noc przesiedziałam na kiblu z poduszką i kocem. Zaczęło się od jakiegoś takiego dziwnego krwawienia, a skończyło na tym, że spuściłam własne dziecko w kiblu. Powiedziałam o tym mężowi już po fakcie.

Czyli poroniłaś.

Tak. No i mój mąż trochę obwiniał o to mnie i moją pracę. Zresztą nie dziwię mu się, bo faktycznie powinnam pójść na zwolnienie lekarskie i mieć wszystko w dupie. Ale ja się czułam niespełniona i chciałam dalej, kurwa, walczyć – z wiatrakami, przestępcami, i zapierdalać, kurwa, z psem. Bo swojego czasu sprawiało mi to ogromną przyjemność. O poronieniu powiedziałam tylko mężowi, nikomu więcej.

Co wydarzyło się potem?

Jakieś pół roku później mój mąż wypłynął w rejs. Nie wrócił jednak w terminie, bo była jakaś obsuwa na lotnisku czy coś tam. No więc weszłam na jego maila (kiedyś podał mi hasło i zapamiętało mi je w kompie), żeby poszukać namiarów do agencji, w której był zatrudniony. Chciałam się dowiedzieć, co i jak z jego powrotem. Ale trafiłam na maile, które on wymieniał z pewną kobietą.

Znałaś ją?

Nie, nie znałam. To była laska, którą poznał jeszcze na studiach. Spędzili płomienne dwa czy trzy miesiące nad morzem, ale potem nie utrzymywali kontaktu. Jednak po tym, jak się okazało, że prawie „zamordowałam" nasze dziecko, odnalazł sobie tę panią.

Powiem ci, że jak czytałam te maile, to mnie rozpierdzieliło od środka. Od razu je sobie wydrukowałam, bo wiedziałam już, że sprawa skończy się w sądzie.

Strasznie musi się czytać takie rzeczy.

To było takie uczucie, jakby wszystkie moje trzewia i wnętrzności zaczęły się kurczyć do rozmiaru główki od szpilki. Coś okropnego. Swoją drogą mogę mieć pretensje tylko do siebie. Od poronienia to była tylko kwestia czasu.

Nie możesz tak mówić. Wina zawsze leży pośrodku.

Oglądałeś *Kubusia Puchatka*? Taki wielki miś z ogromnym serduchem, ale ze strasznie małym rozumkiem. Taki właśnie był mój mąż. Miał dużo szczerych i dobrych chęci, ale niestety był trochę ograniczony życiowo. Nie potrafił pójść na kompromis, a już tym bardziej walnąć się w pierś i powiedzieć: „Dobra, wina leży pośrodku, ty nie jesteś wszystkiemu winna". Nie. Całą winę przypisał mnie.

A czy ja się czuję odpowiedzialna za to w stu procentach? Jeśli chodzi o to jedno konkretne wydarzenie, to rzeczywiście bardzo tego żałuję. Niemniej jednak uważam, że policjant powinien wiązać się z policjantką. Dwa psy w domu to może troszeczkę za dużo, ale cywil policjanta nie zrozumie.

Tak myślisz? Że to niemożliwe?

Sytuacja jest patowa, niestety. Słuchaj, ja od rozwodu jestem sama. Minęło cztery i pół roku.

Nie masz możliwości kogoś poznać?

Mam.

To co, czujesz lęk, że się to tak samo skończy?

Odnoszę wrażenie, że się uwsteczniłam i na powrót mam osiemnaście lat. Przyzwyczaiłam się do bycia samą, prowadzę tryb życia, jaki prowadzę, pracuję, gdzie pracuję. Mało który facet zniesie, że jego żona... mówiąc wprost, wraca do domu nawalona jak prosię. To nie jest miłe, sympatyczne i przyjemne. A dobrze wiesz, jak pije się w policji.

No, to wiem.

To nie jest kwestia tego, że idziemy do knajpy, pijemy dwa–trzy piwa, jemy pizzę, dziękuję, do widzenia, wychodzimy. Z reguły pije się aż do odcięcia.

Żeby przestać czuć?

To chyba nie jest dobre rozwiązanie, co?

To tylko pogłębia depresję.

Jakieś dwa tygodnie temu pojechałam do pracy zawieźć L4. Weszłam tam o czternastej, a wypadłam o dwudziestej. Nawet nie pamiętam dokładnie okoliczności, w jakich opuszczałam komisariat.

Zapaliła ci się po fakcie jakaś lampka?

Ona się zapala za każdym razem. Tylko co z tego, skoro sobie poświeci, poświeci i za chwilę zgaśnie. To jest do dupy, niestety.

OFIARA

Patryk Vega: Ile razy pobił cię mąż?

Młodszy aspirant Katarzyna Wach: Kilkadziesiąt.

Czy to, że się nad tobą znęcał, pomaga ci, kiedy bierzesz udział w podobnych interwencjach, pracując w policji?

Na pewno lepiej rozumiem, co czują kobiety, które są ofiarami przemocy domowej.

Pamiętasz pierwszą taką interwencję? Co czułaś? *Déjà vu?*

Wydawała mi się z jednej strony śmieszna, z drugiej straszna. Kobieta zgłosiła, że mąż ją bije, wykorzystuje seksualnie, do tego ona jest w ciąży, a on zachowuje się agresywnie. Jak już tam przyjechaliśmy, facet sobie spał. Obudziliśmy go, ale wywiązała się między nami mała awantura. No to trzeba było gościa trochę szarpnąć, skuć i zawieźć na dołek. Wyobraź sobie, że jak ta kobieta to zobaczyła, to zaczęła mówić, że ona go bardzo kocha, nigdzie go nie wypuści i w ogóle jakim prawem my takie rzeczy robimy!

Czym to tłumaczysz?

Wiesz co? W tych kobietach, które są ofiarami przemocy, zachodzą bardzo dziwne procesy. One są w jakiś sposób uzależnione od tych facetów.

To jest syndrom sztokholmski czy raczej sytuacja, w której ona się boi, że on wróci i ją zleje?

Są dwie grupy. Jedne się boją, że jak ten facet wróci, to po prostu dokona na nich zemsty. Czyli wleje im albo przestanie dawać pieniądze. Natomiast są też takie, w których nagle budzi się miłość do tego faceta, i to taka autentyczna. W takiej sytuacji policjant nagle staje się oprawcą, a nie tym, który przychodzi pomóc. Tak że nigdy nie wiadomo do końca, czego można się spodziewać na takiej interwencji. Cały czas trzeba zachowywać czujność.

Tym bardziej że kobiety potrafią być czasami bardziej agresywne niż faceci. Tak bardzo chcą nieść pomoc swoim partnerom, że trzeba na nie uważać.

Mundur cię jakoś „tuninguje"?

Nie. Bo ludzi się uczy, że policjant to ma mieć czapkę na głowie, powiedzieć „dzień dobry", przedstawić się i zachować wszelkie procedury. No a my mamy ograniczone możliwości. Zobacz, ja na przykład ważę sześćdziesiąt kilo. Kiedyś jeździłam z chłopaczkiem, który był mniej więcej mojej postury. No to jak taki duet wchodzi do mieszkania, gdzie stoi chłop sto dwadzieścia kilo żywej wagi, to ciężko go obezwładnić.

Jak postępujesz w pracy ze sprawcami, którzy dopuszczają się przemocy domowej?

Ze swoją siłą fizyczną – nie oszukujmy się – nie dam sobie rady z wielkim chłopem. No więc najczęściej zachowuję się tak, żeby go nie rozjuszyć. Czyli wykorzystuję to, że jestem kobietą. Staram się uśmiechnąć, rozluźnić atmosferę. Można gościa w ten sposób uspokoić. Natomiast jak on zachowuje się agresywnie, to powiem ci, że ja się boję. Naprawdę. I to nawet nie o siebie, bo zawsze jestem na takiej interwencji z kolegą. Ale właśnie o kolegę, któremu nie będę mogła pomóc. W takich sytuacjach najczęściej wyciągam gaz. Bo jak chłopa walnę pałą w plecy, to on nawet nie poczuje. Zwłaszcza jak jest rozjuszony albo pijany i działa na adrenalinie. Byłam kiedyś na interwencji z przemocy, gdzie bardzo, bardzo się bałam.

O co chodziło?

Pojechaliśmy na interwencję na domówkę. Chłop znęcał się nad kobitą. Jak przyjechaliśmy, facet uciekł z domu, ale poczekaliśmy za rogiem, przy okazji porozmawialiśmy sobie z tą babeczką – a ona taka drobna, szczupła, mniej więcej mojej postury. Tymczasem jak wrócił gościu, to okazało się, że to kawał byka.

Bywały wcześniej ostre awantury w tym domu?

Generalnie bił ją tylko po pijaku. Ale to nie zdarzyło się pierwszy raz, a ona nie wytrzymała, bo zaczął jej ubrania z szafy wyrzucać, a w domu były dzieci. Facet miał forsę i utrzymywał ją w dużej mierze. Ale u niektórych kobiet istnieje granica. Jak mężczyzna ją przekroczy, to do widzenia – nie wytrzymuje i dzwoni na policję, bo boi się o swoje zdrowie i życie. Wtedy tak właśnie było.

Gość wrócił, nie chciał nam dać dowodu, wywiązała się pyskówka. A to było osiedle domków jednorodzinnych, gdzie wszyscy się ze wszystkimi znali. Wokół zaczęli się więc zbierać jego koledzy, którzy byli bardzo agresywni i nam ubliżali. To jeszcze bardziej rozjuszyło delikwenta.

W końcu zdjął kurtkę i chciał się bić na solo z moim kolegą. Wyciągnęłam gaz, ale nie mogłam go nacisnąć, bo bałam się, że w szamotaninie prysnę partnerowi w oczy. Wtedy nie zrobilibyśmy już nic, ani on, ani ja.

Stałam zatem i patrzyłam na to wszystko jak w zwolnionym tempie. I wtedy przyjechały posiłki. Chłopaki musiały kuć gościa we czterech.

Jak generalnie u ciebie ze sprawnością fizyczną?

Nieźle. Ale u jakichś pięćdziesięciu procent policjantów to tragedia. Nic nie robią – nie ćwiczą ani nie przestrzegają żadnej diety. Siedzą w radiowozie, jedzą McDonalda i brzuszek rośnie.

Na początku, jak zaczęłam pracę w patrolu, to nawet jeszcze schudłam. Bo jak założyłam pas z bronią i kajdankami, a do tego torbę, to jak wsiadłam i wysiadłam parę razy z radiowozu, miałam zakwasy! (*śmiech*) No ale później zaczęły się nocki… A powiem ci, że w nocy człowiek pochłania takie ilości jedzenia, że to się w głowie nie mieści. No więc wiesz: hamburgerek, hot dożek, cukierasek, kaweczka, coca-cola, i dupsko rośnie. Ogarnęłam się dopiero w pewnym momencie. Powiedziałam sobie: „Nie, ja się absolutnie nie doprowadzę do takiego stanu". I wzięłam się za siebie.

Co robisz?

Chodzę na siłownię i biegam. Problem w tym, że nie zawsze mam kiedy. Rano wstaję, ogarniam córki, zaprowadzam je do szkoły, potem służba, odbieram dzieci, czasami jeszcze gdzieś tam z nimi jadę... A moja najmłodsza córka jest niepełnosprawna. To dziecko autystyczne.

Ile ma lat?

Pięć. No więc muszę jeździć z nią na terapię i generalnie poświęcać jej więcej czasu.

A jaki jest kontakt z nią?

Ona jest wysoko funkcjonującym autystą. Ale ma też echolalię. Czyli powtarza. Na przykład obejrzy bajkę, a potem siada i powtarza całe dialogi. Nieraz bardzo długie. Chociaż teraz już jej się na tyle poprawiło, że jak usłyszy jakiś tekst, to potrafi go sobie przerobić stosownie do sytuacji.

Jest coraz starsza i coraz mądrzejsza. Ale ma orzeczenie o niepełnosprawności i wymaga stałej opieki. Dzięki temu, można powiedzieć, mam ułatwienia w pracy. Jako matka samotnie wychowująca trójkę dzieci nie pracuję w niedziele i święta, i w nocy od dwudziestej drugiej do szóstej rano. To na szczęście gwarantuje mi państwo, bo przełożeni z komendy w Szczecinie by na to nie patrzyli.

Dlaczego rozwiodłaś się z mężem?

Powiem ci tak: moje małżeństwo dla kogoś z zewnątrz to była bajka. No bo wiesz, miałam przystojnego męża, który zarabiał kasę, mieliśmy dzieci. Nawet koledzy w pracy postrzegali mnie jako taką pindzię-niundzię. Bo miałam nowego smartfona, niezły samochód, fajne ciuchy, jeździłam na wycieczki zagraniczne.

A co robił twój mąż?

Prowadził firmę: mydło i powidło, hurtownię niemieckiej chemii i kosmetyków.

Co się popsuło?

Miał takiego wspólnika, z którego był kawał skurwysyna i oszusta. Gość, który nie wiadomo skąd miał kasę. W dodatku zdradzał swoją żonę cały czas i ogarniał najdroższe prostytutki w mieście. No i zaczął w to wciągać mojego męża.

Czyli?

Zaczęły się wyjazdy, dupy, alkohol. Ja siedziałam w domu z trójką córek, jeszcze pomagałam w firmie, a mój mąż sobie fruwał. Bo ten wspólnik go mamił, że nie wiadomo ile forsy przy nim zarobi. W każdym razie w końcu się dowiedziałam, że mój mąż mnie zdradzał.

Jak to wyszło na jaw?

Powiedział mi o tym.

W jakich okolicznościach?

Pojechał na wycieczkę do Japonii ze wspólnikiem. Jak wrócił, okazało się, że jestem w ciąży. Czwartej. A przed wyjazdem powiedział mi, że nie chce mieć więcej dzieci. Jak się dowiedział po powrocie, że jestem w ciąży, stwierdził, że mnie zdradzał. Najpierw zaczął od jednej, potem wyszło na jaw, że tych kobiet było więcej. Skończyło się tak, że to dziecko poroniłam. Byłam załamana.

A jak on zareagował?

Płakał. Bo też się jakoś przyzwyczaił do tego dziecka. Widzisz, mój były mąż to bardzo dziwny człowiek. Dziwny i niedojrzały emocjonalnie. Teraz, jak już jesteśmy daleko od siebie, potrafi okazać mi szacunek.

Daleko w jakim sensie?

Nie oddaję mu już wszystkiego. Kiedy wyszłam za mąż, cały mój świat kręcił się wokół niego.

Ile miałaś lat?

Dwadzieścia. Do tej pory zastanawiam się, jak to się stało.

Płaci ci alimenty?

Nie, bo narobił sobie przy tym wspólniku takich długów, że do końca życia z nich nie wyjdzie. Po prostu nie ma pieniędzy, żeby mi płacić alimenty.

Dużo miałaś facetów przed nim?

Miałam jednego faceta, z którym byłam dwa lata.

Z jakiego domu pochodzisz?

Mój ojciec był najpierw milicjantem, a potem policjantem. Były więc imprezy, dupy i generalnie poszarpane życie. Moja mama była wrażliwą kobietą, ale jak wypiła, to potrafiła startować z rękami do ojca. Dlatego ja chciałam mieć fajną, spokojną rodzinę. Kiedy więc poznałam swojego przyszłego męża, wszystko bardzo szybko się potoczyło. Dwa miesiące chodziliśmy ze sobą i od razu ślub. Gdy wróciłam ze szkółki policyjnej, wprowadziłam się do niego.

Jak się poznaliście?

Przez internet. Na czacie.

Seksczacie?

Coś ty, aż taka wyuzdana nie jestem! Rozmawiałam z różnymi facetami, a jak mi się spodobał, to umawialiśmy się na randkę. Na początku się stresowałam, ale potem już poszło.

Czemu poznawałaś facetów na czacie?

To było fajne. Jak widzisz mężczyznę na ulicy, ciężko odgadnąć, jaką ma osobowość. Możesz minąć fajnego, interesującego człowieka, który wygląda nie do końca tak, jak tego oczekujesz. A na tych czatach szybko wyłapywałam gości, którzy mają coś więcej do powiedzenia niż tylko: „Lubisz seks?”. Ja lubię poczytać, obejrzeć dobry film, podyskutować i chciałabym mieć faceta, który funkcjonuje na podobnym poziomie. Chciałam też, żeby mi imponował. Bo ja niestety zawsze miałam szczęście do ciap. No i w pewnym momencie pojawił się On. Pewny siebie, w sportowym mercedesie, w garniturze. A ja – świeżo upieczona pani policjantka. I on zaczął mi obiecywać złote góry.

Problem w tym, że nie dostrzegałam pewnych rzeczy. Próbowały mi to sygnalizować koleżanki i matka. Ale byłam zakochana i bardzo chciałam mieć rodzinę.

Nie wiem, z czego to wynikało. Być może z tego, że w moim domu nie było ciepła i spokoju, a w nim widziałam taką ostoję. Mówię: no fajny facet, z perspektywami, będzie w stanie zarobić na rodzinę. No i wiesz, rajcował mnie. To nie było takie zimne i wykalkulowane, co mi później zarzucał w wielu kłótniach.

W tych kłótniach następowała ciągła eskalacja?

Powinnam była od niego odejść w momencie, kiedy mnie pierwszy raz uderzył. A to się stało raptem miesiąc po ślubie.

Jak do tego doszło?

Byliśmy na wakacjach na Kanarach. W pewnym momencie męża wcięło – poszedł pograć w pokera. A ze mną zaczął rozmawiać chłopak, który był wśród prowadzących kasyno. Bardzo sympatyczny gość. No i jak wrócił mój mąż, to zrobił mi awanturę.

– Co ty robisz w ogóle!? Wstyd mi przynosisz! Zachowujesz się jak jakaś szmata!

Potem poszliśmy do pokoju. Wtedy uderzył mnie z liścia i zwyzywał. Później mnie przepraszał. Ale od tego się zaczęło.

Drugi raz mnie poszarpał w sylwestra, jak byłam w ciąży. Dalej nie było lepiej.

Bił cię tylko po pijaku czy na trzeźwo też?

Jak był pijany. Któregoś razu mu powiedziałam, że to wszystko przez alkohol i że nie może tyle pić. On mi na to, że w takim razie pokaże mi, że na trzeźwo też tak umie. No i uderzył mnie znowu. Miarka się przebrała, jak zaczął mnie bić przy dzieciach.

Pamiętam, jak kiedyś wróciliśmy z imprezy, a on zaczął wrzeszczeć na naszą córkę. Miała wtedy z cztery lata. Powiedziałam, żeby ją zostawił, bo to przecież maluch. Ale on był pijany i w furii. Jak stanęłam w jej obronie, zaczął mnie dusić. Przestraszyłam się i zaczęłam krzyczeć. Ogarnął się, jak powiedziałam:

– Słuchaj, zabijesz mnie, pójdziesz siedzieć, twoje dzieci wylądują w domu dziecka, bo nikt się nimi nie zajmie, ani twoi rodzice, ani moi. Ostatni raz to zrobiłeś. I jeszcze raz mnie uderzysz, to już nie będę milczeć.

To szokujące w zderzeniu z tym, że jednocześnie byłaś policjantką.

Czasem słyszę w pracy, jak moi koledzy śmieją się z ofiar przemocy domowej i mówią, że same są sobie winne. A to wcale nie jest tak. To wydaje się proste dla kogoś, kto stoi z boku. Ja chciałam od niego odejść wielokrotnie.

Ale to jest tak, że kiedy ten człowiek się nad tobą wytrząsa i cię leje, to go nienawidzisz. Za chwilę jednak, gdy cię przeprasza, to myślisz: „O Boże! To jest ostatni raz, on się zmieni". I ja rzeczywiście wierzyłam w to, że on się zmieni, wiesz?

Były momenty, kiedy potrafił okazywać uczucie, miłość. Ale to są właśnie cykle przemocy. Facet cię pobije, później przeprasza, potem jest okres „miesiąca miodowego", następnie okres narastającego napięcia, kiedy zaczyna się już oczekiwanie na kulminację, a potem najczęściej ofiara przemocy sama prowokuje ten moment. Bo jak już dostanie i spadnie napięcie, to znowu będzie fajny czas, kiedy facet przeprasza, przynosi kwiaty i wydaje się, że wszystko uratujesz. Ale nie, tego się nie uratuje.

Sama się o to obwiniałaś? On ci wmawiał, że to twoja wina?

Wmawiał mi, że jestem niewdzięczna, rozrzutna, że mu nie pomagam. Wiem, że zdarzało mu się wcześniej podnosić rękę na inne kobiety. Ale twierdził, że to ja go denerwuję.

Myślałaś, że to z tobą jest coś nie tak?

Miałam takie momenty. Aczkolwiek nigdy nie uważałam, że on ma prawo to robić. To bardzo złożony problem.

Nigdy nie byłam typem gospodyni domowej, która przychodzi do domu i piecze ciasto. Zdarzały mi się takie zrywy, ale generalnie byłam chodzącym chaosem. Nie czułam też zrozumienia z jego strony. On nie próbował się zagłębić w moje postrzeganie świata. Ja uwielbiałam z jednej strony sztukę, poezję, dobrą muzykę, a z drugiej techno, disco i szybką jazdę samochodem. To, co niektórzy widzieli we mnie jako zaletę, on postrzegał jako wadę. Na przykład nigdy nie potrafiłam chamsko zwracać uwagi rodzicom albo się od nich odciąć. Było mi z tym ciężko, a on uważał, że robię to przeciwko naszemu małżeństwu i przeciwko naszemu życiu. Że nie stoję po jego stronie.

Tłumaczyłam mu:

– Słuchaj, nigdy nie zadzwoniłam na policję, nigdy nie robiłam ci na złość, nie straszyłam, że złożę na ciebie doniesienie. Człowieku, ogarnij się!

Ale takim ludziom nic się nie da wytłumaczyć. On twierdził, że jestem najbardziej nielogiczną istotą na tym świecie. Dopiero teraz, gdy jesteśmy po rozwodzie i ja mam swoje życie, traktuje mnie zupełnie inaczej.

Jak?

Z szacunkiem. Twierdzi, że jestem fajną, atrakcyjną i inteligentną babką.

Może dlatego, że mu się postawiłaś.

Właśnie tak. Z takim człowiekiem trzeba postępować w ten sposób.

A jak wyglądało twoje odejście od niego? Pewnego dnia spakowałaś rzeczy, wzięłaś dzieci i wyszłaś?

Nie do końca. Najpierw zaczęłam głośno mówić o tym, że on mnie bije.

Komu?

Jak mnie pobił przy dzieciach, powiedziałam sobie „koniec". Złapałam za słuchawkę, zadzwoniłam do teściowej i dałam go do telefonu. On się rozłączył i jeszcze raz mnie skopał. Za to, że zadzwoniłam przy dzieciach. Ale ja już wtedy naprawdę miałam dość. Stwierdziłam, że moje córki nie mogą na to patrzeć, bo będą miały wypaczone dzieciństwo. Znalazłyby sobie potem takich samych facetów, a ja nie mogłabym sobie tego wybaczyć.

Mocno cię przy nich pobił?

Nie potrafię tego dokładnie odtworzyć. Na pewno leciała mi krew z nosa. Oprócz tego, że mnie skopał, jeszcze okładał mnie pięściami. Ale lepiej niż ciosy pamiętam to napięcie, poczucie krzywdy, niesprawiedliwości. Że ja tego faceta kochałam, szanowałam, oddałam mu wszystko, całe swoje życie podporządkowałam jemu, a on mnie teraz tak traktuje. Lepiej zapamiętałam ten psychiczny ból niż fizyczne maltretowanie. Nie myślałam, że moje życie albo zdrowie jest zagrożone. Ja nie jestem wrażliwa na ból.

No ale jak cię kopał, to przecież mógł doprowadzić do wewnętrznego wylewu.

To już kulminacja, kiedy przeszedł samego siebie. A wkrótce potem poznał inną kobietę i się rozstaliśmy. To znaczy... wyobraź sobie, że ja jeszcze o niego walczyłam. Byłam tak głupia, że w momencie, kiedy pojawiła się inna kobieta, we mnie wybuchła miłość.

Czy raczej to reakcja samicy broniącej stada?

Może i to. Nie wiem. Dla mnie to było chore. W tej chwili jestem szczęśliwym człowiekiem. Jak wchodzę do mieszkania, to mogę się zabić o buty i nikt mi nie powie nic złego. Przychodzę do domu, dam córkom jeść, włączę im bajkę, sama poczytam jakąś książkę albo obejrzę film i nikt nie stoi mi nad głową, i nie mówi: „Zrób mi jeść", „Zrób mi herbatę", „Posprzątaj", „Opierz mnie", „Wyprasuj". Nikt nie tworzy tego napięcia. Bo mój były mąż wytwarzał taką dziwną atmosferę, że wszystko musiało być pod jego dyktando.

Jak szłam z nim na przykład do marketu, to mówił mi czasem: „Zobacz, jaką ty masz minę!", „Zobacz, jak ty wyglądasz!". A wiesz, jak takie coś słyszysz, to starasz się nerwowo dogodzić temu człowiekowi. Jednak im bardziej się starasz, tym bardziej się nad tobą pastwi i znęca. Bo gdybym powiedziała od razu: „Weź spierdalaj", to dzisiaj nie byłabym w tym punkcie. Ale to nie jest takie proste.

Ja się bałam. W mojej głowie kiełkowały myśli: „Co, jeśli odejdę? Przecież mam trójkę dzieci. Skąd wezmę pieniądze na utrzymanie?". Jednocześnie w tej paranoi zdarzały się momenty, kiedy potrafił mnie docenić. Kiedyś nawet postawił mi wycieczkę. Byłam dwa tygodnie na rejsie razem z koleżankami, odpoczęłam, przyjechałam szczęśliwa, zrelaksowana, zadowolona. Przez chwilę było dobrze.

Liczyłaś te razy, kiedy cię pobił?

Zależy, co rozumiesz przez pobicie. Tak konkretnie, żeby mi krew leciała, to może z piętnaście albo dwadzieścia. Wiesz, ja nigdy nie walczyłam... Jak on próbował mnie bić albo stwarzał prowadzące do tego sytuacje, to ja się wycofywałam, schodziłam mu z drogi. Próbowałam to obrócić w żart. Ale on był nieprzewidywalny. Potrafił na przykład rzucić kubkiem.

Jak to?

Pamiętam, jak trzymał kiedyś kubek z herbatą i o coś się pokłóciliśmy. W pewnym momencie pierdolnął tym kubkiem, wszystko się rozlało na komputer, klawisze się porozsypywały. Oczywiście twierdził, że to moja wina. Takich sytuacji zdarzało się mnóstwo. Ale potrafił też być dobrym człowiekiem. Zawziąć się i samemu zrobić bardzo dużo.

Na przykład w domu zrobił sam podłogi, ściany, gładzie. Potrafił naprawdę bardzo długo pracować, od rana do nocy, ale nie rozumiał, że ja jestem innym człowiekiem, mój organizm inaczej funkcjonuje i inaczej postrzegam świat, co nie znaczy, że chcę dla niego źle.

A w pracy nikt nie widział, że chodzisz poobijana?

Zręcznie to ukrywałam. Poza tym nigdy nie miałam jakiejś wyraźnej pizdy pod okiem. Tylko zadrapania, siniaki.

Byłaś u psychologa?

Tak, pani mi oczywiście próbowała uświadomić, że się związałam z człowiekiem, który jest sprawcą przemocy, i że to absolutnie nie jest moja wina, i trzeba uciekać jak najdalej od dziada. Ale ja za wszelką cenę chciałam ratować swoje małżeństwo.

Czyli myślałaś, że psycholog przesadza i nie jest tak źle.

Rzeczywiście. Pamiętam, jak mi już później mówiła:
– Za pół roku albo za rok, jak już będzie po wszystkim, będzie chciała pani do niego wrócić.

Ja odpowiadałam:
– Absolutnie nie!
(*śmiech*)

Zaczęłaś się spotykać z innym facetem, zanim odeszłaś od męża?

Tak. On się spotykał już wtedy jawnie ze swoją kochanką. A tymczasem zaczął do mnie podbijać kolega z pracy. W sumie nawet nie myślałam o tym poważnie, bo byłam nastawiona na walkę o małżeństwo, ale jednocześnie czułam się coraz bardziej wycieńczona wszystkim. Za dużo mnie to kosztowało.

Ten kolega wiedział o twojej sytuacji?

Wiedział, że przeżywam trudne chwile. Mówiłam mu, że mam ciężki okres, jeśli chodzi o małżeństwo. Ten facet traktował mnie jak kobietę. A wiesz, to było dla mnie ważne, bo czułam się wtedy strasznie nieatrakcyjna.

Tak ci to podkopało psychikę? Jak siebie widziałaś?

Stara, brzydka, głupia... zestaw samych wad. Niczego fajnego w sobie nie widziałam. Z kolei kochanka mojego małżonka – cała odwalona, pięknie zrobione paznokcie, rzęsy, włosy. Przy niej czułam się jak stara baba. A tu nagle zainteresował się mną dużo młodszy facet.

Mnie to w pewien sposób podbudowało i zaczęłam sobie myśleć: „Kurde, to ja mam prosić dziada, żeby do mnie wrócił? Nie dość, że wszystko mu poświęciłam, tyle czasu byłam w domu, pomagałam mu we wszystkim, a on mnie bił, znęcał się, to jeszcze mam prosić, żeby do mnie wrócił? Nie! Dość!".

Ile lat ten kolega był od ciebie młodszy?

Pięć. No i wtedy zebrałam się w sobie. Mąż przyjechał do domu, a ja zapytałam go wprost:

– Słuchaj, rzucasz tę swoją dupę? Wracasz do domu?

On na to, że nic mi nie może obiecać. No więc mu powiedziałam, że to koniec. Coś we mnie pękło. I poczułam niesamowitą ulgę.

Spotykasz się jeszcze z tym kolegą?

Nie. W dniu, w którym wprowadziłam się do swojego własnego mieszkania, powiedział, że nie będziemy się już spotykać. Myślę, że nie wytrzymał presji.

Jakiej presji?

Wiesz, to był dla mnie bardzo ciężki moment. Poręczyłam mężowi dość duży kredyt i istniało zagrożenie, że on przestanie go spłacać i wejdą mi na pensję. Wtedy jeszcze liczyłam, że będzie mi płacił alimenty. Miał swoją hurtownię, a wiesz, jak tam można żonglować dochodami. Byłam też w trakcie brania kredytu na własne mieszkanie. Bałam się, że nie dam rady, że się na tym wszystkim rozłożę. I rozmawiałam o tym wszystkim ze swoim chłopakiem. A on tego nie wytrzymał. Bo ciągle płakałam, żaliłam się, a to był młody facet, który chciał mieć fajny związek, taki z energią, a nie kobietę z problemami. Po co miał sobie komplikować życie? Tak więc zwyczajnie uciekł.

Często zdarzały się sytuacje, że podbijali do ciebie faceci z pracy?

Do tej pory się zdarzają. Jakichś strasznych problemów z tego powodu nie mam, aczkolwiek były takie sytuacje, które wyprowadzały mnie z równowagi.

Kiedyś jeździłam na patrolu ze starym policjantem, bardzo nieatrakcyjnym zresztą. No i pewnego razu zatrzymaliśmy się w jakimś lesie i on mnie złapał za nogę. Cisza. Popatrzyłam na niego i powiedziałam spokojnym tonem:

– Słuchaj, zabierz tę rękę i żeby mi to było ostatni raz.

Całą sytuację zachowałam dla siebie, bo generalnie staram się być dyskretna.

Ale potem dowiedziałam się, że zaczął rzucać dziwne teksty pod moim adresem – że nie pracuję, że się opierdalam. Bardzo mnie tym zirytował. Po służbie poprosiłam naczelnika, żeby więcej mi z nim nocek nie ustawiał.

Zapytał dlaczego?

Tak. Powiedziałam tylko:

– Słuchaj, nie zależy mi na tym, żeby tu robić jakąś aferę, tylko bardzo ładnie cię proszę, uszanuj moją prośbę i po prostu nie rozpisuj mnie z nim na nocki.

No i tak zrobił. A takie sytuacje, że ktoś cię gdzieś zajdzie albo klepnie, zdarzają się bardzo często.

Jak ktoś zrobi to bezczelnie albo czuję się z tym niekomfortowo, wtedy zwracam uwagę. Tylko tak bardziej na żarty. No bo wiesz, faceci są cwani. Oni to niby robią dla jaj, więc jeśli zareaguję nerwowo, mogę wywołać konfliktową sytuację. Mówię więc na przykład: „Co ty robisz? Żonę masz. Z żonatymi się nie umawiam". Może jest to mało asertywne, ale skuteczne. Nie pozwalają sobie na dużo i nie przekraczają pewnych granic.

Zdarzają się też jakieś podśmiechujki. Jak kiedyś zatańczyłam z jednym z szefów na imprezie, od razu pojawiły się teksty, że mamy romans. Bo wiesz, dla nich to niepojęte, że jestem sama i nie mam faceta. „Jak to? Jak ty sobie radzisz?". Słyszę czasami takie pytania. Śmiać mi się chce, bo człowiek, który ma jakieś przemyślenia i pracuje nad sobą, jest w stanie się powstrzymać od seksu. Ja mam córki, które na mnie patrzą, i wiem, że gdybym zaczęła odstawiać numery, to one by na tym ucierpiały. Poza tym sama czułabym niesmak, gdybym się wytarzała z każdym.

Twój mąż był apodyktyczny także w łóżku?

Hm... Dopóki mnie nie zdradzał, było fajnie. Ja generalnie jestem otwartą osobą. Lubię eksperymenty, on też. Czasem było dość ostro. Ale w pewnym momencie zaczął mnie traktować przedmiotowo. Poczułam, że coś jest nie tak. Zaczęłam sobie myśleć: „Boże, on mnie wykorzystuje jak rzecz. Tylko wejść i się spuścić". Pomimo że doznawałam jakiejś tam przyjemności, czułam, że z jego strony jest to pozbawione uczucia i więzi emocjonalnej.

A kiedy to się stało? Gdy zaczęły się nawarstwiać pobicia?

Nie. Bił mnie, nawet jak nie zdradzał. Czyli najpierw mnie bił, potem były awantury, kłótnie, a później mnie zaczął zdradzać. W pewnym momencie przestał we mnie widzieć partnerkę. Zaczęłam mu być potrzebna czysto technicznie.

Jako matka?

Jako matka i jako dupa. Na początku rajcowałam go jako kobieta. Zresztą i na tym tle pojawiały się problemy. Bo ja na przykład wstawałam o piątej rano do pracy, później musiałam gdzieś jechać z córkami, a jego trzeba było „obsługiwać" o pierwszej, drugiej czy trzeciej w nocy. Jak kładłam się do łóżka, to zasypiałam, bo byłam taka zmęczona. O to też potrafił robić awantury. Że niby specjalnie tak robię. Kompletnie nie rozumiał, że miałam prawo być wykończona fizycznie.

Nawet teraz czasami przychodzę do domu, kładę się i zasypiam w ciuchach. Budzę się za dwie godziny i dopiero się rozbieram, idę do łóżka. A czasami budzę się rano w pełnym makijażu, z fryzurą, którą miałam poprzedniego dnia, i dopiero wszystko zmieniam. Bo funkcjonuję w takim tempie, że nie jestem w stanie odpocząć. Nie mam chwili dla siebie.

To jak, lepiej ci się teraz żyje?

Pewnie. Mam fajną miejscówkę, pod nosem park i szkołę. Jak kupowałam mieszkanie, koleżanki mi mówiły:

– Boże! Ty jesteś nienormalna! Tutaj jest patologia! Jak ty w ogóle chcesz tu córki wychowywać? Żyć? Przecież tutaj się dantejskie sceny dzieją!

To im odpowiadałam:

– Słuchaj, przyjechałam tu kilka razy w nocy, bo to jest akurat mój rejon służbowy. Zobaczyłam, że jest ładnie, spokojnie, nic się nie dzieje, i kupiłam mieszkanie na parterze.

Sąsiadów mam super, między innymi dwie lekarki i bibliotekarkę. Nade mną mieszka młode małżeństwo, z którym się czasami wódki napijemy, fajkę zapalimy, pogadamy. Jest fajnie. W dodatku mam ogródek, w którym wszyscy się zakochują. Mam też widok na wielki park ze stawikiem. Jak lato przychodzi, a córki idą spać, wychodzę sobie na balkon, biorę laptopa, włączam muzyczkę, palę papieroska, patrzę na gwiazdy i… świat jest piękny!

Był moment, zaraz po rozwodzie, kiedy się rozstałam z tym młodszym chłopakiem, że było mi ciężko. Myślałam sobie: „Boże! Ja już nikogo w życiu nie znajdę". Wiesz, jakie to obciążenie dla człowieka, kiedy czuje, że do końca życia będzie sam? Swoją drogą nie mam teraz ciśnienia, żeby kogoś złapać. Po wszystkim, co przeżyłam, wolę być sama z córkami, im poświęcić czas, niż mieć jakiegoś matoła, co mi będzie przychodził, trzaskał drzwiami, darł na mnie mordę i wyjadał jedzenie z lodówki. Dziękuję bardzo, nie tędy droga.

Chciałabym być z kimś, kto mnie zrozumie, usiądzie, uśmiechnie się, ucieszy z głupiego spaceru. Fajnie jest wsiąść do dobrej bryki albo pojechać na zagraniczną wycieczkę i wydawać kasę. Ale trzeba się przede wszystkim cieszyć z rzeczy przyziemnych. To, co mnie teraz najbardziej martwi, to zdrowie mojej córki. Bo to jest dziecko, które może stać się samodzielne, ale może też pozostać na całe życie u mojego boku. Okej, fajnie, dopóki będzie ze mną. Ale mnie kiedyś zabraknie. I myśl o tym, że moja córa wylądowałaby w jakimś domu opieki, spędza mi sen z powiek.

No tak, ale ma siostry.

Tak, wiem. Ja już je przygotowuję do tego, że będą za nią odpowiedzialne w jakimś stopniu. Tłumaczę im, że dostały od Boga talent. Bo są bardzo uzdolnione plastycznie, Ania też wymyśla piosenki, pisze wiersze. No więc im mówię, że są mądrymi, fajnymi dziewczynkami, które dużo dostały od losu. Ale ich siostra nie miała tyle szczęścia, dlatego trzeba jej pomóc. Jestem zwolenniczką teorii, że to, co dajesz od siebie światu, do ciebie wróci. Bardziej lub mniej okrężną drogą, ale tak się stanie.

Jeśli będziesz podłym skurwysynem, później świat odda ci to samo.

Jak patrzę na swojego byłego męża, myślę, że jego właśnie to spotkało. Nie czuję z tego powodu satysfakcji, bo już mu wybaczyłam, i powiem szczerze, że martwię się o niego, wiesz? To mnie zresztą irytuje. Że nie potrafię mu powiedzieć: „Dziadu jeden, nawarzyłeś sobie piwa, więc je sobie pij, mam cię w dupie". Tylko martwię się o niego.

On potrafi mi czasami powiedzieć:

– Ty to sobie życie urządziłaś. Żyjesz lepiej niż przed rozwodem. A zobacz, co ja mam!

Wtedy mu mówię:

– Heloł, sam sobie to wybrałeś. Sam poszedłeś tą drogą, nie chciałeś ze mną być, nie chciałeś mnie słuchać, to jest twój wybór.

A mieliście ślub kościelny?

Tak. Myślę o tym, jak to wyprostować, bo mi to przeszkadza. Jestem osobą wierzącą.

Jak się z tym czujesz? Jak sobie radzisz z rozwodem od strony religijnej?

Powiem ci, że jestem tak trochę w potrzasku. Bo spotykałam się z facetami i odeszłam od męża przez faceta, ale czuję się trochę oszukana przez los.

Gdybym chciała postępować według tego, co narzuca mi nauka Kościoła, to powinnam być sama. A ja nie chcę. Nie wyobrażam sobie tego. Mam dopiero trzydzieści jeden lat i mnóstwo energii. Chciałabym się nią z kimś podzielić i w zamian otrzymać to samo. Dlaczego miałabym się zamknąć jak mniszka w klasztorze? Nie czuję tego. Nie mam powołania do życia w samotności.

Już się przekonałam, że nie mogę poświęcać za dużo czasu facetom, bo cierpią na tym moje córki. A to one powinny być dla mnie priorytetem. Ale gdyby znalazł się ktoś, kto chciałby stworzyć z nami jakąś sensowną całość, jak miałabym pozbawić tego ich i siebie?

A ile miałaś związków po rozwodzie?

Tak naprawdę dwa.

Jeden z tym młodym chłopakiem. A kolejny?

Drugiego faceta też poznałam w pracy. Również był policjantem.

Poznaliście się na patrolach?

Na imprezie. Później mieliśmy razem służbę. Dosłownie jedną. No i po tej służbie zaczęliśmy ze sobą SMS-ować, rozmawiać, i jakoś się to rozwinęło. Ale na szczęście na patrole razem już nie jeździliśmy. Bo jest u nas taka para, która razem jeździ. Dziewczyna ma męża, a chłopak jest wolny. I co? Wszyscy wiedzą, że on ją bzyka.

Zastanawiam się, dlaczego ona to robi. Przecież wychodziła za mąż w tamtym roku. Nie rozumiem, jak można się bzykać z jednym gościem, a wyjść za drugiego. To dla mnie chore. I powiem ci, że nie byłabym tego pewna, gdyby ten facet sam mi o tym nie powiedział. Bo on w pewnym momencie zaczął przypalać też do mnie. Kiedyś przyszedł na kawę i w pewnym momencie mówi:

– Rucham Anetę!

Patrzę na niego i myślę: „Gościu, co ty robisz?". Potem jeszcze od jednego kolegi słyszałam, że koleś chodzi i się tym chwali.

Jak było z tym drugim związkiem?

On był żonaty, ale miał problemy małżeńskie. Klasyka gatunku. Poznałam jego żonę i powiem ci, że w tej chwili bardziej lubię ją niż jego. Fajna dziewczyna, naprawdę. A gość sfiksowany na maksa.

Dlaczego?

Bo ma problemy z samokontrolą, podobnie jak mój mąż. Tylko że nie bije. Po prostu jest wybuchowy.

Pamiętam naszą pierwszą kłótnię. Zaczął się na mnie wydzierać o jakąś pierdołę. Wszystko ładnie, pięknie, a tu nagle awantura o błahostkę.

Potem zdarzyły się kolejne takie sytuacje. W końcu sobie pomyślałam: „Cholera jasna, zaczyna się dziać to samo, co z moim byłym mężem. Gość mi wmawia, że to jest czarne, chociaż jest białe, a ja jeszcze go przepraszam". Wiesz, zaczęłam się nad tym zastanawiać i w końcu powiedziałam mu wprost:

– Słuchaj, przy tobie czuję się tak samo jak przy swoim byłym.

A on miał go za śmiecia, damskiego boksera, który jest gnidą. Tymczasem sam okazał się niewiele lepszy. Ale koniec końców to on mnie zostawił.

Jak poznałaś się z jego żoną? Dowiedziała się, że macie romans?

Tak, on jej o tym powiedział. Bo oni mieli już sytuację na ostrzu noża i żona powiedziała mu kilka razy:

– Weź znajdź sobie kogoś, rozstańmy się.

No i... jak jej powiedział o mnie, to ona nagle zaczęła walczyć o ich małżeństwo.

I co, teraz są razem? On ją bije?

Nie, nie bije jej, ale prowokuje różne ciężkie sytuacje. Z nim ciężko wytrzymać psychicznie.

A jak wy się w ogóle poznałyście?

On mnie z nią poznał. Przyszłam do nich, siedzieliśmy i gadaliśmy.

Jak już wiedziała, że się bzykaliście?

Za pierwszym razem chyba jej nie powiedział. Ale za drugim już ją przygotował. Pamiętam, że widziałam w niej te emocje, które kiedyś były we mnie. Przez to gryzłam się z tym wszystkim strasznie, bo wiedziałam, co sama przechodziłam, kiedy rozstawałam się ze swoim mężem. Zdawałam sobie sprawę, że ta kobieta bardzo cierpi. I zaczęłam z nią dużo rozmawiać na ten temat. Nie było tak, że po prostu miałam ją w dupie i niech się dzieje, co chce.

Ale jak rozmawiałyście? Telefonicznie?

Nie, ja do nich przychodziłam normalnie. Czasem rozmawiałyśmy przy nim, a czasem było tak, że on siedział w pokoju, a my w kuchni.

Jak wyglądały te rozmowy?

Pytałam na przykład, co czuje, czy dalej chce być ze swoim mężem. Mówiłam, że ją rozumiem, że mnie też jest przykro i że ją przepraszam. Bo zdawałam sobie sprawę, że to ja jestem intruzem, który wszedł w ich małżeństwo. Pomimo że między nimi się psuło, to jednak odbierałam jej faceta.

Próbowałam ją podtrzymać na duchu, bo wiedziałam, że kobieta w takim momencie czuje się jak byle co. Więc utwierdzałam ją w przekonaniu, że to, co się dzieje, to nie jej wina, tylko że to następny palant, który ma problem sam ze sobą i wciąga w to swoją kobietę.

A to jest naprawdę świetna dziewczyna, bardzo ją lubię. Nie dość, że fajna, to jeszcze bardzo atrakcyjna. Ona tak samo poświęciła mu wszystko.

Mają dzieci?

Tak, bliźniaków.

No i co? Pewnie ona jest z nim ze strachu przed życiem w samotności?

Chyba tak. Chociaż ostatnio, jak z nią rozmawiałam, to dojrzewała do myśli, żeby się wynieść.

Trudno się dziwić – ze mną ten facet także tworzył bardzo burzliwy związek. Fajnie było na początku, a potem ciągle awantury i kłótnie. Również dotyczące moich relacji z byłym mężem.

To znaczy?

Po rozwodzie mój były zaczął mnie szantażować. Chodziło o to, że chciał wziąć na mnie jeszcze jakiś kredyt. A ja powiedziałam „nie". No to zaczął używać argumentów poniżej pasa.

Powiedział, że już nigdy nie da mi złamanego grosza i zabierze dzieci, bo tylko on będzie w stanie je utrzymać. Odpowiedziałam wtedy:

– Jak ci sąd przyzna dzieci, to nie będę się z tobą spierać. Ale dopóki dzieci są przyznane mnie, dopóty ja się z tobą dogadywać nie będę.

Jak to się stało, że mąż się tak pozadłużał?

Właśnie przez kredyty w bankach. On chodził cały czas naćpany, a wspólnik podsuwał mu różne rzeczy. No i mój były podpisywał zobowiązania.

Ale na co brał te pieniądze?

Na działalność gospodarczą. Sprawa w tej chwili jest zresztą w prokuraturze. Mój były mąż złożył zawiadomienie, argumentując, że w pewnym sensie to były wyłudzenia. A jak oni to potraktują, nie mam pojęcia.

Masz jeszcze jakieś kredyty wzięte pod niego?

Na szczęście wyplątałam się z tego. Miałam jeszcze jeden kredyt, który mu podżyrowałam w banku, ale dogadałam się z bankiem tak, że oni mu wchodzą na hipotekę na ziemię, a mnie uwalniają od odpowiedzialności osobistej. Tylko musiałam się na to zgodzić jako współwłaścicielka tej ziemi. Tak że jestem wyczyszczona. Alleluja!

A jak wyglądała sytuacja z alimentami?

Zanim się rozwiedliśmy, dogadaliśmy się, że będzie mi płacił tysiąc siedemset złotych alimentów. Powiedziałam sobie wtedy: „Dobra: tysiąc siedemset złotych alimentów plus niecałe trzy tysiące złotych pensji – dam radę. Ale on później stwierdził, że może mi dać jednak tylko tysiąc dwieście złotych. Okej, poszłam na to. Ale po rozwodzie zaczął mnie straszyć, że da mi jeszcze mniej.

Wiesz, myślę, że on sobie po prostu nie ułożył wtedy wszystkiego w głowie i próbował odzyskać nade mną kontrolę. Bo jakby mi po prostu przestał spłacać ten zaciągnięty kredyt, to ja leżę i kwiczę. Z funduszu alimentacyjnego nic nie dostanę, bo w świetle prawa jestem bardzo bogatą osobą. Żeby dostać kasę z funduszu, muszę mieć dochód do siedmiuset złotych na osobę.

W pewnym momencie mu powiedziałam: „A chuj ci w dupę, człowieku!”. Bo pomyślałam sobie: „Trudno, kij w oko mojemu byłemu mężowi. Najwyżej pójdę do socjalnego mieszkania, a swoje obecne sprzedam albo wynajmę". Miałam już po prostu dosyć szarpaniny. Był to też czas, kiedy brałam leki.

Kiedy zaczęłaś je brać?

Jak się rozwodziłam, to poszłam do psychiatry, bo sobie nie dawałam rady. Nie mogłam spać, jeść ani w ogóle nic robić. Nawet mój były mówił:

– Boże, weź ty już może nie chudnij, dziewczynko, bo zaczynasz wyglądać jak śmierć.

No i zaczęłam brać leki, żeby jakoś normalnie funkcjonować.

Bałaś się, jak będzie wyglądało twoje życie po rozstaniu?

Tu chodziło nie tylko o pieniądze, ale bardziej o emocje. Czułam się taka... odrzucona. W takiej sytuacji w głowie człowieka dzieją się niepojęte rzeczy. Przez to wszystko zawaliłam nawet robotę.

W jaki sposób?

Ukisiłam papiery. Między innymi dlatego teraz pracuję w patrolu.

„Ukisiłam"?

Po prostu leżały w szafie, a ja nie wiedziałam, że je mam.

Nie mogłaś powiedzieć przełożonemu, jaką masz sytuację?

Przecież wiedzieli.

Że bierzesz leki?

Nie brałam leków, kiedy szłam do pracy.

Co to w ogóle były za środki? Antydepresant? Czy stabilizator?

Nie wiem. Wiem tylko tyle, że kiedyś przeczytałam na ulotce, że nie można po tym jeździć samochodem. Informowali tam też o różnych skutkach ubocznych. Wtedy sobie powiedziałam: „Kurde, przecież ja wożę córki samochodem i mogę spowodować wypadek. Nie biorę ich. Muszę sobie poradzić z tym sama".

I poradziłaś sobie?

Ehhhhh... Z czasem. Ale nie od razu. Widzisz, powinnam iść na zwolnienie i dać sobie przez chwilę odpocząć.

A czemu nie poszłaś?

Bo chciałam być taka w porządku.

W porządku wobec policji?

Tak. Widzisz, ja naprawdę lubię tę robotę i się w nią angażuję. Kiedy widzę, że ktoś ją docenia i traktuje mnie jak człowieka, sprawia mi to satysfakcję. To nie jest tak, że ta policja jest przebrzydła i liczą się tylko słupki. Jak czasami wpadam rano do roboty, ludzie na mnie patrzą i mówią: „Rany, dziewczyno, co ty brałaś?". A ja jestem uśmiechnięta, zadowolona i mam powera. Myślę sobie: „Oooo, jeszcze będzie dużo fajnych rzeczy dzisiaj". Oczywiście oni mi skutecznie podcinają skrzydła... (*śmiech*) Ale wtedy z tymi papierami faktycznie trochę zawaliłam. Był jeszcze czas, żeby to wyprostować w terminie. Tylko że to zależało od dobrej woli przełożonych.

I co? Mieli to w dupie?

Postawili mnie pod ścianą i wyjebali z wykroczeń do patrolówki.

A ten twój ówczesny facet spotkał się kiedykolwiek z twoim byłym mężem?

Nie. Ale chciał złożyć zawiadomienie do prokuratury o tym, że mąż się nade mną znęca. Byłam przerażona, bo on naprawdę był w stanie to zrobić. A ja mówiłam:

– Boże, człowieku, ja tego nie chcę!

– Bo ty ciągle jesteś ofiarą.

– Nie jestem! Żyjemy przecież osobno...

Ale on sam stosował przemoc psychiczną.

Jemu zależało na tym, żeby ścigać mojego męża „dla sportu", by poczuć adrenalinę. Ale ja tego nie chciałam. Po co mi to? W tej chwili mój były ma już do mnie dystans i szacunek. Przeprosił mnie nawet. I myślę, że to było szczere.

Jak długo jesteś po rozwodzie?

Po rozwodzie dwa lata, ale w zasadzie nie jesteśmy ze sobą od trzech lat.

I w ciągu tych trzech lat tylko raz miał wyskok, że ci groził?

Nie no, coś ty! Na początku, jak się rozstawaliśmy, wszystko było ładnie i pięknie. Później zaczęły się pretensje, przepychanki i pyskówki. Potem stwierdził, że chcę za duże alimenty i że w ogóle jestem do dupy matką i nie mam prawa zajmować się dziećmi. Ale wiesz, ja byłam cierpliwa.

Jak na to wszystko reagowała jego matka? Przecież zadzwoniłaś do niej po tym, jak cię pobił.

W ogóle nie reagowała. Po tej sytuacji zadzwoniła jego siostra i powiedziała, żebyśmy do matki nie dzwonili w takich chwilach, bo ona się denerwuje. Mnie po prostu ścięło.

Zamiast cię wesprzeć.

Jakby do mnie zadzwoniła z taką sprawą moja synowa, powiedziałabym: „Słuchaj, dziecko, przyjeżdżam do was w tym momencie". Albo poradziłabym, żeby wzięła dzieci do taksówki i przyjechała do mnie. Na pewno bym tego nie zostawiła.

A ona umyła ręce.

Ale powiem ci, że dobrze teraz z jego rodzicami żyję.

To temat tabu? Nigdy do tego nie wracaliście?

Nie było nigdy jednoznacznej rozmowy na ten temat, w stylu: „Skurwielu jeden, biłeś swoją żonę.

Nie zasłużyła sobie na to. Jaka by nie była, to wyciągałeś łapska i biłeś". Tylko raczej gadka na zasadzie: „To może lepiej, że wy nie jesteście już razem. On ma trudny charakter, źle zrobił".

Pamiętam, że kiedyś, jak byliśmy u jego rodziców, to przywalił mi śrubokrętem w dupę. Dla niego to było zabawne, ale mnie tak zabolało, że aż się poryczałam. No i oczywiście wywiązała się awantura, że specjalnie się popłakałam i robię cyrk przy rodzicach. Jak już wróciliśmy do domu, też usłyszałam wiele niemiłych rzeczy. Ale ze strony jego rodziców nie padł żaden tekst w stylu: „Szanuj swoją żonę".

Aczkolwiek wiesz, ja też przez wiele lat nie nazywałam rzeczy po imieniu i pozwalałam mu na to, co robił. Wiem również, że nie każda matka potrafi spojrzeć obiektywnie na swoje dziecko. Sama jestem matką. No więc staram się ich jakoś tłumaczyć. Nie chcę tych ludzi nienawidzić, dlatego żyję z nimi w dobrych relacjach.

Pomagają ci?

Czasem tak.

Wnuczki ich nie interesują?

Tam jest w tej chwili taka sytuacja, że mają babcię z demencją i ona wymaga opieki dwadzieścia cztery godziny na dobę. Ale jak jest taka potrzeba, to korzystam z pomocy byłej teściowej. Bo wiem, że potrafi się zaopiekować moimi córkami. W dodatku one ją lubią i czują z jej strony ciepło i troskę. Tak że wiesz, to są dziwne paradoksy.

Jak przebiegł sam rozwód?

Sprawa trwała pół godziny.

On był już z tym pogodzony?

Tak. Układał sobie nowe życie, więc – że tak powiem – był w euforii. Miłość kwitła. Wtedy jeszcze wszystko było w porządku, a ja się nie kłóciłam.

Czyli bez orzekania o winie.

Właśnie.

Czemu nie chciałaś orzekać?

Co by mi to dało?

Przejęcie majątku.

A orzekanie o winie mi to gwarantuje?

Może sąd mógł ci przyznać większe alimenty.

Absolutnie nie. To jest bez znaczenia, czy on jest winny, czy nie. Zresztą nie potrzebuję tego, jestem w stanie zapracować na siebie i swoje córki.

Ale to, że cię bił, miało jakiś wpływ na twoją pracę w policji?

Myślałam, że zostawiam to w domu. Być może nie zdawałam sobie sprawy i byłam ofiarą wszędzie – na przykład w relacjach z przełożonymi. Czy stawałam się przez to bardziej agresywna? Powiem ci, że przez te wszystkie lata tak naprawdę nie zdarzyło mi się kogoś na serio uderzyć. Tak, żeby się wyżyć.

Wiadomo, jak trzeba użyć siły, to trzeba – na przykład żeby jakiegoś pijaczka podnieść albo obudzić. Natomiast uciekać się do przemocy tylko po to, żeby poczuć siłę, to nie. Ja czegoś takiego nie uznaję. Dlatego staram się cały czas pracować nad sobą i unikać zachowań, które do niczego dobrego nie prowadzą.

Uważasz, że masz cechy osoby wiktymologicznej?

Ciężko mi powiedzieć.

Praca i dom to mogły być dla ciebie dwa różne światy? Potrafiłaś to oddzielić?

Próbowałam. Ale cień mojego małżeństwa cały czas nade mną wisiał. Teraz jestem wyluzowanym człowiekiem. Wpadam do pracy, jestem uśmiechnięta, mogę pożartować i jest okej. Kiedyś było mi głupio się odezwać, bo miałam w głowie nauki swojego małżonka – że niby prowokuję nieprzyzwoite sytuacje i zachowuję się jak szmata. W jego oczach byłam największą dziwką, a nie ofiarą.

Jak zdarzały się dwuznaczne sytuacje, że na przykład facet z pracy zaszedł mnie od tyłu, zawsze myślałam: „O Boże! To dokładnie to, o czym mówi mój mąż!". Natomiast samo bicie nie wpływało na moją pracę. Z nią akurat radziłam sobie świetnie. Czasami aż za bardzo się w nią angażowałam.

Zdarzało się, że moje córki były chore, ale trzeba było uzupełnić papiery w pracy i ja do niej przychodziłam. Potrafiłam przyjść nawet, jak miałam urlop. Dlatego najgorsze jest to, że jak sama potrzebujesz pomocy, to nikt takich zachowań już nie pamięta. To problem wielu z nas. Mało jest ludzi, którzy potrafią wyciągnąć rękę, kiedy masz problem.

Myślę, że przez to, co przeżyłam, jestem w stanie lepiej podejść do wielu spraw. Jak jadę na interwencję, gdzie mamy do czynienia z ofiarą przemocy domowej, wiem, że dobrze zrozumiem taką kobietę.

Czasami spędzam z nią dużo czasu i próbuję wytłumaczyć to, co sama musiałam zrozumieć.

Co jej mówisz?

Gdy słyszę na przykład od takiej kobiety, że ona by chciała, żeby mąż ją kochał, mówię jej:

– Ale cóż z tego, że ty byś chciała? Jak on nie chce, to choćbyś nie wiem co zrobiła, on cię nie pokocha, twoja wola nie wystarczy. On musi chcieć. I nie walcz o to, dziewczyno, odpuść sobie.

Nie zbawię świata z dnia na dzień i jedna rozmowa nie przewróci jej życia do góry nogami. Ale być może, jak już dojdzie do ściany, to sobie przypomni, o czym rozmawiałyśmy, i będzie wiedziała, co zrobić.

Wiele kobiet myśli, że to one są winne. Bo za mało robią, za mało się starają. Gówno prawda. To jest największe skurwysyństwo ludzi, którzy stosują przemoc fizyczną – wykorzystują słabości osoby, którą chcą zdominować. Są jak pasożyt, który wysysa z ciebie wszystkie siły życiowe i wmawia ci, że to ty jesteś robalem. Dlatego najtrudniej przekonać tego zdominowanego człowieka, że to nieprawda.

A kiedy to do ciebie dotarło?

Właśnie po policyjnej interwencji. Tłumaczyłam babce, że jak facet pije i ją bije, to się to nie zmieni. Wtedy sobie pomyślałam: „Boże, ale jestem pierdolnięta! Ja tutaj kobiecie tłumaczę takie rzeczy, a sama się łudzę i mam w domu to samo…”.

Osobnym problemem jest to, że kobiety są często uzależnione od swoich oprawców finansowo. Jeśli ofiara nie otrzyma opieki od razu, tego samego dnia, to nie poczuje się bezpiecznie. Powinno być tak, że jednego dnia zawija się drania, a drugiego puka do takiej kobiety pracownik opieki społecznej. Nie mówię, że powinien przychodzić od razu z pieniędzmi, ale chociażby z paczką żywieniową. Opieka psychologiczna też powinna pojawić się od razu.

Ktoś dowiedział się w ogóle w szczegółach o tym, co cię spotkało?

Mam grono koleżanek i czasami o tym rozmawiamy… Ale w pracy nikomu się nie zwierzałam. Przede wszystkim żeby nie narobić problemów swojemu byłemu mężowi. Poza tym nie chciałam robić z tego sensacji. Postrzegaliby mnie jako ofiarę. A to jest najgorsze.

Czy te doświadczenia zmieniły cię w jakimkolwiek sensie pozytywnym?

Tak. Przez to wszystko nauczyłam się być twarda w kontaktach z facetami. Nawet mój sąsiad z klatki do mnie dzwoni, jak się coś dzieje. (*śmiech*) Wczoraj przyszedł i powiedział, że jakieś pijaczki się wywaliły przed blokiem. No to polazłam do nich i mówię:

– Macie jakieś dymy robić, to nie tutaj, idźcie stąd.

Oczywiście zaczęli ze mną dyskutować i kozaczyć.

– Bo co?

– Bo jajco! Wypierdalaj stąd, bo ci łeb urwę!

Wiesz, ja się już ich nie boję. Nie wiem, czy to instynkt, czy po prostu czuję swoją przewagę psychiczną. Jestem kobietą i zdecydowanie chciałabym nią pozostać. Świetnie się czuję w tej roli i zmiana płci absolutnie nie wchodzi w grę. Niemniej jednak mam też jaja i wiem, kiedy ich użyć.

ŁOWCA

Patryk Vega: W twojej robocie jest równouprawnienie?

Podkomisarz Magdalena Drewniak: Ja sobie wypracowałam to równouprawnienie.

Jak to?

Jak od początku pokażesz, że jesteś okej, to później tak już cię traktują. Ale jak przyjdzie taka wymalowana panienka w szpilach, która tu nie siądzie, tego nie zrobi, bo na przykład coś jej śmierdzi, no to od razu będą ją źle traktować. A jak sobie zapunktujesz na wstępie, to potem możesz nigdzie nie chodzić, mieć wszystko w dupie, a i tak będą mówili, że dobra jesteś.

Czym się dokładnie zajmujesz?

Pracuję w kryminalnych w poszukiwaniach, czyli ganiam za bandziorami.

Dużo jest u was kobiet?

Dużo, jedna trzecia wydziału.

Macie tam jednostkę bojową?

Tak, ale my jesteśmy od zatrzymań, więc nie zawsze bierzemy realizację.

Sami zatrzymujecie?

To zależy. Jeśli wiemy, że ktoś jest niebezpieczny i uzbrojony, to bierzemy realkę.

A jakie masz w tej pracy relacje z facetami? Podbijają do ciebie?

Nie no, co ty, ja mam czterdzieści pięć lat, kurwa. Poza tym niedługo za mąż wychodzę.

To będzie twój pierwszy mąż?

Nie, drugi. Pierwszy to była pomyłka. Nie udało nam się przez moją pracę. Zachłysnęłam się policją i cały czas w robocie siedziałam.

Kim był twój pierwszy mąż?

Żołnierzem.

Jak się poznaliście?

Pod blokiem. To był mój sąsiad. No ale nie wyszło – zbyt duża niezgodność charakterów była między nami. Później miałam jeszcze między innymi nieudany związek z oficerem ABW.

Twój przyszły mąż też jest kimś z branży?

Tak. Też jest z branży. Bo kto inny mnie zrozumie? No przecież, kurwa, nie wyjdę za bankowca, boby mnie wygnał z domu.

Dlaczego?

Bo non stop siedzę w pracy.

Siedzisz cały czas na walizkach?

No, teraz to już wyjątkowo na walizkach.

Czyli dzisiaj Zakopane, jutro Poznań?

No tak, mój facet to już tylko pyta:

– A wy w tym tygodniu to gdzie? Mazury, góry czy morze?

– Na razie nigdzie.

– O, to dziwne.

Ale walizka zawsze stoi w przedpokoju przyszykowana na wyjazd.

On to rozumie?

Człowiek z wiekiem staje się mądrzejszy, więc tak, dogadujemy się.

On jest z tej samej firmy?

Tak, tylko z innego pionu.

Ale w pracy się widzicie?

Wcześniej, jak robiliśmy w tym samym budynku, to mijaliśmy się na korytarzu. Wtedy mówiliśmy sobie „dzień dobry" i tyle. Bo buziaki to tylko w domu.

Tak, dziś w policji trzeba zachowywać pozory. I w robocie już nie odchodzi takie picie jak dawniej, nie?

Nie, bo wszyscy się boją, że ktoś ich od razu podpieprzy. Czasami jeszcze się to zdarza, ale na pewno rzadziej niż kiedyś.

Ludzie za dużo mają do stracenia.

Właśnie tak. W końcu każdy chce do tej emerytury wytrzymać, nie? Możesz mieć czternaście lat służby, coś narozrabiasz i do widzenia. Dawniej nie zwracało się tak na to uwagi.

Na początku swojej pracy w kryminalnych chciałam się pokazać, więc jak oni pili, to ja też. Teraz uważam to za głupotę, ale widocznie musiałam zmądrzeć.

Chciałaś się w ten sposób wkupić w środowisko?

No tak, ale zawsze można to przecież zrobić inaczej, nie? Tak w ogóle to na początku wcale nie chciałam być w kryminalnych. Wolałam zostać normalną policjantką, która chodzi w mundurku, i tyle. Ale wyszło, jak wyszło.

Pamiętam dobrze swoje pierwsze zatrzymanie. Chodziło o poważnego bandziora, więc było nas na miejscu dużo – w tym ja jako jedyna dziewczyna. No i zatrzymaliśmy tego gościa, on leżał na glebie, a chłopaki stanęły nad nim z giwerami i tak sobie na niego patrzyły. A że mnie w szkole uczyli, że trzeba kajdankować od razu, to wyjęłam kajdanki, siadłam na nim i sobie go skajdankowałam. A ci tak dziwnie spojrzeli na mnie, aż sobie pomyślałam, że coś źle zrobiłam. No ale jak to źle, kurwa? Przecież tak mnie w szkole uczyli!

Okazało się, że oni po prostu byli zdziwieni, że przyszła jakaś nowa, młoda laska, siadła sobie na gościu i od razu go skajdankowała. Tymczasem dla mnie to była normalna rzecz. No bo jak oni stoją, pilnują go, to co on może mi zrobić, nie?

Wróciłam potem na wydział, a naczelnik mówi do mnie:

– Zostajesz u nas.

– Nie, za co? – odparowałam. A potem do kadrowca: – Zabierz mnie stąd. Ja chcę do konwojówki!

A ty go skułaś jako mundurowa z prewencji?

Nie, ja nigdy nie byłam w mundurach, ale zawsze chciałam. Bo człowiek był młody, głupi i myślał, że to będzie takie fajne. Oczywiście teraz się z tego śmieję, bo niejedna osoba chciała wtedy do kryminalnego. A mnie tam po prostu wrzucili, bo było miejsce, i tak już zostałam. A wtedy oprócz mnie nie mieli żadnej dziewczyny w kryminalnych.

A ty zostałaś od razu operacyjną, tak?

Od razu. Tak że w ogóle nie liznęłam munduru. Od czasu do czasu odpindrzę się na jakieś uroczystości, ale spódnica dla mnie to teraz kara.

Jak ci faceci postrzegali cię na początku? Jako laskę do bzyknięcia?

Na początku tak. Trochę się wypłakałam, bo to jest tak, że możesz nic złego nie robić, a i tak przypną ci łatkę tej, co się puszcza. Oczywiście to gówno prawda, ale co? Wytłumaczysz to wszystkim? Nie, bo muszą sobie pogadać. A później to już miałam wywalone.

Była taka sytuacja, że dostałam jakiś awans, szłam sobie korytarzem i nagle jeden gość mnie pyta:

– A co trzeba zrobić, żeby tak awansować?

– Trzeba wiedzieć, do którego pokoju wejść i komu dupy dać. – I skończyły się, kurwa, wszystkie plotki.

W ogóle przestałam się tym przejmować i interesować.

Nie miałaś takich sytuacji, że ktoś oferował ci coś w zamian za to, że się z nim prześpisz?

Nie.

A jeśli o ten drugi nieudany związek chodzi, gdzie poznałaś tego gościa z ABW?

W trakcie wspólnych czynności. Wówczas byłam już po rozwodzie, czy w trakcie, nawet nie pamiętam. Zakochałam się w nim na zabój. Ale to też był zły chłopiec. Jak po pracy do domu przychodziłam, to nieraz od niego po łbie dostałam. Dwa czy trzy lata to trwało.

Ale co, był znerwicowany i stresy na tobie odreagowywał?

Tak, w dodatku był zazdrosny. Jak sobie spodnie nowe kupiłam, to ze trzy tygodnie musiały w domu poleżeć, bo od razu było, że się do pracy stroję. W każdym razie rozstaliśmy się.

Dlaczego tyle to trwało? Myślałaś, że go zmienisz?

Byłam w nim po prostu zajebiście zakochana.

Ale bił cię po alkoholu czy na trzeźwo też?

Na trzeźwo też.

I pozwolił ci tak po prostu odejść?

No nie, to się długo ciągnęło. Zaraz po rozstaniu związałam się z następnym facetem i jego się trzymałam. Myślałam wtedy, że już nikogo innego nie znajdę. Oczywiście wszyscy wiedzieli, że to babiarz, tylko nie ja. Dopiero po sześciu latach dotarło do mnie, że chyba nic z tego nie będzie.

Pojawiły się jakieś dzieci w trakcie tych związków?

Nie. Jak mogły się pojawić dzieci z takich nieudanych relacji? Potem miałam dwa lata przerwy. Zwyczajnie mi się odechciało chłopów.

A kim jest twój obecny facet?

Był wykładowcą w szkole oficerskiej. A poznał mnie z nim mój były chłopak ze szkoły średniej. W pierwszej chwili byłam do niego sceptycznie nastawiona, bo miałam przeświadczenie, że wszyscy wykładowcy to kurwiarze. On z kolei uważał, że wszystkie laski w kryminalnym to kurwy i szmaty.

Czemu taka fama chodzi o dziewczynach z kryminalnych?

Nie wiem, widocznie podczas bytności w szkole czymś sobie zasłużyły na taką opinię. Ale wracając do tematu: mimo tego nastawienia po jakichś dwóch miesiącach umówiliśmy się na randkę. No i tak już zostało.

Dalej jest wykładowcą?

Nie, rzucił szkołę i teraz pracuje w branży.

Jesteś szczęśliwa?

Bardzo. Teraz jest zajebiście. Za mąż wychodzę przecież.

A ile jesteście ze sobą?

Sześć lat.

Jakie w ogóle są teraz kobiety w policji? Przewyższają w czymś facetów?

Na pewno są cierpliwsze. Na przykład jak jesteśmy na zasadzce, no to ja potrafię usiedzieć w miejscu. Nie chce mi się co chwilę siku, jeść, srać. A większość facetów to od razu nosi. Ale tak poza tym uważam, że w policji jest za dużo kobiet.

Dlaczego?

No bo zobacz, jak jest na przykład jedna trzecia wydziału dziewczyn i mamy jakieś zatrzymanie, a część chłopaków jest na urlopie, to co? Same baby mają jechać? Ja bym się bała. Bo kobieta jednak, choćby nie wiem jaka była silna, to nie z każdym facetem da sobie radę. Takie jest moje zdanie.

Kobiety w policji są oczywiście potrzebne, ale nie w tak dużej liczbie. A teraz gdzie się nie obejrzę, to w każdym radiowozie kobitę widzę.

To czemu ty chciałaś zostać policjantką?

Cała rodzina wojskowa, miałam iść do wojska, ale naoglądałam się różnych filmów, między innymi tego, co ty kręcisz, i tak mi, kurwa, zostało.

Uważasz, że ta praca cię zmieniła?

W jakim sensie?

Tyle się tego zła naoglądałaś, że teraz inaczej patrzysz na świat?

Ja to zło widzę i wiem, czym ono jest. Natomiast jak patrzę na swoich rodziców, to mam wrażenie, że oni nie wiedzą, co się na świecie dzieje. Na przykład jak wchodzę do domu, to zamykam drzwi na trzy zamki, a oni mają na to wyjebane. Człowiek się tyle potworności naoglądał, że teraz po prostu bardzo uważam. No i łeb cały czas chodzi na prawo i lewo.

Typujesz przestępców czy jesteś po prostu taka elektryczna?

Typuję. Ja nie mogę być elektryczna. To oni muszą się bać. Ale to już jest takie zboczenie zawodowe, że we wszystkim doszukujesz się podstępu. Patrzysz na ludzi i typujesz, kto jest kim, kto coś odwali.

A jak postrzegasz ludzi na ulicy? Patrzysz i zastanawiasz się, kto może być złodziejem, a kto gangsterem w białym kołnierzyku?

Tak, non stop tak robię. Ale wiesz, czego przede wszystkim nauczyła mnie ta praca? Kłamać. Kiedyś nie umiałam okłamywać ludzi, a teraz, kurwa, jak z nut.

Dlaczego się tego nauczyłaś?

Bo trzeba oszukiwać ludzi, żeby coś z nich wyciągnąć. Dawniej jak skłamałam, to zaraz się cała czerwona robiłam. A teraz bez problemu. No i w ogóle twardsza się stałam. Naoglądałam się tych wszystkich trupów... Kiedyś się tym przejmowałam, teraz to po mnie spływa.

Pamiętam, że swojego pierwszego trupa to ze trzy miesiące przeżywałam. Aczkolwiek chyba jestem trochę chora, bo na przykład nigdy nie miałam problemu z tym, żeby do prosektorium chodzić.

Nie masz odruchów wymiotnych?

Nie. Ale jak poszłam na przykład do szpitala ustalać tożsamość N.N. i zobaczyłam ją podłączoną do tych wszystkich rurek, to musieli mnie, kurwa, reanimować. Tam robiło mi się niedobrze.

Dlaczego tak jest?

Nie wiem. Jakoś tak mam. Jak ktoś już jest nieżywy, to mogę patrzeć, a jak jest żywy, to mam problem. Miałam taką koleżankę, z którą zawsze się zamieniałyśmy, bo ona z kolei nie mogła łazić do prosektorium.

To jakie sprawy zrobiły na tobie największe wrażenie w ciągu tych lat?

Dużo robiłam przy zaginięciach. Zawsze się rozklejam, jak ktoś po latach pamięta, że pomogliśmy kogoś odnaleźć.

Pamiętam, jak na przykład dostałam kiedyś od jednej pani kartkę na święta z podziękowaniami za odnalezienie matki. Innym razem kobieta przyszła do mnie z reklamówką kiełbasy i jajami, bo jej syna odnaleźliśmy. Oczywiście nie wzięliśmy tego, ale to było bardzo miłe. A jeśli chodzi o traumatyczne sprawy?

Jak zobaczyłam dziecko na stole w prosektorium, to długo przeżywałam. Generalnie sprawy związane z dziećmi są dla większości policjantów bardzo poruszające. Kiedyś dałam w łeb nawalonej matce, która „opiekowała się" swoją dwuletnią córką. Po prostu nerwy mi puściły.

Przy tej dziewczynce ją uderzyłaś?

Nie no, gdzie!? Ta babka wielokrotnie była zatrzymywana i nieraz od nas po łbie dostała, ale też dużo z nią rozmawialiśmy. Chłopaki mi kiedyś opowiadały, że dzięki temu ona teraz nie pije i jest dobrą matką.

Inna sytuacja: wysłali mnie do szpitala, żebym namówiła klientkę do podania swojego imienia i nazwiska, bo urodziła dziecko i chciała je zostawić. To była prostytutka, więc za cholerę nie chciała powiedzieć, jak się nazywa. Nie wiem, jak to jest dokładnie w przepisach, ale generalnie jeśli nie zna się tożsamości matki, to bardzo utrudnia procedury adopcyjne. W każdym razie dwa dni nad nią pracowaliśmy i w końcu podała nam swoje dane.

Minęło z pięć lat, siedziałam w domu, a moja mama nagle mówi:

– Mam dla ciebie niespodziankę. Gościa masz.

Moja mama pracowała w tym szpitalu i znała całą sprawę.

Okazało się, że przyszła do nas jej koleżanka razem z małą dziewczynką. To było dziecko, które zostawiła ta prostytutka. Koleżanka mojej mamy je adoptowała i przyszła mi podziękować za to, że udało mi się ustalić tożsamość matki biologicznej, bo gdybym tego nie zrobiła, ona nie mogłaby się stać jej przybraną matką.

A jakieś śmieszne sytuacje też ci się zdarzały?

Pewnie. Wiesz, jak to jest w kryminalnych – nigdy nie wiesz, gdzie i po co cię zawołają. No i była raz taka sytuacja, że przyjechał jakiś poszukiwany, a ja akurat siedziałam na grillu, więc średnio przygotowana do pracy – bez broni, w klapeczkach, na luzie. Nagle zadzwonił naczelnik, że trzeba do roboty jechać. Okej, jak trzeba, to trzeba – wstałam i jak stałam, tak pojechałam. Oczywiście była potrzebna dziewczyna, żeby podejść do drzwi w mieszkaniu poszukiwanego i zapukać.

Weszliśmy na posesję, ale chłop nam uciekł i pobiegł w pola. Było nas tam chyba z sześciu chłopa i ja. No to oni pobiegli za nim, a ja, kurwa, za nimi w tych klapkach. A uciekinier w polu kukurydzy zrobił taki manewr: zawrócił obok swojej posesji i szedł sobie spokojnym krokiem z powrotem.

Patrzę – o kurwa, idzie. Myślę sobie: „Ja pierdolę, chłopaków nie ma, co ja teraz zrobię?". Ruszyłam na wprost niego i jak się już zbliżyłam, to hop! – skoczyłam na niego na tak zwaną żabę. Facet się przewrócił, a ja sobie tak na nim leżałam. Gdyby wiedział, że jestem policjantką, to prawdopodobnie jakoś by zareagował. A tak zgłupiał z wrażenia i pewnie pomyślał, że pierdolnięta baba jakaś. Idzie kobita z torebeczką, w klapeczkach i nagle rzuca się na niego. W międzyczasie przybiegły chłopaki i gościa zgarnęliśmy. To było zabawne, bo jego mina, jak się na niego rzuciłam, okazała się po prostu bezcenna.

Człowiek w takich chwilach się nie zastanawia, tylko działa instynktownie. Gdybym tego nie zrobiła, może by nam uciekł.

Inna sytuacja z początku mojej służby: puścili mnie pod adres jakiegoś poszukiwanego, żebym sprawdziła, czy jest w środku. Okej, poszłam, drzwi się otworzyły, a w progu stanęła jego żona czy konkubina, już nawet nie pamiętam. W każdym razie odzywam się do niej:

– Dzień dobry, czy jest Darek?

– A kim pani jest?

Szybko zaczęłam myśleć i naściemniałam jej, że jestem z nim w ciąży. Babka się tak wkurwiła, że zadzwoniła do niego i kazała mu natychmiast przyjechać. I facet faktycznie się pojawił, a my go zatrzymaliśmy.

Świetna akcja. (*śmiech*)

Kolejna sytuacja: mieliśmy zatrzymać jednego gangstera. Generalnie faceta ciężko było złapać, więc jak tylko dostaliśmy cynk, to chłopaki wskoczyły od razu do radiowozów, a my w tym czasie schodziłyśmy z koleżanką po schodach i oni zapomnieli nas zabrać. Myślimy: „Co robić? A to chamy pieprzone!". A bardzo chciałyśmy jechać na tę akcję. Ja patrzę, a na parkingu stoi taki dostawczy lublin z zaopatrzenia. No to pobiegłam do naczelnika i zapytałam, czy możemy go wziąć. On się zgodził, więc wsiadłyśmy i pojechałyśmy. A ja pierwszy raz w życiu jechałam takim wozem, bałam się, że on w ogóle stanie mi gdzieś po drodze.

Ale okej, dotarłyśmy na miejsce i zatrzymałyśmy się pod klatką, w której mieszkał ten poszukiwany. Chłopaki były już pochowane po krzakach, ale jak nas zobaczyły, to trzech z nich wskoczyło do tego lublina. W międzyczasie przyjechał gangster, a to też był taki zajebiście elektryczny chłop. Stanął akurat centralnie obok naszego dostawczaka, rozejrzał się nerwowo, więc chłopaki wyskoczyły i od razu go zatrzymały. Później jeszcze powiedział do nas:

– Kurwa, drugi raz mnie zatrzymaliście, ale w życiu bym nie wpadł na to, że z lublina ktoś wyskoczy…

A to wyszło mi przez przypadek, nikt tego nie planował. Czasami życie samo przynosi nam najlepsze rozwiązania.

A próbowali cię kiedyś przekupić?

Tak, byłam kiedyś odpowiedzialna za jedną robotę i zatrzymany gangus mówi do mnie, że jak go puścimy, to da nam po cztery dychy na głowę.

Czterdzieści tysięcy?

Tak. Popatrzyłam na chłopaków, a oni zrobili wielkie oczy, bo nie wiedzieli, co odpowiem. To mówię:

– Słuchaj no, możesz zacząć jeszcze raz, tylko się zastanów.

– No, cztery dychy na głowę.

– Udam, że tego nie słyszałam.

– Tak, kurwa, myślałem.

Do dziś nie wiem, czy chłopaki się o to na mnie wkurzyły. Aczkolwiek nigdy nie byłam świadkiem tego, żeby ktoś w kryminalnych wziął. A możliwości są zajebiste. No bo kto by mi coś udowodnił? Ja go puszczam, biorę kasę i tyle. Jedyne co, to mógł mnie nagrać.

Miałaś jakieś wątpliwości czy to był impuls?

Nie miałam wątpliwości, ja się, kurwa, boję takich rzeczy. Ja to nawet każdy mandat płacę za parkowanie, bo się obawiam, że później będą mnie ganiać. Zresztą ta robota zawsze była dla mnie zajebiście ważna i miałam za dużo do stracenia. Nigdy mi nawet do głowy nie przyszło, żeby wziąć w łapę. Tym bardziej że ja teraz nie zarabiam jakoś mało.

Ile masz obecnie na rękę?

Cztery i pół. No to jak na policjanta to chyba nie jest mało.

A ile lat już pracujesz?

Dziewiętnaście.

I dokąd chcesz to robić?

Był taki moment, że chciałam iść na emeryturę, ale teraz mam zajebistą robotę, więc się nie wybieram. No, chyba że zdrowie nie pozwoli. Ale na razie jeszcze latam.

A gdybyś mogła wybrać jeszcze raz, to wybrałabyś tę samą robotę?

Tak, poszłabym znów do policji, do kryminalnego.

A czemu?

Bo to ciekawa praca i daje duży zastrzyk adrenaliny.

Masz poczucie, że robisz coś wartościowego?

Jak pracowałam w zaginięciach, to naprawdę czułam, że jestem potrzebna. Teraz już trochę mniej. No wiadomo, łapie się tych łobuzów, ale tam jednak ratowało się życie. Oczywiście jak się nie udało, to też cholernie bolało.

Pamiętam na przykład, że bardzo długo szukaliśmy jednego chłopca. W końcu znaleźliśmy w rzece jego rower. Nurkowie szukali dzieciaczka ze dwa tygodnie, ale go nie znaleźli. W pewnym momencie naczelnik powiedział do mnie:

– Słuchaj, przestań już szperać przy tym zaginięciu. Zabieramy się stąd. Nic z tego nie będzie, a inne sprawy leżą.

Ale go namówiłam, żeby dał nam jeszcze jeden dzień. Ściągnęliśmy nawet strażaków z innej miejscowości. I wyobraź sobie, że po półgodzinie im się udało. Okazało się, że chłopiec zaczepił się o jakiś konar.

No i wiesz, to było ciężkie przeżycie, bo wtedy wiedziałam, że szukam zwłok. A ten chłopiec miał chyba jedenaście lat.

Ale co, on tam wpadł? Wypadek? Samobójstwo?

Na początku mieliśmy różne hipotezy. Dzieciak umówił się z kolegami na grilla w lesie. Zrobił zakupy i pojechał do nich na rowerze. Sygnał z jego telefonu urwał nam się na moście. Były tam też ślady hamowania samochodu, więc pierwotnie myśleliśmy, że ktoś mógł go porwać. Jednak jak się później okazało, on zawsze jeździł taką dróżką obok wody. Pech chciał, że akurat tego dnia wylała rzeka, no i on, biedny, myślał prawdopodobnie, że mimo wszystko przejedzie. Woda była po kolana, ale w pewnym momencie zrobił się jakiś dół i on w niego wpadł na rowerze. Potem rzeka go porwała i było po wszystkim.

Było to też dodatkowo bolesne, bo to był chrześniak jednego z naszych policjantów. Tak że ciężka sprawa.

Wyobrażam sobie.

Teraz z kolei trochę makabryczna historia. Prowadziłam zaginięcie takiej pani Stasi. Równolegle dostałam też inną sprawę – znalezionej nogi, czyli jako N.N.

Znaleziono samą nogę?

Tak. Jak później wynikło z moich ustaleń, ta noga należała właśnie do tej poszukiwanej pani Stasi.

Jak to?

Ona chodziła w takich charakterystycznych butach i właśnie po tym bucie ją poznałam. Pomyślałam: „Jak jest noga, to gdzieś musi też być reszta". No i zaczęliśmy przeczesywać pola, na których wcześniej znaleziono tę nogę. Zeszło nam ze dwa dni, nic nie znaleźliśmy. Drugiego dnia przychodzi do mnie naczelnik.

– Coś ty, kurwa, zrobiła? – pyta.

– Co się stało?

– Przyszła córka tej pani i powiedziała, że znalazła zwłoki.

– Jakie zwłoki?

– No, swojej matki.

– Ale gdzie te zwłoki znalazła?

– No, kurwa, tam, gdzie przed chwilą byłaś!

No nie – mówię – niemożliwe, przecież robiliśmy penetrację. Wzięłam tę panią na pokład i pojechałam z nią na miejsce. Kobita całą drogę płakała i mocno to przeżywała.

Zajeżdżamy, patrzę, no rzeczywiście, leży. Jak malowana. Widać ją z daleka – czerwona kurtka, rude włosy, szczęka na wierzchu. Myślę sobie: „Kurwa, jak ja jej tu nie zauważyłam?”.

Okazało się, że ona leżała na takiej ścieżce prowadzącej do szpitala, a my, robiąc penetrację, stwierdziliśmy, że chuj, olejemy to miejsce, bo tam przecież ludzie chodzą. Tymczasem stanęliśmy potem obok tych zwłok i patrzyliśmy na reakcję ludzi. Dwóch gości szło, tylko spojrzało i przeszło dalej. Nie zatrzymał się, kurwa, żaden.

Taka znieczulica czy ludziom nie przychodziło do głowy, że to zwłoki?

Ale było widać, że ona nie żyje! Nie wiem naprawdę, czemu nikt nie zareagował. Ja oczywiście trafiłam na dywanik, ale jakoś mi się upiekło.

Miałaś jeszcze zdarzenia, które zakończyły się inaczej, niż pierwotnie się to zapowiadało?

Tak. Przyszedł do nas gość zgłosić, że uprowadzili mu syna. No ale mówi, że żądają za niego dwóch tysięcy. My sobie myślimy: „Kurwa, jak to, tylko dwa tysiące za dziecko? Pewnie glut sam uciekł i teraz będzie ciągnął kasę od ojca. Ale dobra, pojedziemy z tym gościem na przekazanie okupu”.

Żeby było śmieszniej, do ojca zadzwonił nie sprawca, tylko właśnie jego własny syn – żeby umówić się na miejsce, w którym będzie przekazana kasa.

Ile lat miał dzieciak?

Dwanaście czy trzynaście. Tak że smarkacz. Zadzwonił do ojca i powiedział:

– Tato, uprowadzili mnie, musisz dać pieniądze.

No to co byś sobie pomyślał? Że mały leci w chuja. Tak że zbagatelizowałam to i na miejsce przekazania okupu pojechałam tylko ze swoim kierownikiem. Myślę sobie: „Najwyżej dostanie od ojca, i tyle".

Gdzie się umówiliście na tę „transakcję"?

W jednym z wieżowców na którymś tam piętrze. Najpierw miał iść ojciec, żeby przekazać kasę, a my zamierzaliśmy zatrzymać chłopaka na dole. No więc ojciec wszedł na górę i słyszymy, że coś tam dyskutują. Nagle patrzę, a tam jedno dziecko trzyma przy drugim nóż. Kurwa, stanęłam jak wryta. Po prostu zgłupiałam.

Choć zawsze się wkurwiałam na swojego kierownika, że jest taki w gorącej wodzie kąpany, to tym razem ucieszyłam się, że był ze mną. Skoczył momentalnie do tego chłopaczka i wybił mu ten nóż z ręki. Gdyby tak szybko tego nie zrobił, mogłoby się to różnie skończyć.

O co chodziło?

Okazało się, że ten z tym nożem to był jakiś miejscowy czternastolatek i zwyczajnie porwał tamtego małego z ulicy. Kazał mu iść ze sobą do domu, rozebrał go do majtek, związał sznurem, trzymał tam całą noc i karmił zupkami chińskimi. Jak ten porwany po wszystkim mnie przytulał, całował, dziękował, to sobie pomyślałam: „Matko, jaka ja jestem pierdolnięta". Zamiast od razu jechać dziecko ratować, to jeszcze do chłopaków mówiłam:

– Dobra, nie jedźta, przecież to lipa.

Na drugi dzień przyszedł ten mały z ojcem i przynieśli tort dla całego wydziału. Od tamtej pory już niczego nie bagatelizuję.

A ten czternastolatek?

Tamten to w ogóle był strasznie zdemoralizowany. Chyba pięć lat później został zatrzymany za zgwałcenie jakiejś starszej kobiety. Poznałam go od razu na korytarzu, bo takich ludzi się nie zapomina. On w ogóle był chyba z domu dziecka, ale nie pamiętam dokładnie.

Niezła sprawa.

No, ale powiem ci, że dla takich chwil jak z tym chłopaczkiem, to naprawdę warto żyć. Wiesz, to, jak on był wdzięczny, jak mi dziękował, to było coś wyjątkowego. Ale zdarzają się też odwrotne sytuacje.

Kiedyś przyszła do nas dziewczynka i powiedziała, że ją zgwałcono. Wysłali mnie, żebym z nią porozmawiała. A ona zaczęła wszystko opowiadać o sprawcach – kto, co i jak. Powiedziała między innymi, że jak już ją zgwałcili, to włożyli jej w środek skuwkę od perfum.

Później wzięła ją w obroty inna policjantka, z dłuższym stażem, i okazało się, że ona wszystko zmyśliła, a tę skuwkę to sama sobie włożyła.

Ile ona miała lat?

Ze dwanaście. Z mamą do nas przyjechała. A wiesz, ja jej we wszystko uwierzyłam, bo była bardzo wiarygodna. Opowiadała, że trzech chłopaków ją złapało, wsadziło do czarnego samochodu, a potem opisywała, co jej robili. No mówię ci, szok.

Czemu to zrobiła?

Wiesz, jakie są dzieci. Pewnie włożyła sobie tę skuwkę, nie umiała wyjąć, to zmyśliła, że ją zgwałcono. A wiesz, my już robiliśmy ustalenia, kto mógł jechać taką czarną beemką, i tak dalej.

Tymczasem przyszła ta starsza policjantka i powiedziała do mnie:

– Młoda, ucz się. – No i wyciągnęła od niej całą prawdę w pięć minut.

Pamiętasz inne sprawy, które cię ruszyły?

Był taki jeden chłopiec, który często uciekał z domu i zawsze straszył, że się zabije. No i uciekł znowu któryś raz z rzędu, i my to trochę olaliśmy. Ale mnie to nie dawało spokoju, więc pojechaliśmy w końcu do miejsca, w którym on się spotykał z kumplami. Okazało się, że faktycznie – przyszedł tam i wypił płyn Borygo. Nie zdążyliśmy na czas. To było dość smutne.

Leżał tam?

Tak. Już nie żył.

A widok takiego trupa rusza wtedy? Czy już się patrzy na to jak na sztuczną scenografię?

Dzieciaka tak. Bo widok takiego dorosłego trupa po tylu latach już nie rusza tak bardzo.

Jak bywałem na sekcjach, to dla mnie te zwłoki wydawały się nierzeczywiste. To jest tak odhuma-

nizowane, że już się po prostu w tym nie widzi człowieka.

No właśnie. Dlatego jak widzę takiego normalnego gościa, który jeszcze żyje, ale jest podłączony do rurek i cierpi, to na to reaguję tak, że mdleję. Ale jak widzę trupa, któremu nic złego się nie dzieje, bo już wszystko się wydarzyło, to tego nie przeżywam.

A co czujesz, jak złapiesz poważnego zbója?

Satysfakcję. Czasami mi ich później szkoda, bo taki twardziel płacze albo wynajduje sobie sto tysięcy chorób. Niemniej jednak masz naprawdę dużą satysfakcję, jak kogoś zatrzymasz.

Życie bywa kompletnie nieprzewidywalne. Przypomniała mi się niezła sytuacja. Poszliśmy na zatrzymanie i jak zaczęliśmy pukać, babka nam powiedziała, że jak nie przestaniemy, to jej mąż wyskoczy z okna – a to było piąte piętro. Mówimy: „Nie no, nie skoczy, na bank". Ale któryś z chłopaków zwrócił się do mnie:

– To idź, zobacz na dół.

Okej, schodzę, patrzę, nic nie widzę. Dzwonią do mnie chłopaki.

– Ty, bo on podobno skoczył...

– Jak to?

Tymczasem drze się do mnie jakiś facet z balkonu:

– Proszę pani, ten pan skoczył z piątego piętra i uciekł!

– Kurwa, jak to uciekł?

– No zwyczajnie. Odbił się i uciekł.

Okazało się, że ten gość skoczył z piątego piętra i odbił się od daszka, który znajdował się nad balkonem na parterze.

To go zamortyzowało?

Tak. Spadł na ten daszek, przeturlał się i na adrenalinie wstał i pobiegł dalej.

Wtedy przybiegł zdenerwowany mój kierownik i pyta:

– Jak uciekł? Gdzie uciekł? Co ty pierdolisz?

Wytłumaczyłam mu, na co on:

– No to, kurwa, trzeba go szukać, jak uciekł.

Ale sami w to nie wierzyliśmy.

Znalazł się?

Tak, znaleźli go trochę dalej, w sklepie. Patrzę, prowadzą go, a to taki chłop około sześćdziesiątki. Kulał tylko, a ja sobie myślę: „Cud normalnie". Zadzwoniłam po karetkę, a tam mi mówią:

– Chyba sobie pani żarty robi.

– Naprawdę, skoczył z piątego piętra i normalnie idzie.

Gościu wsiada do mnie do radiowozu i pytam się jeszcze tego chłopa:

– Nic pana nie boli?

– No właśnie zaczyna mnie boleć. – I w tym momencie gość dostaje licznych wewnętrznych wylewów i zaczyna schodzić. Dopiero w samochodzie puściła mu adrenalina, która trzymała go od chwili upadku z balkonu.

Przyjechała karetka i go zabrała.

Jak to się skończyło?

Miał rozległe obrażenia wewnętrzne, długo leżał w szpitalu i po jakimś czasie podobno zmarł. A dla mnie była to nauka, że pod wpływem adrenaliny człowiek może zrobić dosłownie wszystko, nawet jebnąć z piątego piętra o daszek i dalej pobiec.

Kim on w ogóle był?

Jakimś emerytem policyjnym albo wojskowym. Później sobie myślałam, że gdyby nam normalnie otworzył drzwi, tobyśmy go spokojnie potraktowali i wszystko inaczej by się skończyło. Tym bardziej że chodziło o jakieś pierdoły typu kradzieże, oszustwa. Ale facet tak się bał pójścia do więzienia, że skoczył.

A musiałaś kiedyś do kogoś strzelać?

Nie, ale broń kilka razy wyciągnęłam. Na początku miałam taką małą berettę, ale nikt mnie wtedy nie traktował poważnie. Wyciągałam ją, gościu patrzył i pytał: „Co to jest, zapalniczka?". No to potem nosiłam już walthera.

Pamiętasz ten pierwszy moment, kiedy musiałaś wyjąć broń?

Tak, to było na początku mojej pracy w kryminalnym. Jechaliśmy we dwoje – ja i taki mój pierwszy nauczyciel – i ścigaliśmy samochód, w którym siedziało dwóch gości oskarżonych o wymuszenie. W pewnym momencie oni wjechali w ślepą uliczkę i nie mieli już jak dalej uciekać. Wtedy policjant, z którym byłam, powiedział do mnie:

– Młoda, wyciągnij pistolet. – A przez radiostację do chłopaków: – Będziemy zatrzymywać! Jesteśmy tu i tu. Tylko dawajcie szybciej, bo jestem ze spódnicą.

Ale się wtedy wkurwiłam! Pomyślałam sobie: „Jak, kurwa, ze spódnicą? Co, że ze spódnicą? Przecież ja też umiem wyjąć pistolet, nie?".

No i wyciągnęłam broń, on podbiegł do jednego gościa, ja do drugiego i ich zatrzymaliśmy.

A broń miałaś przeładowaną?

Nie, wtedy w ogóle jej nie przeładowałam. Bałam się jak cholera, bo to był mój pierwszy raz. Przyłożyłam ten pistolet zatrzymywanemu jakoś pod kaptur, ale on w ogóle nie chciał się położyć. Tamten drugi od razu rzucił się na glebę, a mój stał i stał. Krzyczę do niego:

– Połóż się! Połóż się!

A ten nic. W końcu ten mój partner skierował broń w jego stronę i powiedział:

– Połóż się, kurwa, jej na ziemię.

No i dopiero wtedy się położył. Kwestia charyzmy.

Jak się zjechała reszta, to ja już na nim siedziałam, więc wyglądało tak, że to niby ja sama go zatrzymałam. Potem powiedziałam tylko do tego mojego partnera:

– Weź im nic nie mów. Obiecuję, że następnym razem przeładuję tę pieprzoną broń.

Siedzi mi w głowie do dziś to zatrzymanie, to, że byłam taką pierdołą, no ale początki zawsze są trudne.

Jak myślisz, czemu nie chciał ci się położyć?

Wiesz co, pewnie gdybym przeładowała tę broń, on by to usłyszał i się położył. Bo nawet ja, jak usłyszałam ten dźwięk u swojego partnera, to się wzdrygnęłam, a jego zatrzymywany od razu rzucił się na glebę. Ten mój nie usłyszał żadnego przeładowania, więc nie wziął mnie na poważnie. Tak mi się wydaje. Od tamtej pory zawsze przeładowuję pistolet.

A pamiętasz swój drugi raz?

Tak, drugi raz to było na zatrzymaniu w mieszkaniu. Facet otworzył drzwi i od razu je zamknął. Momentalnie wyjęłam broń i bez zwłoki przeładowałam. I wtedy dopiero sobie pomyślałam: „Kurwa, przecież to jest parter, więc gość zaraz ucieknie nam przez okno. Trzeba biec pod okna". No więc schowałam broń i zaczęliśmy go gonić. Tak że wyjmowanie giwery w tym momencie było akurat trochę bez sensu.

Wybiegłaś z przeładowaną?

Tak, ale w kaburze. Jak go goniliśmy, to jeszcze wszystko było okej. Dopiero jak gość siedział w radiowozie, wzięłam broń, żeby ją rozładować. I nogi mi się zrobiły jak z waty, a ręce zaczęły się trząść. Mój partner powiedział wtedy:

– Dawaj to, kurwa, rozładuję, bo ci ręce latają.

A później wpadłam w rutynę i przestałam się na tym skupiać – dziś jest to już zupełny automat, często wyjmuję broń, ale nic nie czuję, nogi przestały mi latać.

Oczywiście czasami jest jeszcze adrenalina, ale to zależy, po kogo się idzie. Jak jedziesz zgarnąć jakiegoś alimenciarza, to czasem nawet broni ci się nie chce brać ze sobą, co zresztą jest głupie, bo taki alimenciarz może zrobić większą krzywdę niż poważny gangster.

Czemu?

Zdarzają się straszne pojeby. Kiedyś ekipa od nas pojechała zatrzymać właśnie kogoś takiego. Wbili mu się na kwadrat i powiedzieli, że ma się zbierać. Ten nagle podszedł do okna, rozbił szybę i przystawił kawałek szkła jednemu z chłopaków do szyi. Mnie przy tym nie było, ale wiem, że na szczęście sobie poradzili i zglebowali gościa. Niemniej jednak rutyna ich zgubiła i zrobiło się niebezpiecznie.

Faktycznie.

To w ogóle był straszny świr. Swojej żonie kazał wypić kreta i babka przez to umarła. Jak go drugi raz zatrzymywaliśmy, wzięliśmy antyterrorystów. A jak siedział na komendzie, trzeba było mu kaftan założyć, bo łbem walił o szafy.

Po tych wszystkich latach w ogóle boisz się jeszcze czegoś w pracy?

W trakcie roboty nie ma czasu na to, żeby się bać, dopiero po wszystkim zastanawiasz się, czy mogłoby się stać coś złego.

SIŁACZKA

Patryk Vega: Zauważyłem, że kobiety, które pracują w policji, często wiążą się z facetami z tej służby. Z czego to wynika?

Nadkomisarz Sylwia Mruk: Wydaje mi się, że z prostej przyczyny – właściwie tak dużo czasu poświęcamy policji, że świata poza służbą już trochę nie ma.

Nie da się w ogóle poznać nikogo spoza tego świata?

Nie jest tak, że spotykasz się wyłącznie z policjantami czy innymi funkcjonariuszami. Tylko związanie się z kimś ze służb jest najprostszym wyjściem.

Ktoś, kto też pracuje w służbach, jest w stanie lepiej cię zrozumieć i zidentyfikować się z twoimi problemami?

Z jednej strony tak, ale z drugiej to też często przeszkadza. Bo ja na przykład wiem, co mój partner policjant może robić albo musi, i to też w jakiś sposób może mi przeszkadzać. Przykładowo w policji pracuję w obserwacji. No i wiem, jak to wygląda. Tam trzeba być trochę aktorem – w różnych sytuacjach i w różnych miejscach. Teraz pytanie, czy ktoś ma do tego dystans, czy nie.

Czy to cię nauczyło lepszego rozgryzania ludzi? Zakochujesz się w kimś, ale mimo wszystko filtrujesz go przez swoją wiedzę?

Nie. Ja jestem z tych normalnych. Nie mam jazd w tę stronę. Aczkolwiek nie jestem tu dobrym przykładem, bo każdy mój dotychczasowy związek to była jedna wielka porażka.

Czyli nie stałaś się bardziej podejrzliwa?

Może trochę, ale to też zależy od facetów. W jednostkach takich jak moja zdarzają się zakłamani ludzie, którzy potrafią grać i pozorować wiele emocji.

Tak naprawdę istnieje zatem większe ryzyko, że możesz się pomylić.

Tego można się nauczyć? Są jakieś szkolenia, na których uczysz się kłamać? Trzeba mieć do tego predyspozycje?

Tak, trzeba mieć w pewnym sensie umiejętności aktorskie. Przede wszystkim należy być swobodnym, kiedy trzeba wykonać jakieś zadanie na ulicy. Co do szkoleń, oczywiście są one przeprowadzanie, ale nie oddadzą wszystkiego. Tego musi cię nauczyć życie.

A dlaczego twoje związki były w większości nieudane?

Dlatego, że najczęściej wiązałam się z mężczyznami niepoukładanymi emocjonalnie albo zupełnie niedojrzałymi, ewentualnie z takimi, którzy byli niby niezajęci, a potem się okazywało, że jednak są zajęci. Poza tym wydaje mi się, że jestem bardzo silną kobietą. I niestety mężczyźni boją się takich kobiet. To jest dobre na krótką metę. Ale na dłuższą nie.

Czują się zakompleksieni?

I właściwie niepotrzebni. Bo ja potrafię sama wszystko zrobić i w ogóle nie wychodzę z takimi pytaniami jak: „Czy mógłbyś mi coś tam przywieźć”, bo dla mnie to jest zbędne.

A teraz jesteś sama czy z kimś?

Obecnie jestem sama.

Ale masz dzieci, tak?

Tak. Dwóch synów – jeden ma sześć, drugi dziewięć lat.

Z jednego ojca?

Dwóch.

Jakie masz kontakty z ojcami?

Żadne.

A oni byli policjantami?

Na szczęście nie. Pierwszy był żandarmem, drugi to kolega, z którym miałam bardzo krótki związek. Od ośmiu lat toczę z nim wojnę o alimenty.

On się w ogóle nie przyznaje do dziecka?

Przed narodzinami odszedł i wyparł się syna. Też długo walczyłam o to, żeby udowodnić, że jest jego ojcem.

To była wpadka?

Tak. Klasyczna wpadka.

A jesteś wierząca?

No właśnie jestem, więc jakby od samego początku wiedziałam, na co się piszę i co będę dźwigała przez kolejne lata swojego życia. Zresztą prawdą jest to, że kobieta z dziećmi ma trudności, by znaleźć właściwego partnera. Mężczyźni są teraz sam wiesz jacy.

Beznadziejni?

To jest bardzo delikatne określenie. No więc nie dość, że jestem silną kobietą, to w dodatku z dziećmi. Oni nie są w stanie podjąć takiego wyzwania. Przynajmniej ci mężczyźni, których poznałam do tej pory.

To zaskakujące, bo jesteś niezwykle atrakcyjna.

Ta atrakcyjność też tak naprawdę odstrasza, wiesz? Ona mi jeszcze w życiu w niczym nie pomogła.

W pracy również, bo wszystkim się wydaje, że właśnie tylko tym coś osiągnęłam.

Patrzą na ciebie po prostu jak na ładną dupę?

Jak na przedmiot. A nie na kobietę z osobowością i ilorazem inteligencji, który niejednokrotnie przewyższa te moich kolegów. Wracając do atrakcyjności: miałam kiedyś mężczyznę, który mówił mi wręcz, że nie chce być z taką kobietą, ponieważ boi się, że następnego dnia odejdę do kogoś innego. Zatem naprawdę to jest żenujące.

O mężczyznach moglibyśmy długo gadać. A właściwie o absurdach z nimi związanych.

A ilu miałaś facetów poznanych w pracy?

Na samym początku pracy, czyli będąc jeszcze na szkoleniu w policji, spotykałam się z takim antyterrorystą ze SPAP-u. Potem miałam antyterrorystę z wydziału realizacji. Czyli, jak widzisz, wybierałam raczej takich niebezpiecznych. Ja chyba jednak szukam takich, którzy są silniejsi ode mnie. W międzyczasie pojawił się jeden „normalny”, ale on z kolei był absurdalnie zazdrosny. Tak że właściwie cztery lata mojego życia to był jakiś koszmar: przeglądanie telefonów, maili, zaczepianie ludzi na ulicy. Coś strasznego.

Czemu zaczepianie ludzi na ulicy?

Kiedy ktoś mnie zaczepił czy po prostu popatrzył, on już leciał do niego z łapami i pytał: „Co się, kurwa, patrzysz?". No, takie tam atrakcje.

Kim on był z zawodu?

Pracował w straży granicznej. Poznałam go przez siostrę – przyprowadziła go kiedyś do domu jako kolegę.

Czemu spędziłaś z nim aż cztery lata?

Wiesz co? Pamiętam, że pierwszy rok był fajny. Potem wszystko zaczęło się psuć – przez tę zazdrość i takie tłamszenie. Poza tym ten facet miał też inne wady. Przedmioty stanowiły dla niego większą wartość niż ludzie. Gdybyś kapnął na jego „ludwikowski" stół jakąś kropelką herbaty, to nie wiem, czyby cię wzrokiem bazyliszka nie zabił. To był skrajnie pedantyczny i dziwny człowiek.

Potem pojawiły się też oskarżenia o zdradę i inne nieprzyjemne historie. Przez półtora roku, że tak powiem, próbowałam się od niego uwolnić, ale było bardzo ciężko.

Mówił, że się zabije?

Nie, próbował niby ratować ten związek. Wyrzucałam go drzwiami, to on wchodził oknem. Sam był mocno pogubiony. Dla niego najistotniejsze było to, co powie mamie i tacie i jak się wytłumaczy z tego, że nasz związek nie był na całe życie. Poza tym miałam wrażenie, że to był mężczyzna, który chce postawić kropkę nad „i" i jednak zdecydować, że to on mnie zostawia, a nie ja jego.

On ci się oświadczył?

Oświadczyć mi się nie oświadczył, dlatego że jak trzy razy podejmował próbę kupna pierścionka, to zawsze mówiłam, żeby nie wyskakiwał z czymś takim, bo jeszcze za wcześnie.

Sama nie byłaś co do niego zdecydowana?

Nie. My nawet te cztery lata mieszkaliśmy oddzielnie, bo nie zdecydowałam się z nim zamieszkać.

Ile w ogóle masz lat?

Trzydzieści siedem.

A dlaczego rozpadł się twój związek z tym pierwszym antyterrorystą?

Miał żonę, więc wiedziałam, że to się tak skończy. Po prostu byliśmy ze sobą przez okres kursu. Dobrze nam się spędzało czas i to było fajne, ale każdy z nas wiedział, że pójdzie w swoją stronę. Inna sprawa, że nasza znajomość utrzymała się do dzisiaj.

Zaangażowałaś się emocjonalnie czy łatwo ci przyszło to uciąć?

Nie, nie było łatwo. Ale wiesz, ja jestem trochę popierdolona w tym względzie. Ktoś mi kiedyś próbował wytłumaczyć, że zawsze brałam sobie takich facetów, którzy nie do końca mogli być moi. Tak właśnie, jakbym się bała związku. Więc pasowały mi takie relacje przez wiele lat, kiedy albo mieszkałam w oddzielnym domu, albo nie mogłam mieć kogoś tak naprawdę. Z czego to wynika? Musiałabym chyba zapytać psychologa.

A jak było u ciebie w domu?

Mam normalnych rodziców, wciąż jeszcze żyją, ale wydaje mi się, że tej miłości było w domu mało albo wcale jej nie było. W dodatku mój ojciec był adoptowany i dowiedział się o tym dopiero w wieku czterdziestu lat. Od tego momentu miał straszne problemy z serduchem.

Tak go walnęło?

Tak. Bardzo mocno. Jest po paru operacjach. Do dzisiaj nie ma odwagi poszukać swojej mamy, chociaż wydaje mi się, że on cały czas chciałby coś takiego zrobić. A myślę, że gdyby to zrobił, uciąłby wszystkie domniemania na ten temat. Chociaż on cały czas nie może się pogodzić z tym, jak można zostawić swoje dziecko i odejść.

Z kolei moja mama jest z takiego domu, gdzie się chyba bardziej wymagało, niż kochało i przytulało. No i ja też byłam trzymana bardzo krótko – zero imprez, szlajania się gdzieś po ulicach. Pamiętam, że jak chciałam, to nie mogłam, a jak mogłam, to już mi się nie chciało.

Moja młodsza siostra przecierała pierwsze szlaki. Jak chciałam przefarbować włosy, to było stanowcze „nie". Moja siostra trzasnęła drzwiami i wróciła pofarbowana.

Mama była taka, że jak przyniosłam czwórkę ze szkoły, to padało pytanie, czemu nie piątka. Ojciec z kolei próbował okazywać swoją miłość, kupując jakieś przedmioty. To wszystko było fajne, ale jednocześnie nie było w tym emocji, których dzieciak potrzebuje.

W jaki sposób trafiłaś do obserwacji?

Heh, też przez przypadek. W ogóle mam czasem wrażenie, że całe moje życie to jeden wielki przypadek. W każdym razie jak pracowałam w prewencji, to w pewnym momencie stwierdziłam, że to nie jest świat, który mi się podoba. Myślałam, że będę zmieniać rzeczywistość, a okazało się, że w tej pracy tak naprawdę niewiele można zrobić. Dlatego chciałam czegoś więcej. No i poznałam pewnego człowieka, który zasugerował mi, żeby zrobić krok dalej i pójść do obserwacji. Uznałam, że spróbuję. Po specjalistycznym szkoleniu w Legionowie dostałam się tam bez żadnego problemu.

Jakie miałaś wykształcenie, gdy zaczęłaś pracę w policji?

Wtedy miałam technika usług kosmetycznych i zanim poszłam do szkoły policyjnej, pracowałam właśnie w salonie kosmetycznym. A teraz skończyłam prawo.

Nie było to dla ciebie trudne – przeskoczyć z salonu kosmetycznego w kamasze?

Właśnie nie. Byłam już mocno zmęczona pracą w salonie kosmetycznym, bo jak w każdej prywatnej firmie wykorzystywano tam pracowników do cna. Pracowałam po dwanaście godzin dziennie, obsługując, że tak powiem, trzy klientki naraz, biegając po schodach w górę i w dół, i jeszcze ciągle było mało. No więc powiedziałam sobie w pewnym momencie, że już nigdy więcej nie będę dla kogoś takiego pracować, a do branży zawsze mogę wrócić, jeśli będzie mnie stać na własny salon kosmetyczny.

Ta praca dała ci mocno w kość.

Tak. W dodatku jeden bandzior założył obok tego salonu sklep spożywczy i zatrudniał ekspedientki, które przechodziły przez nasz zakład. No i w pewnym momencie zaczęły ginąć różne rzeczy – jakieś tam szampony, farby i inne cuda. Okazało się, że wynosiły to te dziewczyny, ale ponieważ ja byłam najmłodsza, wszystko jakby spadło na mnie.

No więc poszłam złożyć zeznania na komisariat i tam, jak wszędzie, zrobiłam zamieszanie. Chłopaki od razu zaproponowały mi kawkę, herbatkę, zaczęły pokazywać jakieś śmieszne i straszne zdjęcia. No i tak się wszystko zaczęło.

U nich był akurat taki przełom, że komendant się zmieniał, więc nikomu nie przeszkadzało, że siedział tam ktoś z ulicy. No więc tak sobie przychodziłam do chłopaków przez trzy miesiące, oglądałam różne zdjęcia, niejednokrotnie pomagałam w pracy. W końcu któryś z nich zapytał:

– A czemu ty w ogóle nie przyjdziesz do policji?

I sobie pomyślałam: „A właściwie czemu nie?”. Złożyłam papiery i się dostałam.

Za pierwszym razem?

Tak.

Od razu? Test sprawnościowy, wszystko przeszłaś?

Wszystko. Nawet lepiej od chłopaków. Byłam najlepsza. To też było śmieszne, ale po prostu jestem bardzo ambitna.

Co ci się tak spodobało w tej pracy?

Wiesz co, chyba to, że oni często pomagają ludziom, a czasami nawet mogą uratować komuś życie. To było fajne.

Czyli miałaś poczucie, że w policji można robić coś wartościowego?

Stwierdziłam, że warto robić coś dla kogoś. Poza tym nie ukrywajmy, że jest to praca, która kończy się po piętnastu latach. Potem masz emeryturę i możesz robić wszystko inne. Wydawało mi się to wtedy bezpieczne.

Za to zarobki w policji nie są satysfakcjonujące. Teraz ile zarabiasz?

Podstawy trzy tysiące sześćset brutto, ale mamy jeszcze dodatki za wysługę lat, jakieś premie, więc wychodzi tak trzy i pół na rękę.

A jak rodzina zareagowała na to, że pracujesz w policji?

O początkach wiedzieli, ale obserwacja jest tajnym wydziałem, więc tu wszystko jest owiane tajemnicą. Do dzisiaj nikt w mojej rodzinie nie wie, gdzie obecnie pracuję. Poza rodzicami i moją siostrą.

Tak?

Bo to jest zupełnie niepotrzebne. Nie lubię zbędnych pytań. Tak że wszyscy myślą, że pracuję w prewencji cały czas.

Jak wyglądały twoje początki w policji? Twoje oczekiwania faktycznie pokryły się z rzeczywistością?

Nie, bo to był 2002 rok i kobiety nie miały tu jeszcze takiego znaczenia jak teraz. Trafiłam do oddziałów prewencji, a wiadomo, że to jest bardzo męska jednostka. No i spotkałam się z takim uprzedmiotowianiem, że na przykład szłam sobie przez plac, a ktoś z okna na mnie gwizdał. Trzy lata temu nosiłam obrączkę po to, żeby ci faceci się ode mnie odczepili. W każdym razie – co istotne – nie trafiłam na komendę, więc nie zajmowałam się tym, czym ci chłopcy, których poznałam przed rozpoczęciem służby. Aczkolwiek, jak zawsze, miałam przy tym wszystkim dużego farta.

Dlaczego?

W zasadzie tylko przez pół roku chodziłam po ulicy, gdzieś tam marznąc. Potem dowódczyni (bo to była kobieta) zrobiła ze mnie swoją prawą rękę i zaczęłam się zajmować całą kompanią, czyli uzbrojeniem, wyposażeniem, układaniem grafików, współpracą między jednostkami.

Ale zaprzyjaźniłyście się czy ona po prostu zobaczyła, że masz do tego predyspozycje?

Jedno i drugie. Ale to moje niby-mianowanie sprawiło, że nie byłam lubiana wśród innych dziewczyn. No i dochodziło przez to do różnych niemiłych sytuacji.

Na przykład?

No, wymyślano o mnie różne historie, dogadywano mi i generalnie starano się udowodnić, że na stanowisku, na którym jestem, nie dam sobie rady. To było zresztą inicjowane przez jednego aspiranta, który był zły o to, że nasza dowódczyni słucha bardziej mnie niż jego.

Tak swoją drogą czasami się śmieję, że poszłam do obserwacji, bo gdybym została na tamtym stanowisku, to dzisiaj byłabym już oficerem z wyższą pensją i pewnie kierowałabym kadrami w oddziale prewencji. Ale wyszło, jak wyszło, chciało się liznąć wielkiego świata, no to się teraz ma.

Jak długo pracowałaś w prewencji?

Trzy lata. Praca polegała tak naprawdę na tym, że codziennie wspieraliśmy inny komisariat. Jednego dnia wysłano nas na Okęcie, drugiego do samochodówki, a następnego do zabezpieczania jakiejś imprezy w Śródmieściu. Tak że byliśmy trochę taką zapchajdziurą. No i w pewnym momencie podjęliśmy współpracę z obserwacją.

Tam właśnie poznałam tego faceta, który namówił mnie, żebym przeszła do ich wydziału. Powiedział mi, że marnuję się w obecnej pracy. Miał zresztą rację. No więc podjęłam ryzyko i się udało.

Podczas pracy w prewencji zdarzyły ci się jakieś niebezpieczne sytuacje, kiedy myślałaś, że nie dasz sobie rady?

Nie. Pamiętam za to taką śmieszną historię. Dziewczyny zgłaszają przez radio, że mają niebezpieczną sytuację i nie dają sobie rady. Na miejscu były trzy patrole, a na ławce siedziało czterech kolesi i obrzucało je wyzwiskami.

Podjechałam, wysiadłam i powiedziałam do gości:

– Panowie, co wy, jaja sobie robicie?

Kolesie wstali, zgasili papierosy, odłożyli flaszki, stanęli na baczność i nagle zrobili się grzeczni.

Czyli co? Chcieli się od razu poczuć fajnymi facetami przy bardzo atrakcyjnej lasce?

Tak mi się wydaje. Poza tym mam wrażenie, że jak jesteś łagodna i traktujesz ludzi dobrze, bez wywyższania się, to można więcej ugrać. W moim wypadku niejednokrotnie zdało to egzamin. Jak zamykałam ludzi, to oni się ze mną na kawę umawiali.

Tak? Opowiedz o tym.

Na przykład szłam kiedyś ulicą, patrzę – jacyś goście kradną perfumy w drogerii. No to ruszyliśmy z kolegą za nimi w pościg. Dopadliśmy ich, zawinęliśmy, a jeden z nich pyta się mnie w pewnym momencie:

– A jak wyjdę, to umówi się pani ze mną na kawę?

Czego poszukujesz w mężczyznach?

Dominacji. Mężczyzna musi być silny. Nie może być tak, że coś mówię, a on tylko przytakuje. Chcę, żeby facet miał swoje zdanie i przekonywał mnie do swoich racji. Żeby prowadził mnie za rękę, bo ja przez całe życie musiałam się prowadzić sama, tak naprawdę jestem już zmęczona i jest mi ciężko. Tak że potrzebuję faceta z jajami. A niestety nie ma takich.

Może szukasz nie tam, gdzie trzeba. „Faceci z jajami", którzy na przykład pracują w jednostkach bojowych, czasami są bardziej niestabilni psychicznie niż zwykli goście.

Wiesz co, ale fizyczność zawsze jest jakimś punktem wyjścia. Jak widzisz mężczyznę, który jest wysoki, umięśniony i ma dość odpowiedzialną pracę, to wydaje się, że za tym idą też inne rzeczy. Jak kobiety widzą wysportowanego faceta, to automatycznie wydaje im się, że jest rzetelny i jak się czegoś podejmie, to będzie kontynuował. Wiesz, w takim sensie, że już samo chodzenie na siłownię wymaga systematyczności i jakiejś mobilizacji. A co za tym idzie – pewnie na takim mężczyźnie można polegać. Tyle że to są jednak stereotypy.

A jak postrzegasz facetów w swojej obecnej pracy? Nie są wystarczająco męscy?

Oni są tacy bardziej wygodni i olewaccy. Uważają, że właściwie nie muszą się o nic starać i wszystko im się należy. Ciągle mają też przekonanie, że skoro są facetami, to robią wszystko lepiej od kobiet.

Czym ty się dokładnie zajmujesz?

Obserwacją, prowadzeniem figuranta. Jakiś czas temu był najlepszy okres w moim zawodowym życiu, bo zrobiliśmy wiele fajnych rzeczy. Rozwinęłam swoje umiejętności w zakresie kamuflażu.

Kamuflażu?

Nie mamy miliona ludzi w wydziale. Podczas roboty niejednokrotnie musimy szybko zmieniać wygląd, by w ten sposób „rozmnażać zespół" i stać się nie do rozpoznania przez figuranta. Doskonaliłam umiejętności szybkiej zmiany wyglądu w trakcie roboty w terenie. Mój naczelnik uważał, że jest to niezbędne do tego, żeby wszystko jakoś lepiej funkcjonowało i małym zasobem ludzi można było zrobić więcej.

Ciągle macie niedobór ludzi?

Tak. Przecież ta nasza obserwacja wciąż liczy jedynie kilkadziesiąt osób.

No i taka zmiana kamuflażu w terenie sprowadza się do tego, że...

Komuś zakłada się perukę, przeczesuje włosy na czoło, dorabia brodę albo go przebiera i tym sposobem niejako zwiększa zasoby zespołu. Poza tym są takie miejsca, które wymagają, byś zintegrował się wyglądem z otoczeniem. Czasem musisz wyglądać jak biznesmen, a czasem położyć się w śmieciach.

Rajcuje cię to?

Bardzo. Miałam superfajnego naczelnika, który niczego się nie bał i chciał wszystko rozwijać. Bardzo dużo się wówczas nauczyłam.

Czego konkretnie?

Wszystkiego – od czesania po zmienianie koloru włosów, przysiwianie, odmładzanie ludzi, postarzanie, robienie peruk, a nawet ran. Ale rok temu zmienił się szef.

I co w związku z tym?

Już nie chce robić takich rzeczy. W ogóle mam poczucie, że zostały tam osoby, które nie mają żadnych większych aspiracji. Z tych rzeczy, których się nauczyłam, obecnie robię naprawdę minimalny użytek.

Czyli?

Dawniej, jeśli sprawca miał bliznę na twarzy, robiłam taką samą bliznę wszystkim, którzy brali udział w okazaniu. Dzisiaj nikogo to już nie interesuje. Po zmianie szefostwa po prostu nie ma zapotrzebowania na usługi w tym zakresie.

Co jeszcze wchodzi w zakres twoich obowiązków?

Jeździmy po różnych miejscach w Polsce i wykonujemy określone zadania. Czasami trzeba przeprowadzić kogoś z jednego punktu do drugiego, zobaczyć, z kim się spotyka, co robi, jaki ma plan dnia. To są takie puzzle, które ktoś na górze później układa w całość.

Długo się tego uczyłaś?

W ogóle. Było tylko jedno krótkie szkolenie.

Od razu: „Jedź na ulicę i obserwuj”?

Tak, bo do tego wydziału brano tylko zaufanych ludzi, co do których była pewność, że nie odpierdzielą niczego na ulicy.

Podnieca cię napięcie towarzyszące tej pracy?

Oczywiście, że tak. Na pierwszej robocie albo się sprawdzasz, albo nie. Albo masz jakąś wtopę, albo nie, i ktoś potem albo na tobie polega, albo cię odsuwa.

A zdarzały ci się takie sytuacje, że na przykład figurant wszedł centralnie na ciebie i musiałaś improwizować?

No jasne. W tej pracy to w zasadzie codzienność. To znaczy zawsze staramy się, by nie wpaść na figuranta, bo wtedy już w zasadzie trzeba się wycofać z akcji albo zmienić wygląd i trzymać większy dystans.

Nieraz było też tak, że szło się do tego figuranta pod legendą i rozmawiało z nim na przykład o pogodzie, żeby wyciągnąć jakieś informacje.

Ile najwięcej osób brało udział w jednej akcji?

Nasz wydział ma kilkadziesiąt osób.

I oni wszyscy brali kiedyś jednocześnie udział w tej samej akcji?

Tak. To znaczy wiesz, zawsze ktoś tam jest na L4 albo na urlopie, ale generalnie tak.

Ale to był jakiś wytrawny przestępca, że prowadziliście go w aż tyle osób?

Nie, właściwie za każdym razem angażuje się jak największą liczbę osób.

Na jednego zbója aż takie siły?

Tak, dlatego że ileś osób obserwuje jego dom, ktoś inny jego pracę i tak dalej. Czterdzieści osób to jest tak naprawdę bardzo mało.

Myślałem, że do jednej obserwacji figuranta na ulicy było czterdzieści osób.

Nie, cztery samochody to maks. Zdarzały się sytuacje, że na przykład obserwowaliśmy jakiegoś emerytowanego funkcjonariusza służb, który miał broń i był bardzo elektryczny, bo w zasadzie wszędzie widział jakieś zagrożenia. Problem jest tylko taki, że zleceniodawca często daje nam za mało informacji, bo wychodzi z założenia, że im mniej osób ma ograniczony zasób wiedzy, tym lepiej.

Czyli nie ma szczegółowej charakterystyki danego człowieka, którego prowadzicie?

Jest bardzo ogólna.

I praktycznie z marszu was gdzieś wysyłają?

Tak, na przykład naczelnik dostaje skądś wniosek i połowa ludzi musi natychmiast jechać do Poznania, bo na drugi dzień ma się tam coś dziać.

Spotykasz się teraz z kimś?

Kiedyś poszłam do koleżanki na kawę na komendę i poznałam chłopaka.

Jesteście dalej ze sobą?

Nie, spotykaliśmy się pół roku. Potem powiedziałam, że dłużej na niego nie będę czekać.

On miał żonę?

Jak zaczęłam się z nim spotykać, byli już w separacji.

Mieszkali osobno?

Tak, ale potem okazało się, że znowu zaczynają do siebie podchodzić, co już było dziwne. Nie wiem, być może to jest tak, że małżeństwo próbuje się ratować całe życie. Złożył teraz papiery rozwodowe, ale już nie jesteśmy ze sobą. Nie chciało mi się tyle czekać.

Jakie były początki tego związku? Pamiętasz pierwszą randkę?

Standard, poszliśmy do knajpy. To znaczy, wiesz, potem się dowiedziałam, że on mnie obserwował od jakiegoś czasu, nawet pamiętał, kiedy i jak byłam ubrana, ale wydawało mu się, że to dla niego za wysokie progi. No ale kiedyś zdarzyło się, że byliśmy razem na jakiejś imprezie policyjnej i wymieniliśmy się numerami telefonów, i tak to się zaczęło.

Mieszkaliście razem?

Pomieszkiwał u mnie.

I pracowałaś wtedy już w obserwacji?

Tak, miesiąc temu z nim zerwałam.

A nie przeszkadzało ci, że jedynie u ciebie pomieszkiwał?

Właśnie brakowało mi tego, że nie mieszkamy razem, ale potem dowiedziałam się dlaczego. Chodziło o to, że nie do końca rozstał się ze swoją żoną, więc nie chciał ze mną być na stałe. A ja zamierzałam wziąć z nim ślub i żyć długo i szczęśliwie. Niestety się nie poukładało.

Jak on budował relację z twoimi synami z wcześniejszych związków? Dogadywali się?

On się bardzo starał, ale nie było to łatwe. Chłopcy są nadpobudliwi, wszędzie ich pełno, w dodatku byli o mnie zazdrośni. Przez to bardzo wchodzili między nas, co chyba nie do końca mu odpowiadało. Wiesz, to nie był taki bezproblemowy związek, że gość pakuje laskę do samochodu i jadą w góry na dwa dni, bo ja miałam ten bagaż życiowy i dwójkę dzieci, które też do tego auta trzeba było zapakować. To było dla niego trudne.

A rozmawiałaś z nim o swojej pracy?

Nie, on nigdy nie chciał, żebyśmy o tym rozmawiali. Nie mieliśmy takiej potrzeby.

Dlatego, że to tajne, czy chciał więcej atencji dla siebie?

Chyba wiedział, że jak zada jakieś pytanie o pracę, to ja odpowiem pół zdania i właściwie temat się skończy. Inna sprawa, że być może faktycznie potrzebował uwagi i tego, żeby być w centrum zainteresowania.

Podobał ci się fizycznie?

Bardzo. Podoba mi się do dziś. Teraz jesteśmy przyjaciółmi, ale nie wiadomo, czy za chwilę znowu nie będziemy razem, jak przejdzie ten cały rozwód.

Co to jest miłość?

To zaufanie, patrzenie w tę samą stronę, budowanie czegoś wspólnie. Aczkolwiek nie wiem, czy jestem osobą, która może odpowiadać na to pytanie, bo ja tę miłość zawsze przekształcam w jakieś chore relacje. Swoją drogą także długo pracowałam nad tym, żeby właśnie wyjść z takich chorych relacji.

Jakoś tak się układa, że wikłam się w patologiczny związek ze słabszym mężczyzną, którego próbuję podźwignąć. Bo wiesz, ja zawsze w życiu przyjmuję rolę takiej terapeutki i matki, a nie zołzy. A faceci mi mówią, że powinnam sobie wbić do głowy książkę *Dlaczego mężczyźni kochają zołzy.*

No i może faktycznie coś w tym jest, bo moje zołzowate koleżanki mają najfajniejszych facetów. W przeciwieństwie do mnie. Ja zawsze mam gości, których muszę prowadzić.

Czyli?

Na przykład facet mówi, że trzeba zamówić opony zimowe, to ja od razu bach, w pięć sekund mam link do strony, gdzie takie opony można zamówić. Generalnie nie pozwalam mężczyźnie, żeby się wykazał. Mój były zawsze mi mówił: „Przy tobie to tak ciężko pokazać, że jest się potrzebnym". A mnie po prostu życie zmusiło do tego, żeby być samowystarczalną.

Tak naprawdę nigdy nie miałam jakiegoś poważnego związku i domu, w którym budowałabym coś wspólnie z drugim człowiekiem. Zawsze było właśnie tylko takie przebywanie, posypianie, właściwie takie nie wiadomo co. A ja dojrzałam już do tego, żeby mieć normalnego mężczyznę i dom, w którym będę czuła się bezpiecznie.

A na jakim etapie są chłopcy?

Chodzą do podstawówki, która mieści się przy moim miejscu pracy, więc zostawiam ich tam, a po robocie zabieram na jakieś karate albo idziemy na przykład razem na siłownię. Dom w zasadzie służy nam do spania.

O czym marzysz?

Żeby wreszcie się realizować i mieć poczucie, że robię coś fajnego. Mam wrażenie, że to jest mój cel. Chciałabym też, żeby moi synowie byli szczęśliwi. A spieprzyłam im życie, bo nie mają ojca.

A kobiety są w tej służbie dobrze traktowane?

Nie ma równouprawnienia, jeśli o to pytasz.

Dlaczego?

Z banalnych względów. Mężczyźni są niedowartościowani. Każda kobieta stwarza dla nich jakieś zagrożenie. Podam ci przykład. Ostatnio śmiałam zwrócić uwagę swojemu naczelnikowi, że jakiś dokument jest napisany bardzo lakonicznym językiem i w zasadzie nadaje się tylko do podcierania dupy, i napisałam go od nowa. No to obraził się na mnie i teraz mam przechlapane. Kobieta nie może być mądrzejsza, a już nie daj Boże, jak jeszcze jest ładna. Aczkolwiek zdarzają się wyjątki, takie jak mój poprzedni naczelnik, który dobrze traktował kobiety z aspiracjami.

Ciebie w pracy traktują poważnie? No bo już zdążyli cię poznać, więc wiedzą, jakie masz predyspozycje.

Jeśli chodzi o robotę z poprzednim naczelnikiem, to tak. Wtedy kobiety były traktowane na równi z mężczyznami, bo ta praca nie może się obyć bez przedstawicieli obydwu płci. Czułam, że współpracujemy dla dobra ogółu, a nie rywalizujemy w jakiś dziwny sposób. Teraz jest inaczej.

Wiem, że długo tu nie wytrzymam. Dostałam propozycję powrotu do wydziału techniki operacyjnej, w którym pracowałam przez chwilę. Tam w zasadzie moim jedynym zadaniem było spisywanie nagrań z podsłuchów, które były istotne w kontekście spraw procesowych. To był dopiero dramat.

Co czułaś, słuchając tego?

Że jestem za blisko tego wszystkiego i nie chcę siedzieć aż tak głęboko w tym świecie.

Dlaczego?

Bo to było strasznie osobiste. Wiesz, człowiek rozmawia przez telefon o wszystkim i jak się tego słucha, to życie takiego kogoś skleja ci się w jakąś całość.

I zaczynasz się z nim identyfikować?

W pewnym momencie wiesz o takim człowieku za dużo – że ma żonę, dzieci, trzy kochanki, zrobił to i tamto. A ja nie chciałam tego wiedzieć, to było dla mnie zbyt duże obciążenie. Chciałam jak najszybciej stamtąd odejść.

Sama się stamtąd przeniosłaś?

Zrobiłam wszystko, żeby się stamtąd przenieść.

Czyli co?

Poszłam do lekarza, który stwierdził u mnie wadę słuchu. Nie było innego wyjścia.

Bardzo cię nosi, żeby zmienić obecną robotę?

Tak. Ostatnio dostałam też propozycję przejścia do wydziału, w którym pracują funkcjonariusze działający pod przykryciem. Boję się skorzystać z tej oferty ze względu na synów. Bo wiesz, tam jednak są takie sytuacje, że coś złego może się wydarzyć. Ale chyba mimo wszystko się zdecyduję.

KOMANDO

Patryk Vega: Kiedy dowiedziałem się, że w prewencji funkcjonuje kobiece komando, niesamowicie mnie to zafascynowało. Podobno boją się was bardziej niż facetów, a tak niewiele się o was słyszy. Dziś jesteś dowódcą drużyny. A pamiętasz dzień, w którym znalazłaś się tam pierwszy raz?

Sierżant Beata Kołacz: Wszyscy zjechaliśmy się 12 marca do Warszawy do Oddziału Prewencji Komendy Stołecznej Policji. Wtedy odbywał się nabór. Tam zastaliśmy inny świat. Jak, kurwa, w *Krollu*. Wszyscy krzyczą, ganiają cię, non stop pompujesz, cały dzień nie możesz położyć się na wyrze, wszystko musi być zasłane. No generalnie przepierdolone. Myślałam, że takie rzeczy dzieją się tylko u facetów w wojsku. Okazało się, że w policji też.

Była tam jakaś fala?

To się nie nazywało falą, tylko zwykłym ganianiem. Pierwszego dnia wysłali nas do kompanii. O dwudziestej trzeciej wszystkie już spałyśmy w pokojach. Wcześniej dowódca wybrał sobie taką wafelkę, czyli swoją ulubienicę, która miała mu pomagać. No i na drugi dzień powiedział do niej tak:

– U mnie w pokoju są pod kaloryferem buty. Pójdzie pani z nimi do szewca i mi je podkuje.

Okej, dziewczyna poszła, ale jej się pomyliło i wzięła nie te buty, co trzeba. Polazła z nimi do szewca, a ten jej mówi, że to nie te buty, że ich się nie podkuwa, bo to zwykłe pantofle. No ale skoro dowódca tak sobie zażyczył, to szewc jej je podkuł. Oczywiście na drugi dzień dowódca nieziemsko opierdolił tę młodą policjantkę. Beka z niej była nie z tej ziemi.

Później przez trzy miesiące był okres unitarny, czyli obróbki policjanta. Do kompanii reprezentacyjnej przyuczali funkcjonariuszy wojskowi. Problem w tym, że oni nie lubili policji. Tym bardziej że kazano im przyjechać i szkolić młodych kotów. No i w trakcie ćwiczeń, za każdym razem, jak ktoś robił coś źle, kazali pompować. W pewnym momencie jeden koleżka pompował i coś tam mruknął do tego wojskowego. Wyobraź sobie, że ten mu przy wszystkich zajebał kopa w ryj. Oczywiście wyszło to na jaw i ten żołnierz dostał dosługę w wojsku.

Czyli musiał dłużej służyć?

Tak. Wkrótce potem z kompanią pojechaliśmy do Miednoje. Nagle przychodzi gość z ministerstwa i mówi do nas:

– Proszę państwa, bo tu zaraz podsekretarz stanu będzie wieniec składał.

Problem w tym, że... nikt tego wieńca nie wziął. No to on do nas:

– Weźcie sobie jakoś poradźcie.

Co było robić? Wzięliśmy wieniec z grobu obok, ładnie szarfy poskładaliśmy i daliśmy temu podsekretarzowi stanu.

Niezłe jaja.

Kiedyś na kompanii woła mnie dowódca i mówi:

– Usiądź, Beata, przeczytam ci sprawozdanie z działań naszych kompanii.

Siadłam, on czytał, a ja spisywałam to na komputerze. Potem wydrukowałam i poszłam do niego. Zameldowałam się elegancko i mu to przekazałam. On był już chyba trochę dziabnięty, wziął to, nawet nie spojrzał i połowę podarł. Ja myślę: „Kurwa, co on robi?". A ten mówi do mnie:

– Masz, zepnij to.

– Ale dowódco, teraz jest bez sensu.

– Wcześniej też było bez sensu.

Poważnie ci mówię. Ja takie oczy, co on odpierdala? A on mówi:
– Wyrzuć połowę. Co druga kartka jest bez sensu.

Czego to dokładnie dotyczyło?

To było sprawozdanie z funkcjonowania kompanii – ile mandatów wystawiono, ile było legitymowań, jakie wyniki, absencje chorobowe.

Gdzie to szło? Do archiwum?

Takie sprawozdanie później idzie z oddziałów prewencji do jednostki, która cię nadzoruje. Wtedy do Komendy Stołecznej.

I co? Wszyscy mają na to wyjebane? Nikt tego nie czyta?

A czyta to ktoś? Jak coś poważnego jest, to czytasz, a jak nie, to nie czytasz.

Czyli co, te wszystkie kwity produkuje się na wypadek problemów?

Tak, to jest dla chronienia własnej dupy. Jak przyjeżdżają smutni panowie z biura kontroli, trzepią ci te kwity.

Ale wiesz, nie mogę zrozumieć tego mechanizmu psychologicznego związanego z bezwzględnym słuchaniem rozkazów. Dla mnie jest to nie do pomyślenia, jak traktuje się ludzi w trakcie tej fali. Nie zdarza się tak, że ktoś się nagle zbuntuje i na przykład takiemu dowódcy zapierdoli?

No co ty? Zasady etyki są tam nawet wywieszone. Mogę ci przytoczyć jedno zdanie: „Policjant odpowiada dyscyplinarnie za popełnienie przewinienia dyscyplinarnego polegającego na naruszeniu dyscypliny służbowej lub nieprzestrzeganiu zasad etyki zawodowej". Ale nawet młoda policjantka nie wchodzi normalnie do dowódcy, tylko mówi: „Panie komisarzu, taka i taka, ja z zapytaniem". Albo pyta, czy może zostać. To wszystko jest określone w regulaminach. Dlatego nikt się nie odezwie.

Czasami twój dowódca drużyny jest młodszy od ciebie albo nawet ma gorsze wykształcenie, ale hierarchia jest najważniejsza.

Ale zdarzają się sytuacje, że twoim zdaniem czegoś nie należy robić, a był rozkaz, żeby to zrobić?

W takiej sytuacji zamykasz oczy i to robisz, bo takie jest polecenie. Choć głupich rozkazów policjanci nie wykonują. Zwłaszcza jeśli noszą jakieś znamiona przestępstwa albo wykroczenia. Wtedy możesz się postawić i powiadomić o tym wyższego przełożonego. Ale jeśli chodzi o inne polecenia, to brniesz w to ślepo, bo musisz tak robić.

Poza tym w dzisiejszych czasach nie ma już dowódców czy naczelników, którzy wydają polecenia sprzeczne z prawem, bo sami strzelaliby sobie w kolano. Teraz wszyscy wszystko opisują. Jak zaczynałam, czyli w 1997 roku, nie było takich skarg jak obecnie. Teraz po prostu bierzesz karteczkę i piszesz coś na swojego przełożonego.

Dla przykładu: pod koniec tamtego roku w ciągu miesiąca złożono na dowódcę siedem skarg. I wiesz, jak one są adresowane? Do komendanta głównego, ministerstwa, biura kontroli komendy głównej i gdzieś na końcu dopiero do komendanta wojewódzkiego. A to są skargi tego typu, że „jak dowódca idzie, to wymaga, żeby niższy stopniem wstawał". Albo że powiedział komuś, że ma za długie włosy. No takie pierdoły. A przełożony musi się potem do tego ustosunkować. To jest porażka.

Czyli musi potem pisać wyjaśnienia?

Tak, najczęściej powołując się na taką książeczkę, która nazywa się *Regulamin musztry policji*. Wszystko jest tam jasno określone – jak policjant ma się zachowywać, jak ma wyglądać.

Na przykład policjantki nie mogą malować paznokci. A dzisiaj wiele z nich to robi. No więc jak dowódca zwróci na to uwagę, potem wskazuje, że regulamin tego zabrania. Ale kiedyś czegoś takiego nie było. Dowódca mnie zawołał, zjebał i tyle.

Pamiętam taką sytuację. Siedzimy, my, młode, z pięćdziesiąt bab nas było, wchodzi dowódca i mówi:

– Witam panie i panów.

Na to taka koleżanka przyjebana:

– Dowódco, dowódco.

– Słucham.

– Panie dowódco, chciałam powiedzieć, że tu nie ma mężczyzn.

– Drogie panie, niemożliwe, żeby wśród tylu bab nie znalazł się jakiś kurwiszon.

Taką bekę mieliśmy. Zresztą tam w Warszawie to były fajne powiedzonka. Na przykład ćwiczymy musztrę. Stoją pododdziały, komenda „spocznij", oczywiście na początku to wychodzi nierówno. No to zawsze jest powiedziane wtedy: „Miłe panie, kurwa, w rytmie, jakby koza na bęben srała. Pam, pam, pam". (*śmiech*)

Jak wyglądał wasz zwykły dzień na kompanii?

Wstajesz o godzinie szóstej, ubierasz się, wszystko układasz w kostkę. Potem ci to, kurwa, z centymetrem mierzą. Wszystkie buty były ułożone równiuteńko na korytarzu (bo jakby leżały w środku, toby śmierdziało). Nawet mopa kupiłyśmy pod pretekstem mycia podłóg i odkręcałyśmy kij, a potem buty równo do tego kija układały.

Kiedyś jeden dowódca, taki kawał chuja, alarm ogłosił, wszystkie buty wypierdolił, a potem wpadł do pokoju, zapalił światło i powiedział:

– Co jest, dziurawce, buty rozjebane.

No i o północy musiałyśmy iść je układać. Papucie przy łóżku też musiały być równo ułożone.

Pewnego razu wpada dyżurny i mówi do dziewczyny, która obok mnie spała:

– Wstawaj, krzywo ciapy masz ułożone!

A dziewczyna taka zaspana:

– Dowódco, ale to nie moje papucie. – I jeb na drugi bok.

Jak ją ten dyżurny opierdolił... A wiesz, jak jest, kiedy człowiek taki zaspany.

Łóżko też musiałeś elegancko zasłać. Przychodził dowódca, rzucił dwa złote i jak się odbiło, to dobrze. A jak nie, to znaczy, że prześcieradło za słabo naprężone. I wypierdalał ci wszystko do góry nogami, a ty musiałeś znowu układać.

A jak się szło na stołówkę, to nas przy okazji uczyli stawać równo do broni. Czyli wkładali do kubka niezbędnik i jak któraś szła nierówno, to było: „Młoda – orbita". A orbita wyglądała tak, że wszyscy szli na stołówkę, a ona zapierdalała biegiem dookoła idących.

Straszna głupota.

No, głupot dużo tam było. Pamiętam, że w pierwszym okresie służby, jak się pojechało na jakiś plac, to wszystkie stałyśmy elegancko, żeby dowódca widział. A jak miałyśmy miesiąc do wyjścia, już to olewałyśmy. Raz na przykład stoimy na placu, a kumpela obok do mnie:

– Ty, jarać mi się chce.

– Stój, kurwa, już zaraz koniec.

– Pierdolę, idę. Ile ja mam do wyjścia? Będę mdlała.

– Proszę cię, tylko nie mdlej.

– Ty, uważaj, teraz. – Rzuciła broń i zemdlała.

Zaraz przybiegła piguła, czyli zespół medyczny, wzięła ją do samochodu i następna zajęła puste miejsce, bo zawsze są rezerwowe. Odwracam się, a ta w karetce po pięciu minutach – faja, woda. Myślę sobie: „Kurwa, dobrze zrobiła". To było później zresztą nagminne – specjalnie dziewczyny mdlały, żeby nie uczestniczyć w takich spędach i nie stać jak debilki w słońcu.

Ile się tak stało?

Zależy od okoliczności. Czasami trzy godziny.

A jak któraś do kibla musiała lecieć?

No to przykro mi, trzeba było iść wcześniej. Zawsze przed uroczystością czy imprezą pada hasło: „Panie, siusiu, kupka i jedziemy z koksem". Pamiętam taką sytuację, że dziewczyna roznosiła czekoladę, żeby wszyscy przyjęli trochę cukru. Zresztą jest mnóstwo metod, żeby się przygotować do długiego stania. Dzień wcześniej nie należy jeść chińczyka, meksykańca ani innych dziwnych rzeczy, bo nie wiadomo, co będzie rano. Kawy rano też nie należy pić, bo będzie się chciało siusiu. A jak czujesz, że zaraz zemdlejesz, to napinasz mięśnie i puszczasz. Dotleniasz w ten sposób organizm.

Jak długo trzeba się tak napinać?

Sam będziesz wiedział, bo od razu poczujesz się lepiej. Nigdy się też czapki mocno nie zakłada, żeby nie robić ucisku. Nie spinamy się pasami. Butów też się mocno nie wiąże. Wszystko musi być na luzie.

Co jeszcze ciekawego robiłyście?

Na przykład mandaty na obcokrajowcach. Jak byłam w patrolu z kumpelą, wkręcałyśmy ich. Na przykład szedł sobie facet, a my do niego:

– Proszę pana, zapraszam.

– O co chodzi?

– Proszę pana, jest pan w sandałach, nie ma pan skarpetek, będzie mandat.

No i bierzemy notatnik i piszemy mu sto złotych. On nam tłumaczy, że nie wie, o co chodzi. No to my do niego:

– Proszę pana, ostateczna decyzja komendanta głównego jest taka, że w mieście stołecznym Warszawa nie można się poruszać w sandałach bez skarpetek.

Ty, i wyobraź sobie, że koleś przy nas z plecaka zaczął skarpetki wyjmować. A to był jakiś gość z Australii.

Opowiem ci jeszcze historię z generałem Markiem Papałą. Przyjechałyśmy ze służby, godziny wieczorne, leżymy już w wyrach i nagle alarm na kompanii. Myślałyśmy, że ćwiczebny, ale ktoś pierdolnął, że generała Papałę zabili. My na to: „Jasne, na pewno, jakaś lipa". No ale wsiadamy w wozy i jedziemy. Każda z nas wkurwiona, bo na drugi dzień miałyśmy wracać do domu.

Zajechałyśmy na miejsce, faktycznie, wszystko poobklejane taśmami. Ale każda z nas i tak miała wyjebane, więc poszłyśmy spać. Dwa dni minęły, a w telewizji pokazują to miejsce z komentarzem: „Specjalne oddziały prewencji przyjechały zabezpieczyć miejsce zabójstwa”. I widać te nasze samochody. A tam wszyscy śpią.

O kurwa. (*śmiech*) A pamiętasz swoją pierwszą poważną akcję?

Pamiętam, jak w 1998 roku tak dostałam na Legii kamieniem w przyłbicę, że aż mi pękła.

Pamiętasz, co wtedy czułaś?

Strzelałeś kiedyś z broni palnej?

Strzelałem.

Pamiętasz uczucie, jak pierwszy raz strzeliłeś? Pierwszy wystrzał? Bo ja pamiętam. Kurwa, w uszach mi dudniło, takie piszczenie. Wtedy było podobnie.

Wchodzisz z tarczą, widzisz latające kostki brukowe albo jakieś inne paliki i tylko się modlisz, żeby nie dostać. Stoisz, nie możesz się ruszyć, bo z tyłu stoi dowódca, a z boku dziewczyny i chłopaki. Nie chciałbyś, żeby jakakolwiek osoba klęknęła, wyszła, bo się boi, i wróciła na kompanię. Miałaby potem przejebane. Bo wszyscy wiedzieliby, że nie można na nią liczyć. Tak jak w jednostkach antyterrorystycznych – wszyscy na siebie liczą. Tu jest tak samo. Stoisz, kurwa, do końca. Chyba że dostaniesz.

U nas ostatnio jeden młody policjant dostał płytą chodnikową. Miał złamany obojczyk i rozwaloną głowę.

Pamiętam też, jak staliśmy na rondzie i szła manifestacja razem z politykami, między innymi z Samoobrony. No i padł rozkaz, żeby ich psiknąć trochę „dezodorantem". Jedna z dziewczyn psiknęła przypadkowo jakiegoś polityka prosto w twarz. Zaczęły lecieć ostre wyzwiska w naszą stronę. Jak ten polityk doszedł do siebie, to prosto w oczy mi mówił:

– Kurwa, dziewczyno, twój ojciec by się wstydził tego, co ty tutaj robisz.

Ubliżał nam wszystkim po kolei. No ale trzeba było stać i nawet się słowem nie odezwać. Nie wiedziałyśmy, co z oczami robić.

Zresztą tak naprawdę manifestanci nie powinni dostać tym gazem. Bo nas nie atakowali. Moim zdaniem to była błędna decyzja. Przykre to, kurwa, było wszystko. Jeszcze jak mi ten polityk dopierdolił z tym ojcem, to sobie pomyślałam: „Facet ma rację".

A jak postrzegasz teraz młode policjantki?

Jak przychodzą, to są w szoku, że taka dyscyplina jest. Na początku nie potrafią się jeszcze zachować. Jedna na przykład przychodzi i mówi:

– Dzień dobry, dowódco.

– Kurwa, dzień dobry to się mówi w sklepie, jak się chleb kupuje.

Bo jak wchodzisz do dowódcy drużyny, to trzeba się zameldować i tyle. A one są w szoku. Nie wiedzą, o co chodzi. Z każdej strony ktoś im śrubkę dokręca. U facetów zresztą tak samo. Przyszedł taki gościu w poniedziałek i miał taką brodę jak ty. No to mu chłopaki powiedziały, że powinien być wygolony jak do ślubu.

Oczywiście nie przeginają, wiedzą, kiedy wyhamować, nikt nikomu nie ubliża, nikogo nie wyzywa. Ale i tak się zdarza, że niektóre młode policjantki rezygnują. „Jedna koleżanka z drugą siedzą, piją piwo, na dyskotekę idą, a ja tutaj stoję jak głupia cipa na warcie, na szlabanie. Pierdolę to", tak niektóre myślą i dają sobie spokój. I zdarza się, że zaraz odchodzą.

Dwa miesiące temu do mojego dowódcy przyszło dziewczynisko i mówi:

– Chcę się zwolnić.

– Koleżanko, dwa tysiące trzysta podań było w tamtym roku. Dwieście trzydzieści się tylko dostało. Odsiew niezły? Niezły. Jesteś, kurwa, w gronie wybrańców.

– Ale chciałabym się zwolnić.

– A czemu?

– No nie pasuje mi. Inaczej sobie to wyobrażałam.

– Idź, kurwa, kup sobie kawę, przejdź się na spacer, zadzwoń do męża, kochanka, chuj, do kogo chcesz, bo to jest ważna życiowa decyzja. I przyjdź za dwie godziny, i mi powiedz, jak jest.

Przychodzi za dwie godziny.

– Dowódco, przemyślałam.

– No to bardzo się cieszę. Słucham panią.

– Kurwa, chcę się zwolnić.

I tyle. Bierz papier i pisz. Dowódca wziął pieczątkę i jej powiedział:

– Ja cię nie będę zwalniał. Przyłóż sobie sama, a ja ci tylko podpiszę.

No i faktycznie – sama się zwolniła.

– To pogadamy teraz jak kolega z koleżanką. Już nie jako przełożony. Co ty teraz będziesz robiła w życiu?

– Wyjdę z tej bramy i pójdę roboty szukać.

– To idź do Biedronki. Tam na kasy na pewno cię przyjmą, bo powiesz, że byłaś funkcjonariuszem.

No bo wiesz, była u nas raptem dwa tygodnie i dała sobie spokój.

Druga dzwoni, kurwa, ze szkoły, że stary tęskni do niej. Za kolano nie ma jej kto potrzymać. Mówię do niej:

– Wytrzymaj te pół roku, poszukaj tu sobie kolegi, będzie twoją miedzę obrabiał przez te pół roku, ale ty po wszystkim będziesz miała robotę. Wrócisz, ze starym się przeprosicie i chuj, będzie dobrze.

Niestety tak to wygląda. Zresztą z tą, co sama się zwolniła, sprawa miała jeszcze swoją kontynuację. Nie minęły dwa miesiące, suka przysłała skargę na naszego dowódcę – że kazał jej pisać raport o zwolnienie z policji – bo postanowiła wrócić.

Dowódca ją woła. Przyszła, zameldowała się.

– Lalka, co napisałaś w tej skardze?

– Napisałam, że dowódca kazał mi się zwolnić z policji.

– Nie pamiętasz naszej rozmowy? „Idź, napij się kawy, zjedz obiad, zadzwoń do rodziny".

– No, tak było.

– To czemuś, kurwa, takie pierdoły napisała? Mecenas jej kazał. Żeby podważyć decyzję administracyjną.

Czyli chciała wrócić?

Tak.

Żenada.

No i dziewczyna złożyła w końcu papiery do Kielc, bo wie, że tu się nie dostanie. No bo po co tutaj taki człowiek, który na swojego przełożonego pisze skargę i poświadcza kompletną nieprawdę?

A coś z tych skarg wynika? Jakoś krzywo na ciebie patrzą przełożeni czy to rozumieją?

Skargi były, są i będą. Każdego będzie coś wkurwiać. Dowódca na skargę odpisuje zawsze, że jego zachowanie było podyktowane przepisem takim i takim. A wiesz, zdarzają się naprawdę kuriozalne przypadki. Mnie się czepiali, bo na przykład pytałam młode policjantki z przypadków użycia przymusu bezpośredniego. Ale jak mi, kurwa, pójdzie na miasto, psiknie kogoś „dezodorantem" albo skuje kajdankami, to ją potem prokurator zapyta: „Proszę panią, jaka była podstawa prawna użycia środka przymusu bezpośredniego?". Dobrze więc by było, żeby chociaż tego się nauczyły. Ale w skardze napisały, że specjalnie pytam, żeby je dojechać. No ręce opadają.

Oni się z nazwiska podpisują pod tymi skargami?

Nie, to są anonimy. W każdym normalnym, cywilizowanym świecie anonimy są wysyłane do „Koszalina", czyli do kosza. A tutaj nie. Na każdy anonim musisz odpowiedzieć, ustosunkować się do niego.

Ale komu odpowiadasz? Swojemu przełożonemu?

Wydziałowi kontroli. Jeżeli oni stwierdzą, że gdzieś popełniłam błąd, to mogą mi dojebać działę, czyli rozmowę dyscyplinującą, naganę albo jakąś inną karę. Wszystko jest określone w *Ustawie o Policji*.

A są kary finansowe?

No, każda taka kara, na przykład rozmowa dyscyplinująca, wiąże się z tym, że przy najbliższych nagrodach nic nie dostaniesz. Czyli skrobną cię też finansowo. A wiesz, w policji jest tak, że pięć złotych poróżni każdego człowieka.

W jakim sensie?

No bo jak jest do podziału, załóżmy, piętnaście złotych premii i jednej dostanie się dziesięć, a drugiej pięć, to ta, co dostała mniej, będzie niepocieszona. I już, kurwa, zawierucha cała. Wszystkie skłócone.

A ile realnie wynoszą takie nagrody?

Najmniejsza? Około stu pięćdziesięciu złotych.

A policjantka z kobiecego komando ile zarabia miesięcznie?

W szkole dostaje tysiąc sześćset złotych.

Do ręki?

Tak. A po powrocie dwa dwieście. A to są, Patryk, chuj, nie pieniądze.

Wiesz, jak wygląda nasza służba? To jest pierwsza linia. Kibole, zgromadzenia, wszędzie, gdzie coś się zesra alarmowo, to wysyła się te dziewczyny. I teraz stań tam i wyłapuj kamienie na 11 listopada. Za dwa tysiące złotych? A jeszcze jak dostaniesz i pójdziesz na L4 na dwa tygodnie, to omijają cię nagrody.

Kiedyś miałam taką sytuację na odprawie. Przychodzi dziewczyna, która wróciła z kursu podstawowego i jest pierwszy dzień na służbie. Patrzę, a ona cała blada. Dowódca pyta ją:

– Co się z panią dzieje?

– Źle się czuję, dowódco.

– Na bok. Co jest?

Trzęsie się.

– Co jest, koleżanko? Boisz się iść na służbę?

– Boję.

– Ale puszczam cię z dowódcą drużyny, doświadczonym. Patrz, co on robi, ucz się, nic ci się nie stanie.

– Ale ja się boję.

Gdzie ona miała iść?

Na miasto. Z buta.

Po prostu? I blada, bo miała wyjść na miasto?

Tylko był jeden numer. Miała kogoś wysoko postawionego.

I taki stres czuła przed przejściem się po chodnikach?

No tak. I dali ją na radiowóz, a potem została przeniesiona do kryminalnych. Bo tam wyjście po cywilnemu to jest już wyjście na służbę. Nikt nie wie, że jesteś policjantem. A tutaj, w prewencji, wszyscy widzą, z kim mają do czynienia.

Zdarzają się ataki na wasze patrole?

Nie, nie zdarzają się. To znaczy czasami ktoś cię szturchnie, ale żeby wpierdol spuścić, to nie. Ważne jest jednak, żeby przez to „przedszkole" przejść – tak to u nas nazywamy. Tu się wychowujesz, tu się uczysz roboty i dopiero powinieneś iść dalej. Bo potem dzwonią do nas telefony z pytaniem: „Słuchaj, daj mi dobrą dziewczynę do kryminalnego". I oni chcą od nas brać dziewuchy, bo wiedzą, że one znają ulicę i są w stanie wszystko zrobić.

A weź teraz taką dziewczyninę, co na pierwszą służbę nie chciała iść, ale poszła do kryminalnego. Przecież ona nic nie umie. U nas jest generalnie taka zasada, że jesteś tu trzy lata i dopiero możesz odejść. Ale zawsze się znajdzie taka, co ma jakiegoś garba, czyli wujka pułkownika albo kogoś innego w ministerstwie czy innym urzędzie centralnym. No i są potem telefony do przełożonych w stylu:

– Proszę pana, tam jest taka Kowalska.

– No jest.

– Czy mógłby ją pan puścić?

– Ale wie pan, ona ma dopiero pół roku służby.

– No, nie wszyscy muszą przechodzić przez tę waszą jednostkę...

Kiedyś do mojego kolegi dowódcy przyszła taka niunia i mówi:

– Dowódco, chciałam się przenieść.

– Ile masz służby?

– Półtora roku.

– Dziewczyno, jeszcze półtora i możemy gadać. Ale złożyła, kurwa, raport. I zadzwonili w jej sprawie z Głównej.

– Dowódco, z Warszawy. Z Komendy Głównej ktoś.

– Słucham.

– Proszę pana, tam jest taka dziewczyna.

– No jest.

– Wie pan, chciałbym jej pomóc w przeniesieniu.

– Proszę pana, przede wszystkim nie będziemy rozmawiać przez telefon, bo ja nie wiem, z kim rozmawiam. Może to, kurwa, prowokacja. Jak pan chce, to możemy się spotkać, zapraszam na kawę, porozmawiamy o dziewczynie.

– Dobra. Dziękuję.

Dwie godziny nie minęły – sekretarka:

– Dowódco, telefon z Warszawy.

– Skąd?

– Z ministerstwa.

Szczebel wyżej.

– Proszę pana, pan by się przychylił do tej prośby.

– Jeszcze raz powtarzam... – I ta sama śpiewka. – Niech pan przyjedzie.

Na drugi dzień komendant wojewódzki dzwoni do tego mojego kolegi i mówi:

– Czego jej, kurwa, nie puściłeś? Do Komendy Głównej mówisz, żeby do ciebie przyjeżdżali? Kurwa, puść ją, a nie będziesz kombinował.

Ręce opadają w takim momencie. Zawsze tłumaczę tym młodym dziewczynom: „Nie uciekajcie stąd, przejdźcie tę formację i zostańcie wartościowymi policjantkami. Każdy będzie was chciał i z każdym będziecie się czuły pewnie w tym zawodzie".

Większość słucha, ale pozostaje, kurwa, te dziesięć procent garbowców, co chce jak najszybciej stąd spierdolić. I wiesz, to jest słabe, że są dziewczyny, które czekają już na przykład cztery lata na przeniesienie, a taki garbowiec jest dwa dni i wypad. One mnie wtedy pytają: „O co, kurwa, chodzi?".

A ty lubisz tę robotę?

Tak. Najbardziej lubię uroczystości. Poważnie. Zaliczyłam ostatnio uroczystość z udziałem prezydenta Rzeczypospolitej Polskiej. Nie każda policjantka miała taką okazję. Nie lubię tylko pogrzebów. Nie nadaję się do tego.

Czemu?

Za miękka jestem.

Wzruszasz się?

No. W momencie, kiedy salwa idzie. Ostatnio chowałam swoją koleżankę policjantkę.

W jakich okolicznościach zginęła?

Rak.

Ile miała lat?

Trzydzieści osiem. Pamiętam, jak przyszła do mnie i powiedziała:

– Jestem chora.

– Kurwa, spoko, idź się lecz, niczym się nie przejmuj.

Superpolicjantka. Też była dowódcą drużyny. Pamiętam, jak ją ta choroba rozkładała. Paznokcie jej się po chemii wywijały. Mówiła, że najgorzej jest z nogami. Bandażami sobie owijała, bo nie mogła butów włożyć. Przyszła kiedyś do mnie taka wychudzona i powiedziała:

– Chciałabym pogrzeb policyjny. – I coś zaczyna jeszcze gadać.

Ja mówię:

– Kurwa, skończmy ten temat.

Już mnie łapało. Tym bardziej że po raz pierwszy chowałam koleżankę. To jest straszne uczucie... Powiedziałam jej:

– Skończmy ten temat. Pochowam cię jak generała.

Tyle było naszej rozmowy. Miesiąc później już nie żyła. Zmarła w szpitalu. Zostawiła trójkę dzieci. Ja z kolei musiałam zająć się organizowaniem pogrzebu.

Jak to wygląda?

Dzień wcześniej pojechałam na cmentarz, żeby zobaczyć, gdzie jest dołek. Bo chodzi o to, że musisz odpowiednio ustawić kompanię – tak, żeby jak pójdzie salwa, nie ogłuszyć ludzi ani nikomu nie zrobić krzywdy. Trzeba też zaplanować, gdzie stanie orkiestra, i tak dalej. Potem poszliśmy do kościoła.

Wychodzi jakiś chłop w dresie – myślałam, że to kościelny. No to gadam do niego, a on mi nagle przerywa i mówi:

– Proszę pani, ja tu jestem proboszczem.

– A! To bardzo serdecznie przepraszam. Jutro mamy pogrzeb policjantki. Miał kiedyś ksiądz?

– Nigdy w życiu.

– To musimy odejść od waszego ceremoniału na rzecz naszego, bo nasz obowiązuje.

No bo wiesz, w kościele też trzeba wszystko dobrze zorganizować. Najtrudniej jest znaleźć kogoś, kto ma stać przy trumnie.

Dlaczego?

Znasz kogoś, kto się dobrze czuje, stojąc przy trumnie? Pomijając fakt, że widzisz, że leży tam twoja koleżanka, to po prostu jest niekomfortowo. Kiedyś tak stałam, jak chowałam swojego pierwszego przełożonego. Nagle zawiał wiatr i jak zaciągnęło z tej trumny... Myślę sobie: „Fiknę zaraz". Ale przecież to wstyd tak fiknąć w kościele. No i wymyślasz sobie w takiej chwili jakieś zajęcia. Ja na przykład odmawiam pacierz. Niektórzy liczą do stu pięćdziesięciu w górę, a potem od stu pięćdziesięciu w dół. No, grunt, to znaleźć sobie jakieś zajęcie.

Poza tym trzeba też wyznaczyć kogoś do czapki, do wieńców, do robienia zdjęć. Jak chowaliśmy tę policjantkę, to sama przemówienie napisałam. Pierwszy raz w życiu. Kurwa, łzy mi się, chłopie, lały.

Na samym pogrzebie, już w kościele, mój dowódca bał się to przemówienie odczytać. Siedział obok mnie na ławce i trząsł się jak galareta. W końcu mówi do mnie:

– Ja nie dam rady, idź ty.

– Nie pasuje, żeby dowódca drużyny...

– Ja nie dam rady. Popłaczę się.

Ale poszedł. I super mu to wyszło.

A wiele miesięcy wcześniej był pogrzeb premiera Mazowieckiego. Oglądałam to w telewizji, bo lubię te ceremonie. I tam puścili piosenkę *Modlitwa* Okudżawy. Pomyślałam sobie, że też puścimy ją na pogrzebie tej mojej koleżanki. Pojechałam wcześniej do kościoła, wzięłam laptopa, gościa z łączności i wszystko popodpinaliśmy. Jak dowódca skończył czytać przemówienie, to puściłam ten utwór. Uwierz mi, że wszyscy w kościele płakali. Nieważne, czy starzy, czy młodzi.

Po wszystkim podszedł do mnie przedstawiciel z Komendy Głównej, który jeździł po całym kraju, i powiedział:

– Wiesz co? Na takim pogrzebie to jeszcze nie byłem.

I tak sobie pomyślałam wtedy, że dotrzymałam słowa, które dałam tej dziewczynie. I obiecałam sobie, że od tej pory każdego policjanta tak będę chowała.

Wzruszające.

Powiem ci, że to trzeba przeżyć, żeby w pełni zrozumieć. Mamy jeszcze taki zwyczaj, że na trumnie leży czapka chowanego funkcjonariusza. No i na koniec, po złożeniu wieńca, przełożony idzie z tą czapką do wdowy lub wdowca i ją wręcza. A jak wspominałam, ta moja policjantka miała trójkę dzieci. I pamiętam, jak jedna dziewczynka wzięła tę czapkę, przytuliła do siebie, a potem się rozpłakała... Później się dowiedzieliśmy od jej męża, że zrobili w domu wokół tej czapki taki mały ołtarzyk ze zdjęciem. Coś wspaniałego.

A jakieś wtopy zdarzały się na pogrzebach?

Tak, pamiętam jedną. Bo to kojarzysz na pewno, że są salwy honorowe. Chłopaki strzelają: „Salwą! Pal! Salwą! Pal! Salwą! Pal!". Tylko że tej broni nie ma kto naprawiać, tylko co druga strzela i czasami się zdarza, że się jakaś zatnie.

No i na jednym pogrzebie wystrzelili tę salwę, a potem wszyscy w prawo zwrot i idziemy do autokaru. A żeby złapać równy krok, to się robi takie przybicie: „Równy! Krok!". No i jednemu chłopakowi wtedy wystrzeliło. A wiesz, tam żałobnicy, ksiądz z małej mieściny, wszyscy z ręką na sercu. A tu jak pierdolnęło niespodziewanie... Ludzie nie wiedzieli, co się stało.

A to ostre naboje czy ślepaki?

Ślepaki. My tylko popatrzyliśmy na chłopaka i mówimy:

– No to masz przechlapane.

Wróciliśmy, a szef kompanii do niego:

– Iksiński, do mnie. Capstrzyk, kurwa, dzisiaj nie jest dla ciebie. Zapraszam do magazynu broni. Wszystko wyczyścisz.

I zasuwał całą noc. A każdą broń trzeba nasmarować, zakonserwować. No ale spieprzył pogrzeb, więc nie było zmiłuj.

W ślubach też czasem bierzesz udział?

Pewnie. Pamiętam jedną śmieszną sytuację. Kiedyś robiliśmy ślub ówczesnego szefa MSWiA. No i to wygląda tak, że policjanci robią szpaler i jest taki gest ceremonialny, który polega na tym, że można pannę młodą tak lekko trafić szablą w tyłek. A ja przycięłam sobie w chuja i powiedziałam komendantowi miejskiemu, że tą pannę młodą to trzeba strzelić tak z całej siły tą szablą. Że niby jest taki przesąd, że jak słabo walniesz, to będzie słabe małżeństwo.

No i wyobraź sobie, że on faktycznie jej z całej siły przypierdolił. To jest nawet na nagraniu wideo. Myślałam, że mu odda w ryj. (*śmiech*) A ja potem mówię do niego:

– Kurna, gościu, co ty, nie wyczułeś, że ja cię podpuszczałam?

Dlatego sama wolę pojechać i wszystkiego przypilnować.

A te młode policjantki dają radę?

Wiele dziewczyn tak. Ale powiem ci jedną rzecz. Te rozmowy kwalifikacyjne to wyglądają czasami strasznie. Przychodzą tu ludzie i opowiadają niestworzone historie. Wszystko po to, żeby tylko się dostać. Ale jak jakaś dziewczyna powie z kolei, że chce przyjść do policji, bo tu jest pewna praca i stała pensja, to od razu jest eliminowana.

Dlaczego?

No bo takie dziewuchy nie wiedzą, na co się piszą. Jedna robiła u kosmetyczki, druga zmywała gary, trzecia zbierała kartofle i nagle podejmują życiową decyzję, że zostaną policjantkami – bo myślą, że to będzie wyglądało jak w filmach. A potem przychodzą na kompanię i są zdziwione, jak ich opierdalam. Poza tym trzeba cały czas się uczyć – nawet na takie ceremonie. Bo wszystko musi być dopięte na ostatni guzik. Są kamery, telewizje, wszyscy cię obserwują. A jak spieprzysz sprawę, to potem ciągnie się za tobą taka opinia.

Pracujesz też jako wykładowczyni. Lubisz tę pracę?

Pewnie. Wykładam zarządzanie kryzysowe, imprezy masowe i regulacje prawne funkcjonowania policji. Tylko cała rzecz polega na tym, żeby nie recytować im suchych formułek, bo się będą nudzić. Najlepiej opowiadać im historie z życia.

Pamiętam, że kiedyś mówiłam im o jednym zdarzeniu, które miałam w Warszawie. Babka rzuciła się na tory, uderzył ją pociąg i fragmenty ciała leżały porozrzucane wszędzie. Czekałyśmy z dzielnicowym, aż łapiduchy przyjadą, i jaraliśmy szlugi. Nagle patrzymy, a tu ptak leci z kciukiem w dziobie. I ten dzielnicowy do mnie:

– Ty, przechlapane masz. Przecież to dowód zbrodni. Goń tego ptaka!

No to biegnę za nim i modlę się, żeby ten kciuk z dzioba wypuścił. Chuja, uciekł mi. A dzielnicowy do mnie znowu:

– Przejebane masz, młoda. Dowód zbrodni zniknął.

Przerażona myślę sobie: „Kurwa, będzie sekcja, wszystko wyjdzie". A potem patrzę, przyjechały łapiduchy, korpus zabezpieczyli, a resztę do wora i pewnie do spalenia.

Dużo miałaś trupów w swoim życiu?

Trzy.

Jakie?

Jeden chłopak rzucił się z dychy na Pradze.

Z wieżowca?

Tak. Pamiętam do dziś, że miał karteczkę w kieszeni z tyłu spodni. To był list do rodziców, w którym wyjaśnił, dlaczego to zrobił.

Czytałaś go?

Nie, bo prewencja niczego nie dotyka.

A kolejny trup?

Byłyśmy na patrolu w okolicy hotelu Sheraton. Tam były takie słupki połączone łańcuchem. Nagle słyszymy przez stację:

– Panie, patrol taki i taki, podejdźcie, bo tam jakiś „leżak" leży.

Podchodzimy – faktycznie leży jakiś nieprzytomny gość. A to była niedziela, godzina dziewiąta rano.

Oglądam chłopa i mówię:

– Ty, on nie żyje.

Koleżanka:

– Pierdolisz.

– Weź no zobacz.

Rzeczywiście facet był zimny. Jeszcze flachę miał ze sobą. Szybko wydedukowałyśmy, że chciał przeskoczyć przez łańcuch, potknął się i tak rąbnął banią, że się zabił. Ale flachy nie potłukł.

Mówię do koleżanki:

– Pikuj do dyżurnego do Śródmieścia, że, kurwa, koleś nie żyje. Niech technik przyjeżdża.

A w czasie, jak tam stałyśmy, ludzie do kościoła szli. Jedna babcia, co szła z wnuczką, zapytała nas:

– Pani, co się tutaj stało?

– A nic, proszę pani, pan się przewrócił. Czekamy na karetkę, zaraz go zabierze.

– Ale żyje?

– Proszę pani, żyje, wszystko jest w porządku. Karetka już jedzie.

– A to dobrze, dziękuję.

No bo co, miałyśmy kobicie z dzieckiem powiedzieć, że to trup? Ale okej, przyjechał technik, zdjął odciski palców, przełożył go na plecy, wszystko napisał. Ja patrzę, a kobita z tym dzieckiem wraca. Podeszła do nas i pyta technika:

– Panie, ten pan nie żyje?

A facet do niej:

– Tak, nie żyje.

No i kobita na cały ryj:

– Zabiły go te policjantki!

No bo w tamtą stronę szła i chłop jeszcze żył, a jak wracała, to już trup. I jak się na nas wydarła. A tam kupa ludzi, wszyscy się zaczęli na nas gapić, bo myśleli, że rzeczywiście chłopa zabiłyśmy.

A miałaś jakieś inne śmieszne sytuacje?

Całą masę. Zabawne na przykład było to, że pod koniec lat dziewięćdziesiątych ulubioną zabawą „nurków", czyli bezdomnych, było zbieranie kart telefonicznych. Najbardziej wartościowe były te z papieżem.

Ale jak to „zbieranie"?

No na przykład jak ktoś dzwonił z budki telefonicznej na Dworcu Centralnym i zostawił tam kartę, to oni ją zabierali. A jak my takiego nurka zawijaliśmy i wysyłaliśmy na „zesłanie" na komisariat kolejowy, to pierwsze hasło było: „Proszę wyjmować wszystko z kieszeni". No i oni wyciągali te karty. A wśród naszych policjantów też byli kolekcjonerzy kart telefonicznych. No i im te karty zabierali. Ale oni, kurwa, wtedy jęczeli.

À propos nurków pamiętam też taką historię: na Dworcu Centralnym był taki peron, gdzie chowali się bezdomni. No i dostaliśmy zgłoszenie, że siedzi tam jakiś narkoman. Zakradliśmy się do niego po cichutku, a on sobie akurat strzykawę wbijał w łydkę. Mój mądry partner wyjął więc, kurwa, lancę, czyli pałkę, i mu nią przypierdolił. Myślałam w pierwszej chwili, że on go trafił w plecy, ale okazało się, że trafił w tę strzykawkę. No i facetowi złamała się igła i została w środku.

Potem się zastanawiałam, co ten bidny koleś zrobił. A ten mój partner to był wariat po prostu. Rozwodnikiem dzisiaj jest.

Nie wytrzymała z nim żona?

Nie wiem, być może. Ale odwalał straszne rzeczy.

Jakie na przykład?

No, można powiedzieć, że na przykład zawijał płyty i telefony Koreańczykom i Wietnamczykom ze stadionu. To znaczy niby je rekwirował, bo oni myśleli, że jest funkcjonariuszem z jakiegoś poważnego wydziału.

A potem to sprzedawał?

Nie jestem pewna, ale telefonami raczej na pewno handlował. Pamiętam, że jeden sobie kiedyś zostawił. No i tych płyt z muzyką też miał od groma.

No to ładnie sobie „dorabiał".

A ja z kolei dorabiałam sobie jako fryzjerka na kompanii.

Jak to?

Zapytali nas kiedyś:

– Któraś z was była fryzjerką?

A ja, idiotka, rękę w górę. Chociaż nie byłam. Ale pomyślałam sobie: „Ja pierdolę, przecież ja tu tak tragicznie zarabiam, że jak ja wyżyję? Chłopa mam i nawet na wakacje nigdzie z nim nie pojadę. No to będę fryzjerką". I musiałam wszystkich na kompanii obcinać.

Jak parę kobit nierówno opierdoliłam, to się potem bały do mnie przychodzić. Ale faceci przyłazili. A wiesz, jak faceci u nas są obcięci – wszyscy na łyso. No to barana przecież każdy ostrzyże, nie?

Pamiętam, że się do czapki po pięć złotych zbierało od jednego strzyżenia. Tylko kiedyś przyszedł ktoś z kadry i mówi:

– Ej, tutaj troszeczkę byś mnie podgoliła, pod czapkę.

A ja zaczęłam się motać z nożyczkami. Ten patrzy na mnie w lustrze i pyta:

– Ty, kurwa, kiedyś w ogóle obcinałaś w życiu?

– Tak, ale tylko na łyso.

No i wypadł. Oczywiście go nie ostrzygłam, ale później było już spoko. Do samego końca. To było fajne, bo kupę kasy z tego miałam. A jak był, przypuśćmy, 1 listopada, to przychodziły do mnie trzy kompanie, czyli trzystu chłopa. Tak że kasa z tego była dobra. I u kadry też miałam nieźle, bo ich przecież też obcinałam.

Jaką z ciekawych historii jeszcze pamiętasz?

Pamiętam, jak wiozłam swojego pierwszego zbója. Taki wielki chłop, wydziarany cały. Stara recydywa. Jedyne, co wiedziałam, to, że byłby nas w stanie pozabijać gołymi rękami. Co prawda był skuty, ale budził respekt. No to zaczęłam z nim gadać – chciałam go zająć jak najdłużej, żeby mu coś nie odjebało nagle.

O czym z nim rozmawiałaś?

O życiu. Pytałam, jak tam żona, jak dzieci, czy siedział już kiedyś, czy boi się iść do więzienia. I wyobraź sobie, że otworzył się przede mną. Mówił, że żałuje całego swojego życia. Powiedział, że popełnił straszny błąd. No i tak jakoś dojechaliśmy na miejsce.

A jeśli chodzi o kuriozalne sytuacje, to powiem ci, że rozpierdalało mnie, jak cała kompania pilnowała dwadzieścia cztery godziny na dobę tęczy na placu Zbawiciela. Kurwa, co to za służba? Pilnować tęczy? I stoisz tam w niepewności, bo jak znowu przyjdą, no to będzie zadyma. Jako dowódca drużyny miałam przechlapane i cały czas myślałam: „A co będzie, jak znowu się pojawią?". Przecież brałam odpowiedzialność za wszystkie policjantki, które tam były. A one na mój rozkaz albo wyciągają pałki, albo chowają, albo używają gazu. Potem piszę raport i przełożony mnie z tego rozlicza. A za błędną decyzję to ja idę, kurwa, siedzieć.

PANI PUŁKOWNIK

Patryk Vega: Nie znam wielu kobiet, które dosłużyły się pułkownika. Jak przez ostatnie dwadzieścia sześć lat zmieniło się w policji podejście do płci pięknej?

Inspektor Katarzyna Szymańczyk: Praca się w ogóle zmieniła. Teraz inaczej podchodzi się do kobiet, więcej się od nich oczekuje, ale mają też większą szansę na różne awanse. Nie słyszy się też tekstów w stylu: „Ty to musisz zrobić sto pięćdziesiąt procent normy". A sto pięćdziesiąt procent normy to wyrabiała jedna moja koleżanka, która spała z naczelnikiem, a jak poszła na urlop, to koledzy robili za nią sprawy i wyniki miała. Ale te czasy już mijają.

A jak się czułaś, kiedy słyszałaś takie historie?

Wkurwiona. Bo jak inaczej? Zawsze byłam bardzo bezczelna i potrafiłam powiedzieć, co o tym myślę. No i miałam dobre, partnerskie stosunki z chłopakami. Jak jechaliśmy na jakieś uroczyste spotkania, to niektóre dziewczyny wypiły lampkę wina, po czym uciekały do pokoju, a ja zawsze siadałam z facetami, piłam wódkę i bawiłam się do końca. Tylko zawsze trzeba wiedzieć, gdzie jest granica. Niektórzy ją znają, a niektórzy nie.

W naszej firmie najczęściej nie znają jej przełożeni w stosunku do kobiet. Aczkolwiek – tak jak wspominałam – to też się zmienia. Są ostrożniejsi, bo teraz są modne oskarżenia o mobbing. W ogóle nowi policjanci są bardziej odważni, roszczeniowi i więcej oczekują. Dawniej było tak, że ktoś wydał rozkaz i nie było dyskusji.

W jakim sensie?

Dostałaś polecenie służbowe i bez względu na to, czy miałaś dzieci, jakieś plany i tak dalej, to musiałaś je wykonać. To była służba i nikogo nie obchodziło, czy tobie coś pasuje, czy nie. Przełożony powiedział, że masz być tu i tu, i chuj.

Jak zaszłam w ciążę, chodziłam w niej do pracy do ostatniego dnia. Dzisiaj jak policjantka zachodzi w ciążę, to od razu idzie na zwolnienie lekarskie. Kiedyś, jak się urodziło dziecko, miało się tylko trzy miesiące urlopu macierzyńskiego i trzeba było wracać do pracy. A jak się dziecko rozchorowało, to nie było L4. Teraz kobieta przynosi L4 i jest zwalniana. Służba jest po prostu dopasowana do trybu życia policjantki matki i jej dziecka.

Dlaczego dawniej nie mogłaś iść na L4?

Już ci mówię, jak to wyglądało. Na przykład przynosiłam zaświadczenie od pediatry, że wskazana jest opieka matki nad dzieckiem, i pisałam raport do przełożonego z prośbą o wyrażenie zgody na udzielenie mi przykładowo pięciu dni wolnego z tytułu opieki nad chorym dzieckiem. A on odpisywał na to: „Ze względu na braki kadrowe nie wyrażam zgody. Proszę sobie dobrać zmiany służby".

Jak był jakiś bardziej wyrozumiały komendant, to pozwolił ci pracować od piętnastej do dwudziestej trzeciej. Kiedyś nie było zmiłuj. Chciałaś tu służyć? To dlaczego masz mieć jakieś profity z tego tytułu, że jesteś kobietą?

Przerąbane.

Dam ci następny przykład. Moja córka szła do Komunii. Wiadomo, wszystko pięknie przygotowane, a w niedzielę odbywały się uroczystości. Nagle około godziny dziewiętnastej czy dwudziestej zadzwonił do mnie przełożony i powiedział:

– Jutro na piętnastą do pracy, spakowana, bo wyjeżdżasz.

A ja tłumaczę:

– Szefie, ale ja mam biały tydzień. Córka miała dziś Komunię…

– A co mnie to obchodzi?

No to co? Spakowałam mandżur i następnego dnia poszłam do pracy, a mój mąż musiał sobie radzić ze wszystkim.

Z kolei jak swojego czasu mąż pracował na kontraktach zagranicznych, a trójka moich dzieci się rozchorowała, to przełożony mi powiedział:

– Nie masz rodziny? Masz matkę, ojca, siostrę, niech ci pomogą.

Tak to funkcjonowało.

Kiedy rozpoczęłaś służbę?

W 1985 roku.

Gdzie?

W wydziale kryminalnym.

Od razu poszłaś do kryminalnego?

Tak, to było trochę ponad trzydzieści lat temu, wtedy nie było z tym problemu. To były takie czasy, że ludzie w ogóle nie chcieli pracować w milicji, do tego zawód był i jest trudny. No więc jak się ktoś przyjął, to w zasadzie mógł pracować, gdzie chciał. Przez to, że było mało chętnych, a dużo wakatów, nawet nie robili jakiejś specjalnej selekcji – wystarczyło mieć wykształcenie średnie.

No więc ja po maturze podjęłam decyzję, że tam właśnie pójdę do pracy.

Czemu?

Nie wiem. Pewnie dlatego, że mój tata był milicjantem i ta praca zawsze mi się podobała.

Ale co? Że ciekawa robota, adrenalina, naprawianie świata?

Tak, wydaje mi się, że gdzieś we mnie było to wszystko. Moi rodzice oczywiście chcieli, żebym poszła na studia. No i wybrałam się na jeden egzamin, ale na drugi już nie dotarłam. Wróciłam i mój świętej pamięci tata zapytał mnie:

– Jak tam egzamin?

– Dobrze.

– Byłaś?

– Byłam.

– No to jak tam?

– Dobrze...

Minęły ze dwa dni, ojciec mnie znowu woła i mówi:

– No, jak z tym egzaminem? Przecież na nim nie byłaś...

– No, nie byłam... Bo nie chcę studiować. Ja bym chciała iść do pracy, chciałabym do milicji.

– A, no to jak już takie masz podejście, to cóż. Przecież jesteś dorosła. Osiemnaście lat skończyłaś, decyduj o sobie sama.

A ja już wtedy poznałam swojego przyszłego męża i mieliśmy plan, że pójdziemy na swoje, czyli będziemy niezależni, z pracą i tak dalej. Wtedy złożyłam dokumenty do milicji i dostałam się bez żadnego problemu.

Ojciec był z ciebie dumny?

Pewnie w jakimś stopniu się cieszył, że poszłam właśnie do tej pracy, ale chyba nie zdążył tego w pełni okazać, bo zmarł w 1989 roku. Tym bardziej że na początku głównie siedziałam w sekretariacie, a w międzyczasie pojawiły się dzieci, więc byłam też na macierzyńskim. Bo ja generalnie najpierw ułożyłam sobie rodzinę, a potem dopiero nastawiłam się na karierę zawodową, czyli szkolenia, naukę, podnoszenie kwalifikacji.

Mąż jak do tego podchodził?

A wiesz, ja to mam chyba dobrego chłopa, bo przecież przetrwaliśmy do dzisiaj, a poznaliśmy się, jak jeszcze byliśmy dzieciakami. On akceptował to, że wybrałam taką pracę. Trudno mi mówić za niego, ale z mojej strony zawsze to wyglądało tak, że jak muszę iść do pracy, to idę, jak muszę wyjechać, to wyjeżdżam, jak muszę iść na wódkę z facetami, to idę. Nie wiem, może mój sposób funkcjonowania w domu i w rodzinie sprawiał, że nigdy nie dałam mu powodu do tego, żeby podejrzewał, że na przykład go w rogi walę.

Duże znaczenie mógł też mieć fakt, że w pewnym momencie pracowałam w wydziale techniki operacyjnej, czyli tajnych służbach, które wykonują czynności typu obserwacje. Wtedy często było tak, że na przykład jechałam gdzieś na dwa tygodnie i nie mogłam powiedzieć gdzie, i nie było ze mną żadnego kontaktu. Przez to może łatwiej mu było różne rzeczy zrozumieć.

Inna sprawa, że ja nigdy nie przynosiłam pracy do domu, a przynajmniej starałam się nie przynosić. Mąż mnie pytał:

– Jak tam w robocie?

A ja mu na to tylko:

– Dobrze.

Albo pytał:

– Jak tam dzisiaj działania? Wyszły?

– Wyszły. – I tyle.

To jest dobre twoim zdaniem? Żeby nie gadać o pracy w domu?

Bardzo.

Czemu?

Dlatego że inaczej nigdy bym się z tego nie wyłączyła. I tak, odkąd są telefony komórkowe, to jak wyjdę z pracy na przykład po szesnastu godzinach, to jeszcze muszę przesiedzieć ze słuchawką kolejnych dziesięć. A weź to potem jeszcze w domu magluj. To byłaby męczarnia.

A tak generalnie kobiety w policji mają twoim zdaniem ciężej?

Oczywiście, że tak. Podam ci jeden z przykładów na to, że mają zdecydowanie trudniej. Jedziemy na zasadzkę uzbrojeni po zęby, w kombinezonach, kominiarkach i tak dalej. Nigdy nie było dla nas odpowiednich rozmiarówek, więc to wszystko za duże, wkurwiające i w ogóle. W końcu siedzimy ileś tam godzin w samochodzie i czekamy na hasło. Jak facetowi zachce się sikać, to wyjmuje małego i leje, nie? A jak się kobiecie zachce siku, to co?

Siedzisz, kurwa, skręca cię jak nie wiem, a samochód stoi tak, że nie bardzo nawet jest jakieś drzewko. A chłopaki mówią: „Otwieraj drzwi i lej". No to co, auto całe nabite facetami, a ty się rozbrajasz z tego wszystkiego, zdejmujesz kondoma, czyli kombinezon, kucasz w otwartych drzwiach i sikasz, bo jak inaczej? Myślisz, że wszystkie kobiety się do tego nadają?

No nie.

A myślisz, że wszystkie kobiety pójdą na dwadzieścia godzin do pracy, choć czasami nie masz się nawet gdzie umyć? Albo będą pracować w różnych warunkach, gdy albo, kurwa, deszcz się leje na łeb, albo jest strasznie gorąco, a ty nie masz co zjeść i makijażu też sobie nie poprawisz? Raczej nie. Dlatego ja się w pracy lepiej dogaduję z facetami niż z kobietami.

W zasadzie na palcach jednej ręki mogę policzyć w swojej karierze zawodowej dziewczyny, które były w stanie wszystko pierdolnąć i jechać na robotę. Wtedy typowo damskie sprawy odchodzą na bok.

Ja w ogóle miałam taki specyficzny tryb życia, że paliłam papierosy, piłam wódkę, ubierałam się bardzo luźno. Jak dostałam awans na zastępcę naczelnika, to stwierdziłam, że nie mam się, kurwa, w co ubrać. Zawsze nosiłam dżinsy, adidasy, ewentualnie krótkie spódnice, do tego jestem wytatuowana. No i się okazało, że nie mam żadnych sukienek, spodni w kant, marynarek i tak dalej. Pamiętam, że po tym awansie wpakowałam się z małżonkiem w samochód, pojechałam na zakupy i wywaliłam kupę pieniędzy na ciuchy. Wszystko po to, żeby jakoś wyglądać, reprezentując komendę na odprawach i oficjalnych spotkaniach.

A czym zajmuje się twój mąż?

Elektryką. Położy ci każdą instalację, zamontuje alarm, wszystko, jeśli chodzi o dom.

Jak wyglądała twoja kariera zawodowa?

Zaczynałam jako sekretarka, wtedy jeszcze nawet jako maszynistka. Potem, jak urodziłam dziecko, zaczęłam pracować w wydziale kryminalnym. Moim przełożonym był gość, na którego wołali „Rogaty". Mały, czarny, śniada karnacja. Zawsze mówiłam, że mały jest złośliwy, bo mu się koniec serca w gównach macza. No i on taki był.

Jak wróciłam do pracy po porodzie, to mi straszne problemy robił ze wszystkim. Nie mógł zdzierżyć spraw typu szczepienie czy choroba dziecka. Nawet jak chciałam wyskoczyć na godzinę, to, kurwa, nie i koniec.

Mój tata wtedy jeszcze żył i w pewnym momencie mi powiedział:

– A, to weź zmień wydział.

No i tak też zrobiłam, zmieniłam wydział, w nowym była strasznie fajna ekipa i miałam bardzo wyrozumiałych przełożonych.

W którym to było roku?

1987. Ale zaraz potem wszystko zaczęło się pieprzyć, bo zmieniali MO i SB na policję i UOP. Był totalny cyrk – zrobili jakieś komisje weryfikacyjne, w których zasiadali biskupi, samorządowcy i oni oceniali twoją pracę. Jak wyrazili zgodę, to pracowałeś dalej, a jak nie, to do widzenia. Bardzo dużo wartościowych ludzi wtedy zostało wywalonych, bo nie przeszli weryfikacji.

A ty się stresowałaś tym, że może ci to wywalić życie do góry nogami?

Nie. To były takie czasy, że paszporty też podlegały pod służbę bezpieczeństwa i tam było bardzo dużo roboty. A ja już kilka ładnych miesięcy byłam oddelegowana, żeby im pomagać. W dodatku w 1989 roku, jeszcze przed weryfikacją, urodziłam kolejne dziecko. Tak że w moim przypadku przeszło to jakoś bezboleśnie. Chociaż wiesz, mimo że pozytywnie przeszłam weryfikację, to jednak w jakiś sposób byłam napiętnowana tak jak cała reszta i był taki czas, że nikt nas nie chciał. Nowi przełożeni niekoniecznie chcieli przyjmować ludzi po weryfikacji.

No ale powiedzmy, że ktoś mi tam rękę podał i trafiłam do techniki – a konkretniej do sekretariatu – i zaczęłam im ogarniać całą tę papierologię, a znałam się na tym. Z tym że po pięciu latach stwierdziłam, że w sumie to do niczego nie prowadzi. No to udałam się do swojego przełożonego i powiedziałam, że chciałabym iść na kurs aspirancki.

Ale wiesz, czasami jest tak, że jak ktoś jest w pewnej dziedzinie dobry, to przełożony też nie chce go puścić.

Bo traci dobrego pracownika.

Właśnie. No więc mój zwierzchnik to odwlekał i odwlekał. Ale jego zastępca w końcu okazał słabość i powiedział:

– A, jak chcesz, to ja cię wyślę na kurs aspirancki z obserwacją.

I jak zrobiłam ten kurs, poszłam do eksploatacji, czyli tam, gdzie się odsłuchiwało podsłuchy i robiło na maszynie stenogramy.

Nie miałaś tam poczucia, że wchodzisz ludziom w życie?

No jasne, że miałam.

Jak do tego podchodziłaś?

Na początku to jest dziwne, przede wszystkim dlatego, że wydaje ci się, jakby ten człowiek wiedział, że ty go słuchasz.

Tak?

Czasami zdarzało się, że ktoś powiedział na przykład:

– O, patrz, jakieś trzaski w telefonie. Już te skurwysyny nas podsłuchują.

To jest takie naturalne, każdy czasami tak mówi.

Dziwna jest też sytuacja, jak podsłuchujesz figuranta i słyszysz, że on gada z kimś, kogo znasz osobiście. To jest naprawdę bardzo osobliwe uczucie. Tym bardziej że te rozmowy nie zawsze są przestępcze. Ludzie prowadzą normalne życie i dzwonią do kochanek, żon, dzieci, matek, ojców, kolegów. No więc przede wszystkim musiałam się na początku przestawić na to, że nikt nie wie, że go podsłuchuję. A nawet jak wie, że podsłuchuję, to nie wie, że to ja.

Potem musisz przestać myśleć o tym, że ci głupio, bo wchodzisz buciorami komuś w życie. Jak zawsze mówił mój przełożony: jesteś elastyczny i musisz wiedzieć, którą rozmowę przenieść na papier, żeby wniosła coś do sprawy.

Czyli to ty decydowałaś, co przepisujesz?

Tak. To wygląda w ten sposób, że zanim dostaniesz na kasecie taki odsłuch, to zleceniodawca zapoznaje cię z figurantem. Czyli daje ci zdjęcie takiego człowieka, mówi, kim on jest i w jakim kierunku zbieramy materiał dowodowy na niego – że na przykład w kierunku zabójstwa, napadu albo uprowadzenia.

A co, jeżeli podsłuchiwałaś kogoś pod kątem napadu, a z rozmów wynikło, że on też kogoś zabił?

Wtedy reakcja jest natychmiastowa – daję o tym znać swojemu zleceniodawcy i niezwłocznie informuję przełożonego. Czyli przykładowo słucham gościa pod kątem napadu na jakiś transport i nagle słyszę: „A wiesz, tamten, kurwa, jest taki, że jemu się to zleci, bo on ma już ze trzy głowy na koncie".

W takiej sytuacji dzwonię do zleceniodawcy i mówię: „Słuchaj, była taka i taka rozmowa, może cię to zainteresuje". Potem szybko się robi z tego dokument i wdraża odpowiednie procedury.

Albo inna sytuacja: z podsłuchu dowiaduję się, że kogoś mają jutro zastrzelić. Wtedy też jak najszybciej daję o tym znać zleceniodawcy, a on musi podjąć wszelkie możliwe czynności, żeby do tego nie doszło.

Zdarzyło się kiedyś tak, że się z czymś nie wyrobili i nie zdążyli zapobiec zabójstwu?

W mojej karierze nie zdarzyła się taka sytuacja. Zawsze były podejmowane odpowiednie czynności, a policjanci reagowali prawidłowo. Zresztą później przeszłam na drugą stronę, to znaczy to ja byłam zleceniodawcą dla tych policjantów na odsłuchach.

I jak wyglądały twoje przykładowe operacje?

Zlecaliśmy podsłuchy ludzi, którzy zajmowali się handlem narkotykami. Pozwalaliśmy na dokonanie jednej dostawy, drugiej, trzeciej – a przy okazji rozpracowywaliśmy, kto dostarcza, kto sprzedaje i tak dalej. W ten sposób zbieraliśmy materiał dowodowy. Jak już stwierdziliśmy, że jest wystarczająco mocny, to bywało, że za jednym zamachem zgarnialiśmy na takiej transakcji trzydzieści osób.

Nieźle.

Najczęściej działaliśmy wtedy we dwójkę, z kolegą. Mimo że w tej instytucji nie szuka się przyjaciół, my mogliśmy o sobie powiedzieć, że jesteśmy przyjaciółmi. Na mieście mówili o nas: „ta kurwa obwieszona złotem" i „ten łysy chuj". Potem, jak już trochę pozamykaliśmy ludzi, to jak jechaliśmy na teren naszych działań, wszystko spierdalało. Siadaliśmy, kurwa, w kawiarni i w momencie się robiło pusto. Tak to wyglądało.

A nie miałaś po tym wszystkim paranoi, że sama jesteś podsłuchiwana?

Nie, nie miałam, przyzwyczaiłam się. To jest jak z ginekologiem, który przez całe życie naogląda się tyle tych cipek, że jest to już dla niego chleb powszedni. Ja tyle lat podsłuchiwałam ludzi, że nic mnie już tam nie zaskakiwało. Traktowałam tę pracę jak każdą inną.

Ale powiem ci taką rzecz: teraz podsłuchuje się od trzech do maksymalnie dziewięciu miesięcy, tak wynika z ustawy. A kiedyś było tak, że mogłeś słuchać człowieka i półtora roku. Wyobrażasz to sobie? Poznawałeś go całkowicie. Wszystko o nim wiedziałeś. Zleceniodawcy mogłeś przedstawić każdy słaby punkt takiego człowieka. Na przykład byłam w stanie powiedzieć, że najsłabszy punkt kogoś to dziecko. Albo że ma ogromny szacunek do żony, albo nie ma go w ogóle. W pewnym momencie po prostu zaczynasz żyć życiem tych ludzi.

Kiedyś jeden z gości ze swoją panią, którą miał na boku, spodziewał się dziecka. No i my, czyli osoby odsłuchujące, wiedzieliśmy dokładnie, kiedy ona będzie miała poród. Jak przyszłam tego dnia na zmianę od czternastej, to pierwsze co, zapytałam:

– I jak, urodziła już?

Do tego stopnia tym żyjesz.

Jak w telenoweli.

Właśnie. Ale na pewnym etapie słuchania masz już wrażenie, że się uwsteczniasz, bo nie robisz nic innego. No i pamiętam, że strasznie wkurwiało mnie radio w domu.

Miałaś dosyć brzmienia ludzkiego głosu?

Tak. Kiedyś poszłam do optyka i nagle usłyszałam głos, który znałam z podsłuchów. Myślę sobie: „Ja pierdolę, który to z nich?". I tak słucham, patrzę – w końcu skojarzyłam, który to głos. „Kurwa, to musi być ten". Poprosiłam swojego zleceniodawcę, żeby dostarczył mi zdjęcie tego człowieka, i okazało się, że faktycznie to był ten, którego widziałam u optyka. Poznałam go po głosie.

A współczułaś tym ludziom? Lubiłaś niektórych?

Tak. Normalnie się z nimi związywałam i niektórych naprawdę polubiłam. Ale czy współczułam? Jeżeli wiedziałam, co zrobił, to niekoniecznie...

Pamiętasz jakieś śmieszne sytuacje, które ci się zdarzyły w trakcie odsłuchiwania?

Kiedyś siedziałam, podsłuchiwałam figuranta i nagle usłyszałam głos swojego męża... Gość do niego zadzwonił i zapytał o ułożenie elektryki. Wiesz, jakie to jest dziwne uczucie? Mój mąż oczywiście nie wiedział, że był nagrany i podsłuchiwany.

Powiedziałaś mu kiedyś o tym?

Nie. No po co? Tym bardziej że ja jako policjantka i tak musiałam się później tłumaczyć i pisać raporty do komendanta z wyjaśnieniem, czym się zajmuje mój mąż.

Musiałaś to zgłosić?

Wiesz, jak jest, papier dupę chroni. My w ogóle mieszkaliśmy w bloku milicyjnym i tam mieszkało sporo funkcjonariuszy, w tym naczelnik wydziału kryminalnego. No i pewnego razu mój mąż wykańczał dom jednemu figurantowi. Nie miałam o tym zielonego pojęcia. A facet kiedyś podjechał samochodem pod nasz blok i zabrał mojego męża, bo jechali szukać jakichś kontaktów związanych z wykończeniem tej chałupy. I wyobraź sobie, że zobaczył to ten naczelnik wydziału kryminalnego i natychmiast napierdolił do komendanta, że mój mąż utrzymuje kontakty z takim elementem. Tym figurantem zresztą bardzo się wówczas interesowali, więc zrobił się cały cyrk.

Jak się z tego tłumaczyłaś?

Jak mnie komendant wezwał na dywanik, to mu powiedziałam:

– Ale panie komendancie, ja absolutnie nie wiem, jakich klientów ma mój mąż. On wykonuje takie usługi, że jak ktoś do niego zadzwoni i umówi się na spotkanie, to on nie pyta: „A pan jest przestępcą czy nie?". Dla niego każdy jest normalnym klientem.

Skończyło się na tym, że jak już wszyscy przyjęli do wiadomości, że mój mąż kładzie elektrykę w domu podejrzanego, to stwierdziliśmy, że trzeba to jakoś wykorzystać. Poprosiłam więc męża, żeby zobaczył, jak ten dom jest usytuowany, co się gdzie znajduje, kto przyjeżdża do właściciela.

A mąż co na to?

Powiedział:
– No dobra, skoro ci to jakoś ułatwi pracę, nie ma sprawy.

Ale powiedziałaś mężowi, kim jest jego zleceniodawca?

Wiesz co, to był znany gość w naszym mieście, więc mój małżonek zdawał sobie sprawę, że ma do czynienia z nygusem. Ale klient jest klient, tym bardziej że był bezproblemowy co do rozliczeń za wykonaną usługę.

W ogóle z tym gościem była dosyć kuriozalna sytuacja, bo on zaczynał swoją karierę od tak zwanych trzech kart. Czyli chodził na targi i oszukiwał ludzi, grając w te trzy karty. Polegało to na tym, że raz stawiałeś stówę i wygrywałeś, potem drugą stówę i znowu wygrywałeś, a za trzecim razem przegrywałeś trzy.

No właśnie.

Tylko że w końcu oszukał tak żonę komendanta. No i wtedy się zrobiła cała afera, bo jak tak może być? To jest też specyficzne w tej historii – jak komuś obcemu się krzywda stanie, to są procedury, a jak krzywda się stanie komuś z najbliższych policjanta, to, kurwa, zapierdolić, zamknąć w pięć minut.

Założyliście podsłuch u niego w domu?

Nie było takiej potrzeby. Ale informacje od mojego męża zostały później wykorzystane przez policjantów operacyjnych, gdy ci weszli do podejrzanego na kwadrat.

Rozpoznanie posesji?

Tak. Policjanci znali miejsca, w których ewentualnie mógł pewne rzeczy ukryć. Bo wiesz, mój mąż, kładąc elektrykę, widział, gdzie zostały zrobione jakieś schowki, skarbczyki.

Bo ten gość wymyślał to sobie na etapie projektowania domu, tak?

Tak – bo gdzieś trzeba było jakąś wnękę zrobić, gdzieś coś zastawić, zamurować. Teraz to przestępcy opierają się głównie na przelewach, ale dawniej taki nygus to sobie nawet konta nie założył. No więc gdzieś te pieniądze i inne rzeczy trzeba było przechowywać.

Mam zresztą jeszcze jedną historię z mężem. Zepsuł mu się kiedyś samochód i szukał przez ogłoszenia nowego. W końcu znalazł, zadzwonił do mnie i mówi:

– Ty, znalazłem fajny samochód. Jak wrócisz z pracy, może byśmy pojechali obejrzeć?

– Gdzie?

– A tam, na południu.

– No dobra, to zobaczymy.

Przyszłam z pracy, ogarnęłam się i pojechaliśmy. W pewnym momencie mówię do niego:

– Gdzie ty jedziesz?

– No, bo tutaj ten gość mieszka od samochodu. – No i zatrzymuje się przed domem gościa, którego policja dojeżdża średnio raz w miesiącu.

– Ty, weź się stąd zawijaj. Tu, kurwa, największy złodziej samochodów mieszka. Auto miało być od niego?

– Nie wiem, tu jest adres…

Ale okej, wysiedliśmy, poszliśmy oglądać. Facet nam pokazuje auto, daje dokumenty. Mąż pyta:

– No i co o tym myślisz? Bo wiesz, fajny jest ten samochód, dobry.

– Nie wiem, kurwa, muszę się zastanowić.

Poszłam sobie zapalić, odeszłam na bok, wyciągnęłam telefon, zadzwoniłam do swojego źródełka i mówię:

– Weź no, powiedz mi, wiesz coś o tym caddy? Nie jest rąbany? Facet nie zwinął go gdzieś z zagranicy? Ja go kupię, kurwa, bo mój chłop się uparł, i będzie problem.

On mi na to:

– Nie, spoko. Wszystkie lewuchy ma, ale ten faktycznie kupił dla siebie, zarejestrował nawet, a potem kobitę zapłodnił i teraz brakuje mu pieniędzy, dlatego musi go sprzedać. Bierz śmiało.

No to wróciłam tam i mówię do tego kolesia:

– Dobra, weźmiemy ten samochód. Ale wiesz co, gościu, ja jestem policjantką. Jak mnie wyruchałeś i któregoś pięknego dnia przyjdzie do mnie policja i zarekwiruje ten wóz, to cię, kurwa, za torbę do sufitu przybiję. Wszystkie te auta, co zapierdoliłeś i przerobiłeś, to ci je przybiję. Wszystkie.

– Nie no, proszę pani... absolutnie, naprawdę... tu jest wszystko dobrze, na legalu.

– Ale ty wiesz, o co mi chodzi?

Na to wyszła jego matka i mówi:

– Ale, proszę pani, on taki uczciwy.

Jak to usłyszałam, stwierdziłam, żebyśmy wyszli na zewnątrz. On wtedy do mnie:

– Jezu, niech pani tak nie mówi przy moich rodzicach. Dobra, ja wiem, o co chodzi, kurwa, ten na milion procent nie jest trefny.

No i faktycznie okazało się, że jest legalny. Jeździmy nim do dzisiaj.

A często zakładacie podsłuchy w domach? Czy raczej skupiacie się na telefonach?

Głównie na telefonach. Chociaż zdarzają się tak zwane podsłuchy pokojowe, ale to się stosuje przy bardzo ciężkich przestępstwach, czyli głównie przy zabójstwach.

Gdzie się je montuje?

Różnie, zależy, jakie masz możliwości. Można zamontować gdzieś pod łóżkiem albo w suficie gdzieś pod listwą. Tym się zajmują specjalnie do tego przeszkoleni policjanci. No a jak się już zrobi taką „wrzutkę", czyli właśnie zamontuje podsłuch, to potem trzeba zrobić punkt odbioru. Czyli wynajmujesz jakiś drugi dom, wsadzasz tam policjantów, którzy siedzą dwadzieścia cztery godziny na dobę i słuchają, czy gość na przykład w danym momencie nie mówi czegoś o zabójstwie. Jak zacznie gadać, to włączasz nagrywanie.

Oczywiście te metody są sprzed lat, teraz technika poszła do przodu i trochę inaczej się to odbywa.

Zajmowałaś się tym?

Oczywiście. Przy okazji opowiem ci ciekawą historię. Ja tak w ogóle jestem ateistką – nie wierzę w Kościół, nie wierzę w księży, wszystko jest dla mnie ludzkie i ucieleśnione. Ale przytrafiła mi się kiedyś taka sytuacja, że musiałam pod legendą pojechać do zakonu i siedzieć tam dwa tygodnie.

Dlaczego?

Bo mieliśmy tam punkt odbioru. Ale wiesz, musiałam normalnie codziennie chodzić się modlić. Przy czym jednocześnie odsłuchiwałam człowieka w sprawie o zabójstwo.

Czemu akurat w zakonie znajdował się punkt odbioru?

Bo to była wieś zabita dechami, pięć domów na krzyż i bardzo hermetyczne środowisko. No i akurat udało się pozyskać księży i zrobić punkt odbioru w zakonie. Tak że przez dwa tygodnie byłam zakonnicą.

Ale chodziłaś w habicie?

Nie. My tam w ogóle pracowałyśmy we dwie, żeby się zmieniać, i w zakonie byłyśmy czymś w rodzaju „stażystek", które przyjeżdżają, żeby zobaczyć, jak wygląda takie życie, jak się tam funkcjonuje i tak dalej.

Ktoś wiedział, że jesteście tam pod przykrywką?

Tak, ksiądz wiedział, ale zakonnice już nie. Dlatego przychodziły do nas, zapraszały na wspólne posiłki, modlitwy, mszę.

I jak się z tym czułaś?

No, było to dla mnie dziwne. Wiesz, policjantka z takim nastawieniem jak ja nagle musiała stać się grzeczną dziewczynką i funkcjonować w środowisku, które niekoniecznie jest jej bliskie.

A ten człowiek, którego podsłuchiwaliście, w końcu się przyznał?

Tak, powiedział, że pchnął swoją ofiarę nożem.

Komu to powiedział?

Swojej matce.

Dlaczego akurat jej?

Ona go tam cały czas cisnęła w stylu: „Powiedziałbyś w końcu, jak to było". Facet był zamknięty w sobie i długo nie chciał nic mówić, ale w końcu się wygadał. Tak że zostało to wykryte.

A ci obserwowani ludzie starali się być cwani? Na przykład w jakiś sposób zabezpieczali się przed tymi podsłuchami?

Wiesz co? Na początku nie, bo w mediach mało się mówiło o podobnych metodach, więc ludzie nie mieli takiej świadomości i w ogóle się nie pilnowali. Jak zrobiłeś podsłuch, to każdą sprawę byłeś w stanie rozwiązać. Potem stopniowo ludzie zaczęli się robić coraz bardziej świadomi i jednocześnie ostrożniejsi. Zdarzali się goście, których podsłuchiwało się przez trzy miesiące, a oni się słowem nie zająknęli przez telefon na interesujący nas temat. No i materiału dowodowego z tego nie było.

Jak ci goście próbowali się zabezpieczać?

Jak wspominałam, na początku gadali o wszystkim. Potem zaczęli rozmawiać przez telefon na zasadzie: „Cześć, cześć. No to co? Spotykamy się dzisiaj o dziewiętnastej tam, gdzie zawsze? No to pa". No i było ciężko, bo jak nie wiedziałeś, gdzie mają to miejsce spotkania, co mogłeś zrobić? Nic. Później w ogóle przerzucili się na rozmowy przez internet.

Przez Skype'a?

Skype nie był osiągalny dla policji. Na początkowym etapie nie były dla policji osiągalne też maile. My byliśmy zawsze o krok do tyłu. Wiesz, przez przepisy, ograniczenia i tym podobne.

A przez internet jak oni gadali? Przez jakieś komunikatory?

Nie znam się dokładnie na tych technicznych sprawach, ale oni jakoś te połączenia przerzucali przez dany komputer. No a my nie byliśmy w stanie przypisać IP tego komputera do konkretnego telefonu.

Jak się jeszcze zabezpieczali?

Niektórzy robili tak, że kupowali sobie kartę na czas przestępstwa, dokonywali go, a potem kartę wywalali. Tylko głupi byli ci, którzy zostawali na tym samym telefonie. No bo wiesz, wszystkie czynności robi się pod IMEI, czyli pod numer identyfikacyjny telefonu, a nie pod kartę. Ci bogatsi i bardziej zorganizowani wywalali zatem też komórki. Pamiętam, że kiedyś zatrzymaliśmy gościa, który miał sto pięćdziesiąt telefonów w mieszkaniu.

O kurwa.

Facet był nieuchwytny. Wszyscy robili na niego, a on leżał w mieszkaniu. Trudno było namierzyć taką osobę, nie mówiąc już o zebraniu materiału dowodowego. Ale pamiętaj – nie ma człowieka, którego nie zżarłaby rutyna i który nie popełniałby błędów. Tak że trzeba być po prostu cierpliwym i konsekwentnym. Tym bardziej że takich spraw nie robi się w tydzień ani dwa. One potrafią trwać rok – szczególnie gdy mówimy o pracy operacyjnej prowadzonej przez przeszkolonych policjantów i wyspecjalizowane komórki organizacyjne na poziomie komendy wojewódzkiej czy CBŚ.

Dlaczego zrezygnowałaś z pracy w podsłuchach?

Tak jak ci mówiłam: uwsteczniałam się. Miałam wrażenie, że niczego więcej się nie nauczę, nie rozwijałam się. Po prostu już mi się nie chciało.

Sama poprosiłaś o zmianę?

Tak, to było w 1999 roku. Wtedy w komendzie wojewódzkiej w moim mieście został utworzony wydział do zwalczania przestępczości zorganizowanej. Było ich tam dziewięciu chłopa, a wśród nich gość, z którym się znałam. Zaproponował mi stanowisko. Przespałam się z tą propozycją i podjęłam wyzwanie. Chciałam pracować jako rasowy policjant operacyjny, a zmiana dawała mi takie możliwości. No i oni stwierdzili, że koniecznie potrzebna im jest do zespołu jakaś dziewczyna.

Czemu?

Żeby na przykład mogła pojechać na czynności, gdzie są kobiety, i zrobić im przeszukanie. A uwierz mi, że babki potrafią być gorsze od facetów – wyrafinowane, bardziej skrupulatne, przygotowane, zorganizowane i podłe.

Czym to tłumaczysz?

Powiem ci tak: postaw kobietę przy garach, a ona będzie gotowała obiad, rozmawiała przez telefon, paliła papierosa i jeszcze, kurwa, pilnowała dziecko, żeby sobie krzywdy nie zrobiło. Daj to samo zadanie facetowi. Myślisz, że ogarnie?

Nie. Ale uważasz, że kobiety są bardziej bezwzględnymi przestępcami?

Myślę, że tak. To też zresztą ewoluuje. Mężczyźni na pewnym etapie częściej wysiadają psychicznie. W jakimś stopniu, tak mi się wydaje, rezygnują z pewnych rzeczy: „A, chuj, już, kurwa, zostawmy to, dajmy spokój”. A kobieta jeszcze będzie się podkręcać. Wydaje mi się też, że kobiety są bardziej bezwzględne.

Ja w ogóle dużo pracowałam w przestępczości ekonomicznej, no i jak miałam do czynienia z kobietami, to, uwierz mi, gdy wchodziły w grę przekręty, żadna z nich nigdy nie odpuściła następnej stówy do przodu.

Ale z czego to wynika? Z chytrości?

Chyba z charakteru kobiet – zawsze im mało. Są też bardziej zadziorne.

Pamiętam, że jak się przychodziło po faceta, to najczęściej można było to załatwić kulturalnie: „Dzień dobry, witam, panie Wojtku. No to co? My tu sobie swoje czynności wykonamy. Tutaj jest postanowienie prokuratora, proszę przeczytać, my zrobimy przeszukanie, a pan się teraz ładnie, grzecznie ubierze, umyje, spakuje. Jak pan chce, to żona może kanapeczkę spakować. Jakieś pieniądze niech pan sobie weźmie. Pojedziemy do komendy. Jak damy radę, to dzisiaj do prokuratury, a jak nie, to posiedzi pan na izbie zatrzymań, następnego dnia do prokuratora. No i zobaczymy. Jak będzie wszystko tak, jak trzeba, to cztery osiem i do domu, jak nie, to wtedy żona przywiezie szczoteczkę do zębów". I tak dalej. A jak się przyjeżdżało po kobiety, to od razu były pyskówki, histeria, emocje i awantura.

Wychodziła cała różnica charakterów między kobietą a mężczyzną.

Jak facet słyszał mocne argumenty i wiedział już, że jest na straconej pozycji, to w pewnym momencie mówił: „Dobra, dobra, to zaczynamy od początku, wszystko opowiem. Ale liczę na łagodny wymiar kary". A kobieta do końca szła w zaparte.

Kobiety rzadziej przyznają się do winy?

Tak. Nawet jak się konfrontację zrobi i postawi oko w oko z kimś, kogo ona zna, to powie: „Ale ja nie znam tego człowieka". Nie mówię oczywiście o mężu, ale na przykład o kimś, z kim pracowała.

Okej. Jak dokładnie wyglądała tam twoja praca?

Jako że to był świeżo utworzony wydział, na początku wrzucili mnie do sekretariatu. Po jakichś dwóch–trzech miesiącach stwierdziłam: „Kurwa, przecież ja nie po to tu przyszłam". No to zastępca naczelnika powiedział, że przesuną mnie do zespołu ekonomicznego. Wtedy zaczęłam robić billingi.

Czyli co?

No, spisywałam połączenia figurantów. Kiedyś nie było wszystko tak skomputeryzowane, więc musiałam liczyć na piechotę. Na przykład siadałam i wypisywałam wszystkie numery, które łączyły się z telefonem figuranta. Potem szukałam jakichś powiązań.

Na przykład kto dzwonił najczęściej?

Właśnie tak. Robiłam analizy, które później były przetwarzane procesowo i trafiały do prokuratury. Czyli siedziałam i tak dłubałam, dłubałam, i dłubałam. W końcu tego też miałam dosyć.

No i tak się zdarzyło, że jeden policjant starej daty pomógł mi pozyskać źródło.

Odstąpił ci jakiegoś swojego informatora?

Może nie tyle odstąpił, co po prostu miał już podszykowanego jakiegoś gościa. Pokazał mi kwity, pojechał ze mną na spotkanie i pokazał, jak to się robi. Ja miałam tego gościa „zaciąć", jak to się mówi tak popularnie. Czyli nawiązać kontakt.

Co to był za człowiek?

Miał informacje, które mogły pomóc w rozwikłaniu zabójstwa – już dokładnie nie pamiętam, ale tam chodziło o to, że ktoś kogoś zabił po sąsiedzku. Cała sprawa wydawała się dość prosta. Tak naprawdę najtrudniejsze było wypełnianie tych wszystkich kwitów.

Jak to?

Bo nie wiedziałam jeszcze, jak to się robi. Tymczasem samo spotkanie z facetem, rozmowa, nie stanowiło dla mnie problemu. Zresztą nigdy nie miałam trudności w kontaktach z ludźmi, z gadaniem, załatwianiem rzeczy. Aczkolwiek w przypadku informatorów różnie bywa. Zdarzali się też tacy, którzy potrafili powiedzieć: „Pffff, z babą nie będę rozmawiał". No ale trzeba było sobie radzić.

A sprawa z tym pierwszym figurantem była dla mnie dobra na przetarcie, bo dotyczyła właśnie zabójstwa, a nie na przykład jakichś grup zbrojnych, co już jest trudniejsze do prowadzenia.

To spotkanie było jednorazowe?

Nie, spotykaliśmy się kilka razy. Jak ten człowiek się czegoś dowiedział, to się spotykaliśmy. Mieliśmy też umówione specjalne hasła przez telefon określające, gdzie i kiedy się umawiamy.

On dostawał hajs za każdą informację?

Nie. Jak zaczynasz pracować ze źródłem, to zanim dasz mu jakiekolwiek pieniądze, musi cię przekonać, że ma sprawdzoną wiedzę. Czyli co robisz? Każesz mu przynieść na szybko jakąś informację, którą możesz zweryfikować.

Jaką informację?

No na przykład mówi ci, że za trzy dni takim i takim samochodem gość będzie przewoził kilo koki. Wtedy informujesz odpowiednie służby, przygotowujecie akcję i zatrzymujecie tego faceta. Jeśli się okaże, że faktycznie miał w aucie kilo koki, to znak, że twoje źródło ma dobre informacje i można mu zapłacić. A w pewnym momencie, jak już pracujesz z kilkoma osobami, to jedno źródło często jest w stanie zweryfikować drugie. Jeśli ktoś cię w chuja wali, to ta informacja prędzej czy później do ciebie wróci.

A jak pozyskuje się takie źródło?

Na przykład zatrzymujesz gościa na gorąco w jakiejś sprawie i masz o nim dużą wiedzę, między innymi z podsłuchów, wiesz o jego słabych punktach i tak dalej. No to próbujesz go wtedy zaciąć i mówisz: „Słuchaj, za to, co zrobiłeś, czeka cię to, to i to. Możemy jednak tak zagadać z prokuratorem, żebyś się dobrowolnie poddał karze, ale musisz mi tu popowiadać trochę rzeczy. Jak nie chcesz napierdalać na kolegów, to daj mi coś ciekawego na zupełnie inny temat i zupełnie inne środowisko".

Kłamiesz im?

Nie, nigdy nie okłamałam źródła.

Czyli z prokuratorem rzeczywiście miałaś dogadaną sprawę?

Jeżeli nie miałam, to nie proponowałam. Ale jeżeli widziałam, że źródło ma wiedzę, jest wartościowe i można z niego dużo wyciągnąć, to zawsze dogadywałam się z prokuratorem. Tylko na spotkanie ze źródłem zawsze trzeba chodzić we dwójkę. Nigdy jeden na jeden, bo wielu policjantów się już na tym wyłożyło.

Dlaczego?

Bo jak jesteś sam ze źródłem, to wtedy jest słowo przeciwko słowu. Jeśli źródło chce współpracować, musi zaakceptować dwie osoby – wtedy jesteśmy bezpieczni, jeśli chodzi o wręczanie pieniędzy, spotkania i tym podobne. A jeśli jest sytuacja podbramkowa i trzeba działać samemu, to najlepiej nagrywać rozmowy – to też jest jakiś dupochron.

Bo jak ktoś pójdzie i nagada na sąsiada do prokuratora, to on powie: „Spokojnie, to jest obywatel, najpierw dowody". A jak ktoś doniesie na policjanta, to od razu: „Kurwa, brać go". No i w ten sposób wielu funkcjonariuszy poległo na bzdurach, bo nie mieli zabezpieczonej własnej dupy.

W wypadku źródeł nigdy nie można też zacząć myśleć, że to jest twój przyjaciel. Możesz napić się z nim wódki, poklepać po plecach, ale, kurwa, nigdy nie ufaj mu do końca. On będzie dobry dla ciebie, jak mu pieniądze dasz albo załatwisz, żeby kurator był mniej upierdliwy, ale jak mu się z jakiegoś powodu dupa zapali, to on cię nie ochroni.

Jak się jeszcze zabezpieczałaś?

Czasami proste metody są najlepsze, dlatego zawsze brałam papier, żeby źródło się podpisało, że wyraża zgodę na współpracę. Mówiłam: „Podpisz się imieniem i nazwiskiem, a ja ten papier zabieram. Jak mnie, kurwa, oszukasz albo zrobisz mi koło dupy, to ja to skseruję i powieszę na wszystkich słupach w mieście, i wtedy ty się martw o to, jak sobie poradzisz w swoim środowisku". Ale to oczywiście działa też w drugą stronę, bo jak chcesz mieć dobre źródło, to musisz mu zapewnić wszelką ochronę.

No raczej.

Bo gdyby, kurwa, wyszło, że on sprzedaje kolegów, toby go od razu zastrzelili. Zawsze, jak źródło podaje ci jakąś informację, pytasz, kto jeszcze o tym wie. Jeśli mówi, że na przykład tylko sprawca, to czasami nie wykorzystujesz od razu takiej informacji. Musisz poczekać, żeby ktoś jeszcze się dowiedział. Bo jak wie za mało osób, to szybko prześwietlą twojego człowieka i momentalnie będzie spalony. Tak że trzeba też uważać, żeby mu krzywdy nie zrobić.

A ilu miałaś tych informatorów?

Oj, nie pamiętam teraz. Ale tu nie chodzi o ilość, tylko o jakość. Pamiętam, że kiedyś pozyskaliśmy jednego gościa przy sprawie ekonomicznej i współpracował z nami bardzo długo. Potem poszedł do więzienia, ale jak wyszedł, chyba po półtora roku, znowu zaczął z nami pracować. Gdy już wiedziałam, że będę odchodzić, to chciałam go przekazać innemu policjantowi, ale ten informator powiedział mi, że z innym nie będzie pracował. No i się rozstaliśmy.

Czemu w ogóle on to robił? Podpierdalał konkurencję?

Nie, to nie działało na tej zasadzie. Nawet powiem ci, że niekoniecznie dla pieniędzy. Jak za pierwszym razem zdecydował się na współpracę, to dostał łagodniejszy wyrok. Ale to był taki sztywny gość, kawał skurczybyka, cieszył się ogromnym szacunkiem w środowisku. I powiem ci, że... chyba go to kręciło i po prostu lubił z nami współpracować. Było tak, że my w zasadzie byliśmy na każde jego zawołanie.

Na przykład jest sobota, godzina dziewiąta rano. Myślę sobie: „Może będzie spokój, wreszcie jakiś wolny dzień". A tu dzwoni ten gościu i mówi:

– Słuchaj, wczoraj wieczorem koleś na Gaworkowej pierdolnął na ulicy klienta. Zabił go i odjechał z miejsca zdarzenia. Chcesz wiedzieć, kto to i gdzie jest?

– No, dawaj.

– To musimy się spotkać. Idziemy tu, tu i tu. Samochód już przekładają. Pokażę ci.

Nie podjąłbyś takiego wyzwania? W końcu ktoś zabił człowieka samochodem i odjechał.

Albo gość dzwonił i mówił:

– Ty, transport przejęli, kurwa, z jakimś towarem. Zapierdolili całego tira. Ja wiem, gdzie ten tir stoi.

Właściciel jeszcze nie zdążył zgłosić na policję, że mu zginął tir, a my już wiedzieliśmy, w której dziupli stoi. To były fajne, szybkie robótki. Tak że on nie kosił konkurencji. Jemu też to pasowało.

Super.

Czasami to działało także na zasadzie transakcji wiązanej. Wiesz, dzwonił na przykład do mnie i mówił:

– Kurwa, przypierdolił się kurator, chcą mi odwiesić wyrok.

No i co? Trzeba było to załatwić jakoś ładnie i dyskretnie, żeby nikt się nie połapał, że upominasz się o człowieka, który jest twoim ucholem.

Jak to wtedy robiliście?

Dzwoniłam do takiego kuratora.

– Pan jest kuratorem takiego i takiego człowieka?

– No tak.

– To ja bym się chciała z panem spotkać i pogadać.

– Aha. No dobrze.

Następnie się spotykaliśmy i się mówiło:

– Wie pan co, ten człowiek jest u nas w postępowaniu podejrzanym, ale generalnie jest grzeczny, więc fajnie by było, gdyby pan przymknął oko, bo jak pójdzie siedzieć, to nasza sprawa ekonomiczna padnie. I tak jest podejrzany, a łatwiej, jak będzie na miejscu, niż jak będzie zamknięty.

Aczkolwiek wśród źródeł zdarzały się też uciążliwe przypadki. Kiedyś miałam takiego gościa, który mieszkał na tym samym osiedlu co ja. No i jak tylko wychodziłam na spacer z dziećmi albo do sklepu, to jak mnie tylko zobaczył, zapierdalał do mnie, bo myślał, że jak kiedyś współpracowaliśmy, to ja mu już przez całe życie będę pomagać. No i chciał ode mnie na przykład na fajki albo na utrzymanie.

Jak go już później widziałam z daleka, to uciekałam drugą stroną ulicy. A jak zmieniłam numer telefonu, to potrafił do komendy przyjść i o mnie pytać.

Z PZ przeszłaś potem do CBŚ, tak?

Nie, nie, to nastąpiło przy naturalnej zmianie struktur. Zostałam w tej formacji, po prostu wydziały do walki z przestępczością zorganizowaną przy komendach wojewódzkich policji przekształciły się w Centralne Biuro Śledcze. W moim mieście powstał wydział CBŚ i generalnie byliśmy piątym kołem u wozu – musieliśmy zapierdalać na realizacje po całej Polsce, a profity i tak zbierała Komenda Główna.

Jak twój mąż znosił taki tryb pracy?

A jakie miał wyjście? Po nocach nadrabiałam pranie, prasowanie, gotowanie. A jak wyszłam na 7.30 do pracy i wiedziałam, że wcześniej nie wyjdę, to dzwoniłam do męża i mówiłam: „Słuchaj, dzisiaj nie wiem, o której wrócę, więc weź ogarnij dzieciaki, odbierz je ze szkoły i jakieś pieczywo kup". No i wracałam, powiedzmy, między północą a pierwszą w nocy, zakasałam rękawy i zapierdalałam – obiad zrobiłam, gary umyłam, pranie nastawiłam i kładłam się o trzeciej w nocy, i chuj.

A co robiłaś w tym CBŚ?

Zajebiste rzeczy i naprawdę duże akcje. Opowiem ci kilka fajnych przypadków.

Namierzyliśmy gościa, który miał zorganizowaną grupę przestępczą zajmującą się drukowaniem lewych dokumentów, świadectw szkolnych, dyplomów studiów wyższych, dowodów rejestracyjnych. No, drukowali wszystko. I facet, który to zorganizował, miał normalnie swoją drukarnię, swoich ludzi, żołnierzyków, prawą rękę. Problem w tym, że za każdym razem, jak gościa zatrzymywaliśmy, to nie dało się z niego nic wydusić.

Inna sprawa, że nie udało nam się zebrać wystarczającego materiału dowodowego, żeby go po prostu aresztować i postawić przed sądem. Postanowiliśmy zatem zrobić to inaczej. Jak już sobie wszystko ustaliliśmy, między innymi na podstawie rozpoznania, współpracy ze źródłami czy podsłuchów, stwierdziliśmy, że zrobimy wielką akcję i złapiemy ich na gorąco. A wiedzieliśmy, gdzie jest drukarnia, kto trzyma kasę, kto dokumenty i tak dalej.

Gdzie mieściła się ta ich drukarnia?

W legalnie działającej drukarni. Właściciel kończył, wychodził i zostawała tam jakaś ekipa, która miała swoje klucze i popołudniami drukowała lewe dokumenty.

Właściciel o tym wiedział?

Nie.

Ilu policjantów było zaangażowanych w tę akcję?

Stu pięćdziesięciu. Jednego dnia zasadziliśmy się na wszystkie adresy, część chłopaków siedziała na podsłuchach, oprócz tego obserwacja jeździła i na bieżąco relacjonowała, gdzie w danym momencie znajduje się konkretny figurant. Generalnie chodziło o to, żeby zatrzymać wszystkich naraz.

No i o godzinie czternastej ruszyliśmy na wszystkie adresy – a było ich kilkanaście na terenie całego miasta. Ja siedziałam na dwóch telefonach i to wszystko koordynowałam. Powiem ci, że po dwóch godzinach oba telefony były do wyjebania, bo non stop napierdzielaliśmy.

Padły baterie, tak?

Tak. Niemniej jednak policja wykorzystuje przy takich akcjach także radiostacje, więc nie było problemu. Przy okazji opowiem ci śmieszną anegdotkę. Chłopaki weszły do tej drukarni, no i zastały tam dwóch gości – a powinno być trzech. Pytają więc, gdzie jest trzeci. Tamci, że tu już więcej nikogo nie ma. A tam było kilka pomieszczeń, więc funkcjonariusze zaczęli szukać.

W końcu otwierają jeden pokój, a gość stoi przy drukarce, słuchawki na uszach, napierdala sobie, tańczy, kurwa, zadowolony. A tam się drukują briefy, świadectwa szkolne, dowody rejestracyjne, prawa jazdy – wszystko lewe. No to kolega podszedł do niego, położył mu rękę na barku i powiedział:

– Halo, halo, zdejmij te słuchawki. Policja. Wystarczy już. Wystarczy. Możesz więcej nie drukować.

No i gość się normalnie zesrał ze strachu.

Okej, zatrzymujecie na przykład trzydzieści osób, i co? Wszyscy idą siedzieć?

Nie, nie, to zależy od tego, jakie składają wyjaśnienia, jak się zachowują, jaki jest materiał. Czasem z piętnastu osób ważnych jest, powiedzmy, siedem. Ale ta reszta może robić za dobrych świadków. Bo lepszy dobry świadek niż chujowy podejrzany.

Jak facet w tym wszystkim siedział i po zatrzymaniu się rozpłacze, rozpierdoli i da ci wszystko na papier, to zamiast startować z nim do sądu z wnioskiem o areszt, lepiej postawić mu zarzut i go zwolnić. „Dobra, to niech idzie, bo powiedział swoje". Wiesz, chodzi o to, że lepiej odpuścić jakieś sankcje dla takich mało znaczących gości na konto wzmocnienia materiału dowodowego na tych ważniejszych.

A jak było z tym głównym organizatorem?

Wiedzieliśmy, że się zaziębił i leży w łóżku, więc pojechaliśmy do niego na kwadrat. Chłopaki się porozstawiały, a ja miałam zapukać do drzwi. Problem w tym, że on nigdy nie otwierał, więc zaczęłam główkować, jak tu zagadać, żeby otworzył.

Zapukałam, on podszedł do drzwi i mówi:

– Słucham.

Zaczęłam płakać, spazmować, że zaraz tu umrę, że, kurwa, szklanki wody potrzebuję. No to gość otworzył, ja noga w drzwi, chłopaki wskoczyły i go zgarnęły.

A jak by nie otworzył, to co?

To byśmy, kurwa, nie odeszli od drzwi.

Ale dlaczego nie wjechaliście z czarnymi i mu nie wyjebaliście tych drzwi?

Tutaj nie było potrzeby z czarnymi. Braliśmy ich tam, gdzie była potrzeba.

A sami byście tych drzwi nie wyważyli?

Jeżeli mielibyśmy zgodę prokuratora, to tak.

Nie mieliście zatem?

Znaczy nie pytaliśmy, bo podejrzany miał być gdzie indziej. Myśleliśmy, że go na drukarni zawiniemy.

Aha.

Ale słuchaj dalej. Weszliśmy do mieszkania, a tam oprócz tego gościa jego żona i dziewięcioletni syn. Ta żona zaczęła oczywiście pyszczyć, wyzywać nas od kurew, dziwek. Nagle dostaję telefon od obserwacji i słyszę:

– Kaśka, wejdź do tego i tego pokoju, otwórz okno i sięgnij daleko ręką, kurwa, pod parapet, a sobie coś wyciągniesz.

No to otwieram okno, sięgam, a tam reklamówka – w środku były dwa dyski twarde. Okazało się, że dziecko było wyszkolone przez tego chłopa i jak zapukałam, od razu schowało te dyski. Jeszcze jak podeszłam do okna, to mały tak się zaparł. Mówię mu:

– Weź no, synuniu, się przesuń.

A on:

– Po co?

– Ale nie dyskutuj. Przesuń się z tym krzesełkiem albo wyjdź do mamusi do kuchni, bo cię stąd wyprowadzę.

Ja pierdzielę. I co znajdowało się na tych dyskach?

Absolutnie wszystko – co było drukowane, jakie facet miał powiązania i tak dalej. Tak że przesłuchanie poszło gładko.

W dodatku wiedzieliśmy, że ten dziewięciolatek szykował się w maju do Komunii, a ojciec był z nim bardzo związany emocjonalnie. Powiedzieliśmy więc do starego (bo oczywiście nie chciał gadać):

– Jak pójdziesz do aresztu, to nie ma szans, żebyś wyszedł na Komunię swojego syna. Wszyscy są zatrzymani, a my w dodatku mamy twoje dyski.

Wyobraź sobie, że gość w pewnym momencie nie wytrzymał presji, zaczął płakać i się wypierdolił.

Jakie prowadziłaś jeszcze ciekawe akcje?

Rozpracowywaliśmy kiedyś taką grupę skurwysynków, którzy sprowadzali samochody, przebijali znaki identyfikacyjne pojazdów, podrabiali dokumenty i rejestrowali lewe auta w Polsce. Ale w pewnym momencie w grupie doszło do kłótni, a jeden z członków dostał solidny wpierdol. Usłyszałam na podsłuchu, jak mówił przez telefon:

– Ja im, kurwa, pokażę. Połamali mi nos, zęby mi wybili, chuj wie, o co im poszło. Ja się odgryzę...

To wiesz, co zrobiłam? Zadzwoniłam do niego z zastrzeżonego numeru.

– Cześć, wiesz co, chyba mamy wspólne interesy, spiknęlibyśmy się.

– Ale kim ty jesteś?

– Jestem psem, ale chciałabym, żebyśmy się spotkali, bo mam ci coś do zaoferowania. Na pewno nie stracisz, a możesz zyskać. Ale to działa w dwie strony: ja też muszę coś zyskać.

– Nie wiem, przemyślę.

– To ja mam zadzwonić do ciebie czy ty zadzwonisz do mnie?

– Zadzwoń do mnie.

No i dwa dni później umówiliśmy się na spotkanie.

Powiedziałam o tym swojemu przełożonemu i wzięłam sobie jeszcze jednego chłopaka, żeby mnie na wszelki wypadek obstawiał. Przyjechaliśmy na miejsce, wysiadłam i poszłam do samochodu, w którym siedział figurant. Mówię mu na wstępie:

– Co, ząbki powybijali, nosek złamali? – No i naświetliłam mu jeszcze parę tematów, o których wiedziałam. Dodałam: – To co, wchodzisz w układ? Pomożesz mi ich rozpierdolić, a dla ciebie to będzie taka słodka zemsta.

– Jaką mam pewność, że mnie nie zdradzisz?

– Możesz tylko zaufać temu, co mówię, że ci, kurwa, gwarantuję, że nie wyjdzie, że to ty.

I tak go to męczyło, męczyło, aż wreszcie się zgodził. Ostatecznie rozpracowaliśmy całą tę grupę. Informacje dał mi zajebiste, potem się gość poukładał, przeszedł na dobrą stronę, ożenił się, dziecko mu się urodziło i bardzo długo utrzymywaliśmy kontakty na zasadzie: „Co tam słychać?”.

Pozytywna historia.

Zdarzały się też mniej pozytywne. Kiedyś gość nam się pochlastał w trakcie czynności.

Jak to?

Robiliśmy wtedy mafię paliwową. Był taki jeden „Hrabia”, potentat paliwowy, który został pozyskany przez głównego organizatora w charakterze „słupa” do stworzenia firmy, regonu, wystawiania faktur i całej kwitologii. W końcu do niego dotarliśmy, ale okazało się, że akurat siedział na odwyku u czubków.

Dlaczego?

Gość był po jakiejś mechanicznej żółtaczce, leczył się, miał problemy z alkoholem. No i zdejmowaliśmy go z tego odwyku właśnie.

Pojechaliśmy po niego, przeszukaliśmy go, zawieźliśmy na komendę, wszystko zgodnie z literą prawa. Na miejscu wzięliśmy go do naszego pokoju i posadziliśmy skutego na krześle. Z tym że on był palący, więc poprosił, żeby go skuć z przodu, bo będzie palił. My w tym czasie – ja i koledzy – robiliśmy czynności procesowe, czyli spisywaliśmy jego wyjaśnienia i tak dalej. A gość był bardzo ruchliwy, co chwilę wstawał, chciał iść do kibla. No a wiadomo, że jak masz zatrzymanego, to musisz z nim iść do tego kibla, bo nie można go zostawić samego.

W każdym razie – nie wiem, jak to się stało, że to nie wyszło na przeszukaniu – gość miał schowane przy rozporku jedno ostrze z takiej jednorazowej maszynki do golenia. I jak się znalazł w tym kiblu, to wiadomo, że coś tam sobie majstrował przy rozporku. Okazało się potem, że wyciągnął właśnie to ostrze i gdzieś je zakamuflował. Jak wrócił do pokoju, nagle je wyjął i zaczął się chlastać. Kurwa, człowieku, masakra.

Kolega od razu złapał go za ręce, przewrócił na podłogę i zabrał mu tę golarkę. Zobaczyłam, że krew się leje, to złapałam go od razu za pochlastaną rękę i szybko zawinęłam ręcznikiem, żeby zatamować krwawienie. Potem wyleciałam na korytarz i zaczęłam się drzeć:

– Wezwijcie pogotowie! Wezwijcie pogotowie!

Gdy zobaczyłam, że jego ręka już trochę mniej krwawi, poleciałam do sekretariatu, rozjebałam całą apteczkę, wzięłam jakieś gazy i wodę utlenioną. Odkaziłam mu ranę, pozawijałam, kurwa, i mocno zacisnęłam. Facet się w pewnym momencie zrobił żółtozielony, więc jeszcze wzięliśmy zimną wodę, ręczniki i zaczęliśmy mu okłady robić.

Okej, ogarnęliśmy jakoś gościa, w międzyczasie przyjechało pogotowie i go zabrało. Poszłam wtedy do łazienki na spokojnie, żeby się obmyć. Wchodzę do niej z rękami upieprzonymi krwią, a stała tam akurat taka dziewczyna z narkotyków. Patrzy na mnie i pyta:

– Kurwa, a co ty taka upieprzona jesteś?

– A, bo gość się, kurwa, pochlastał, porżnął się.

– Trzeba było sobie rękawiczki założyć, bo facet jest po żółtaczce, chuj wie, co to za tyfus, czy nie ma jakiegoś hifa...

A wiesz, człowiek się nawet nad tym nie zastanawia w podobnej sytuacji. Działasz, kurwa, instynktownie, bo gość się porżnął, krew się leje, a nie myślisz o szukaniu rękawiczek.

No tak.

Ratownik medyczny, jak go obejrzał, powiedział mi:

– Fachowo, pierwsza liga. Nawet bym szwów nie musiał zakładać.

Tak że ogarnęłam go elegancko. Aczkolwiek gdybyś mi dzisiaj kazał powiedzieć, jak to zrobiłam, to nie pamiętam. Człowiek działał po prostu machinalnie.

Co się wydarzyło dalej? Zatrzymany się pochlastał, więc za chwilę na miejscu pojawiła się prokuratura i BSW. Odseparowali nas, kurwa, jak jakichś groźnych przestępców, zero dyskusji, nic. Powiem ci, że strasznie traktują policjantów w takiej sytuacji. Po prostu tragicznie. Rozdzielili nas, zaczęli przesłuchiwać, zbadali alkomatem.

Siedziałam u siebie w pokoju razem z jednym z policjantów z BSW i jako nałogowa palaczka sięgnęłam oczywiście po papierosa. A ten do mnie:

– Nie pal tutaj.

– Zaraz, jak to, kurwa, „nie pal"? Jestem zdenerwowana. No i to ja jestem u siebie w pokoju.

– Ale mi dym szkodzi.

– To wyjdź, kurwa, na korytarz.

Wiesz, wkurwiłam się, bo gość mi nie będzie mówił, co mam robić, tym bardziej że nie byłam żadnym podejrzanym. Nie jest, kurwa, u siebie, tylko u mnie, przyszedł ustalić pewne fakty i przeprowadzić czynności, a jak mu się nie podoba, że palę, to może wyjść i potem wrócić.

Jak to się dalej potoczyło?

Prokuratura wszystko zbadała i wyjaśniła, więc nikt nie miał żadnych zastrzeżeń, wszystko przebiegało zgodnie z przepisami. Ani niczego nie zaniedbaliśmy, ani nie przekroczyliśmy uprawnień.

Chłop przeżył, nic mu się nie stało, w prokuraturze przeprosił, że narobił tyle kłopotów, ale się tłumaczył, że miał depresję i tak się nakręcił, że jak go policja weźmie na czynności, to się pochlasta. Aczkolwiek powiem ci, że miałam trochę traumę po tej całej sytuacji. Poszłam nawet zrobić sobie badania.

Jakie?

Czy nie mam żółtaczki, HIV albo czegoś jeszcze innego. Powiem ci, że te dziesięć dni, kiedy czekałam na wyniki, to był jeden z najgorszych okresów w moim życiu. Na szczęście wyszło, że niczym się nie zaraziłam.

Jak się potoczyła dalej twoja kariera?

W pewnym momencie okazało się, że mój przyjaciel, z którym przepracowałam dziesięć lat, dostał propozycję objęcia stanowiska naczelnika jednego z wydziałów w komendzie wojewódzkiej.

No i bardzo się wahał, czy to przyjąć, czy nie. To mu powiedziałam:

– Bierz, nie ma co się obrażać na pieniądze. Ileż lat będziemy się tak, kurwa, uwsteczniać?

Bo wiesz, to był taki moment, że w CBŚ zaczęło się źle dziać.

Na początku było super, zajebiste sprawy, fajne tematy, jak ktoś chciał robić, to zawsze sobie robotę znalazł. Ale potem zaczęło się zmieniać podejście ludzi i pojawiły się gadki w stylu: „A, elita... Kurwa, tyle lat służby mam, już się napracowałem, teraz potrzebuję spokoju. A ty, co poziom zawyżasz? Po chuj tak robisz? Weź się nie spiesz ze sprawą. Po co będziemy po to jechać?", i tak dalej. No i jak się tak zaczęło dziać, powiedziałam temu koledze:

– Idź tam, tu już lepiej nie będzie. Ja to już mam tyle lat służby, że sobie tu w kącie na chuju przestoję i jakoś przetrwam.

I co, zdecydował się?

Tak, poszedł na nowe stanowisko, przyjął wyzwanie. Praktycznie się rozstaliśmy zawodowo, ale nie na długo. Wtedy zaczęło się audiotele. Dzień w dzień wydzwanialiśmy do siebie. Wkurwiał się i mówił:

– Poddaję się, ja pierdolę, ale tu jest burdel, ale tu, kurwa, nie ma kim robić. A nie chciałabyś przejść do mnie?

– Nie, po chuj mi zmiany. I co ja będę tam robić?

A on znowu:

– A nie chciałabyś przejść i trochę mi tutaj pomóc, popracować na takim poziomie jak w CBŚ, żeby robić podsłuchy pod oszustwa, pod paliwówki, akcyzówki? Nie chciałabyś?

No i rzeczywiście w którymś momencie miałam już wrażenie, że w tym CBŚ się wypaliłam. Ale niekoniecznie w policji – tylko po prostu w tych strukturach, z tymi ludźmi już chyba niekoniecznie mi się chciało.

W końcu mu powiedziałam:

– To rozmawiaj z komendantem, bo ja mam teraz wyższy dodatek w CBŚ w porównaniu ze stanowiskiem, które zajmowałam w komendzie wojewódzkiej, w związku z czym nie wiem, czy komendant będzie chciał mnie przyjąć.

No ale kolega przekonał górę i skończyło się na tym, że miałam dodatek z wojewódzkiej plus dodatek z CBŚ i w zasadzie zyskałam finansowo na tym przejściu.

Czyli ile zarabiałaś na rękę?

Łącznie z tymi dodatkami wychodziło mi chyba cztery tysiące pięćset złotych na rękę. Nie pamiętam dokładnie.

Jakie otrzymałaś stanowisko?

Nieetatowego kierownika i sześciu chłopaków pod sobą. Tak że zaczął się dla mnie nowy etap, znowu się nakręciłam, znowu zaczęły się nowe tematy i fajne sprawy.

Przez pierwsze pół roku wychodziłam z pracy w godzinach dwudziesta–dwudziesta pierwsza, bo musiałam się wczytać w sprawy, i jeździłam z chłopakami na każdą realizację – tytoń, fajki, spirytus, ciuchy, znaki towarowe.

Znaki towarowe?

Wchodziłeś na magazyn, a tam sprzedawali podróby ze znakami towarowymi znanych firm. Czyli była to po prostu kradzież logo. A przedstawiciele bardzo chcieli współpracować, żeby wyeliminować konkurencję.

Pamiętam swój pierwszy raz na takim magazynie. Jak weszliśmy jednego dnia w południe, wyszliśmy za dwa dni po czynnościach – tyle było lewego towaru. Wtedy też zaczęły się sprawy ubojni, czyli tego, co tak naprawdę jemy. Coraz częściej docierały do nas informacje, że w tym temacie dzieje się źle.

W jakim sensie?

Że do ubojni trafia padlina, chore bydło, zdechłe krowy, a oni to, kurwa, przetwarzają. Że szprycują produkty i zwierzęta antybiotykami. Potrafiło być tak, że na kilka transportów tylko w jednym bydło nadawało się do uboju – reszta była albo naszprycowana lekami, albo zdechła, albo chora, albo połamana... no, generalnie nie nadawała się do tego, żeby dokonać uboju i przetworzyć mięso. Źle się działo też na kurzych fermach – tam się na przykład zdarzały przypadki, że używano metronidazolu, co jest zabronione w chowie kur.

Co to jest metronidazol?

Antybiotyk. No i chodzi o to, że jeżeli zjesz takie mięso albo jajka zawierające metronidazol, uodparniasz organizm na antybiotyki. Później, jak jesteś chory, nie ma już sposobów, żeby cię leczyć. A czemu jest to stosowane? Bo dzięki metronidazolowi pada mniej kur, w dodatku są zdrowsze i szybciej się chowają.

Nie miałem pojęcia, że tak robią.

Bo mało się o tym mówi. Niemniej tak się działo w całej Polsce. Jednak podjęcie określonych czynności przez policję – z efektami w postaci zamknięcia ubojni, odwołania lekarzy powiatowych, zawieszenia wojewódzkich, ewentualnie wręczenia zakazu wykonywania zawodu paru lekarzom weterynarii – doprowadziło do wyeliminowania tego procederu, a przynajmniej tak się wydaje. Bo wyobrażasz sobie, że taka działalność kwitnie, a wiedza o tym dociera do Unii Europejskiej? Z marszu dostalibyśmy embargo na eksport mięsa. Wiesz, co by się działo? Dlatego ta przestępczość została zduszona w zarodku.

Dlaczego wyrzucano czy zawieszano tych lekarzy?

Taki lekarz przed ubojem musi przyjechać, zbadać bydło, przybić pieczątkę i zakwalifikować zwierzęta do uboju. Dodatkowo ma też nie dopuścić do uboju rytualnego, bo jest to związane z przepisami konwencji genewskiej. Tymczasem oni podbijali dokumenty *in blanco*. Bo po chuj ktoś będzie przyjeżdżał na ubój o drugiej w nocy albo o czwartej rano? Poza tym w grę wchodzą też łapówki, jakieś układziki i tak dalej. Środowisko bardzo hermetyczne.

No tak.

A powiem ci, że zdarzały się też skrajne przypadki. Mieliśmy na przykład takiego gościa, który zakopał zdechłego konia, potem go odkopał i mięso z niego wymieszał z wołowiną, a potem pchał, kurwa, do jakichś tam firm, gdzie robią przetwory.

Ja pierdolę...

Powiem ci, że jak się naoglądałam tego, jak to wszystko wygląda, to gdy potem widziałam w telewizji reklamy tych pulpecików, kotlecików i innych przetworów w słoikach, to sobie mówiłam: „Pieprzę, nigdy w życiu tego nie kupować i na pewno nie jeść!".

A jakie robiliście akcje z tytoniówką?

No, kurwa, całe fabryki, w których produkowano fajki albo na przykład cięto, mielono tytoń, suszono go – wszystko oczywiście poza składem celnym, czyli bez akcyzy. Wiesz, jakie pieniądze ludzie na tym zarabiają? Ogromne.

Słyszałem, że grupy przestępcze, które eksportowały papierosy do Anglii, stworzyły nawet swoje marki.

To prawda. Likwidowaliśmy takie fabryki, w których produkowali stworzone przez siebie marki, a dodatkowo robili też podróbki marlboro miękkich czerwonych, bez akcyzy. A że mieli podpisane umowy za granicą, to oczywiście szło im wszystko.

Jeśli chodzi o przemyt fajek, naprawdę mieli niezłe patenty. Na przykład pozyskiwali sobie Ukraińca albo Białorusina i za jakieś niewielkie pieniądze kupowali ichniejsze papierosy bez akcyzy. Potem przekupywali celnika, umawiali się na granicy i pakowali te fajki do poprzerabianych busów, kamperów i osobówek. Mieli tam porobione specjalne schowki, na przykład w tych kołach podwójnych. Następnie przewozili te fajki do swojej dziupli, która znajdowała się gdzieś na terenie Śląska, i przepakowywali sobie to do walizek. Potem podrabiali bilety kolejowe, które ci pozwalają darmowo jeździć pociągami Eurostar, czyli tymi szybkimi, dobrej klasy. Do tego mieli swoich kurierów, którzy pakowali po dwie walizki do tych pociągów i przewozili je do Włoch.

Opłacało się to?

Nooo, widocznie im się opłacało, skoro tak robili i ludzi angażowali, przecież nie za darmo.

W jaki sposób jeszcze przemycali te fajki?

Głównie tak albo pod przykrywką legalnych transportów, czyli mieli firmę transportową na legalu i ona woziła towar. W tirach robili specjalne schowki, na przykład przecinali bak i pół baku było na paliwo, a pół na fajki. Takie cuda.

Oczywiście trafiali się też wariaci, którzy zapierdolili całego busa fajkami i jechali. Jak mu się udało, to dobrze, jak nie, no to trudno. Aczkolwiek często były to zorganizowane grupy, w których każdy człowiek miał jakieś zadanie i wiedział, co ma robić. Mieli też swoich pilotów, którzy w trakcie jazdy mówili: „Dobra, zmiana trasy, nie jedź tędy, bo tu inspekcja transportu drogowego stoi albo policja".

Duże były za to wyroki?

No właśnie nie. Najczęściej dostawali wyroki w zawieszeniu. Potem było tak, że ledwo wyszli od prokuratora po zarzutach, a już się wkręcali do innej ekipy. Jak robiliśmy naraz na przykład trzy–cztery sprawy akcyzowe, to często się zazębiały te same osoby.

Mieliśmy kiedyś taką kobitę, co z jednej sprawy wyszła i za chwilę znowu ją słyszeliśmy „na drutach", czyli przez telefon, u innego figuranta.

– Wiesz, bo mnie, kurwa, psy złapały, stratna jestem, muszę nadrobić.

No i zapierdalała dwa razy więcej.

W pewnym momencie ten sam prokurator prowadził dwie nasze sprawy, w których ona była jako podejrzana. Ludzie wracają do takich rzeczy, bo za to są niskie sankcje karne. Dostają poręczenie majątkowe w kwocie dziesięciu–dwudziestu tysięcy, popłaczą trochę, napiszą podania, żeby rozłożyć na raty, i zapierdalają dalej.

Najbardziej dokuczliwe dla nich były domiary celne, które nieraz wynosiły kilkadziesiąt tysięcy złotych, ale to właśnie motywowało ich bardziej do nadrobienia strat i zaczynania od nowa. Zresztą ludzie z tego środowiska nie potrafią nic innego. Do legalnej pracy nie pójdą. To jest niekończąca się historia.

Jakie jeszcze kategorie przestępstw się pojawiały?

Na przykład dotyczące gatunków chronionych roślin i zwierząt. Też musisz mieć specjalne pozwolenie, żeby przywlec z zagranicy jakieś zwierzę.

Co przywozili?

Najczęściej węże i kameleony.

Ale jak? W walizce?

Jakoś. Tak naprawdę nigdy nie dowiedziałeś się, jak ktoś to przywiózł, bo jak już mu się dupa zapaliła, że posiada gatunek chroniony bez dokumentów, to mówił, że kupił na targu. Dostawaliśmy na przykład informację, że gość ma sklep zoologiczny i ściągnął do siebie jakieś zwierzę, na które nie ma pozwolenia. No to wchodziliśmy do takiego sklepu i prosiliśmy o dokumentację.

Na podstawie jakich przepisów się to robi?

Na podstawie konwencji waszyngtońskiej. Tam masz wymienione wszystkie gatunki chronione. To się nazywa CITES.

Skąd oni to przywozili?

Oj, z różnych miejsc. Ale najczęściej było tak, że gdy weszliśmy do kogoś, kto miał taki chroniony gatunek, to nie wiedział, skąd on się wziął – albo przynajmniej udawał, że nie wie. Najczęściej padała odpowiedź: „Kupiłem na bazarze". Zresztą tak samo się tłumaczyli ci od fajek, tytoniu: „Panie, tam na targu nad rzeczką kupiłem". Przecież nikt się nie przyzna, nie? No chyba że chce coś zyskać albo masz na niego naprawdę mocny materiał.

Czasami zdarzały się też takie sytuacje, że na przykład wchodziliśmy do gościa do domu, żeby ujawnić narkotyki albo akcyzę, a okazywało się, że facet miał, kurwa, kameleona. Prosimy o dokumenty, a on nie ma. No i to już jest przestępstwo, bo oznacza, że ten kameleon przebywa nielegalnie na terytorium Polski.

I co wtedy? Zabiera się go do zoo?

Albo do zoo, albo do sklepu zoologicznego, który ma wszystkie potrzebne uprawnienia.

Jakie jeszcze przestępstwa ujawnialiście?

Zajmowaliśmy się też tymi, którzy uczynili sobie źródło dochodu z nielegalnej produkcji spirytusu i podrabianego alkoholu.

Z czego robili ten spirytus?

Dla przykładu: był taki gość, który jeździł pod Łódź i przywoził za grosze skażony amoniakiem spirytus, który jest używany do czyszczenia maszyn. Oczywiście miał zarejestrowaną działalność gospodarczą, która mu to umożliwiała. Potem go destylował tak, że ten amoniak się utleniał. Następnie wlewał to do plastikowych buteleczek z etykietą i bez akcyzy. To naprawdę była trucizna. A wiesz, jakie to ma zejście przy takiej przebitce cenowej? Człowieku...

A czy wy w ramach pracy ekonomicznej współpracujecie z wywiadem skarbowym?

Jest porozumienie zawarte między komendantem głównym policji a dyrektorem urzędu kontroli skarbowej, czyli na szczeblu centralnym. No i na bazie tego porozumienia podejmujemy współpracę operacyjną przy różnych sprawach i razem próbujemy zebrać materiał dowodowy. Jak uznamy, że jest wystarczający, to idziemy z nim do prokuratury. Jak prokuratura uzna, że materiał jest godny uwagi i rzeczywiście przestępstwo jest do udowodnienia procesowo, to wszczyna śledztwo. Wtedy ta nasza współpraca już jest oficjalna, bo prokurator kontaktuje się ze wszystkimi instytucjami typu urząd celny, skarbówka, banki. Ma uprawnienia do zwalniania z tajemnicy skarbowej, bankowej, telekomunikacyjnej.

Po co w ogóle jest ten wywiad skarbowy? Oni też mają jakąś jednostkę bojową?

No wiesz, od kiedy jest fiskus, to musi być instytucja kontrolująca wydatki obywateli. Są na to przepisy. Ale musi być również taka struktura, która sama szuka przekrętów finansowych i je ujawnia. Polak potrafi – takie stare, prawdziwe powiedzenie. Nie wszyscy jesteśmy uczciwi. Zawsze powtarzałam: „Daj mi człowieka, a znajdę na niego artykuł". Wiesz, o co chodzi. A wywiad? Oni zbierają operacyjnie – czyli niejawnie – materiał, ale nie mają takich uprawnień jak policja. Dopiero jak coś ustalą, podejmują współpracę z nami lub z prokuraturą.

To są tacy dłubacze, co siedzą przy komputerach, czy w terenie też działają?

Ogólnie skarbówka głównie przy komputerze, ale wywiad to właśnie jest ta komórka, która jeździ w teren i wykorzystuje metody określone ich przepisami i ustawami. Na przykład jadą do siedziby jakiejś firmy, gdzie sprawdzają, czy ona tam faktycznie jest, kto tam urzęduje, co robi.

Jak dalej potoczyła się twoja kariera?

Gdy pracowałam w ekonomicznym, zwolnił się etat zastępcy naczelnika. Dostałam propozycję objęcia tego stanowiska i z niej skorzystałam. To było po jakichś dwóch latach. Przystąpiłam do konkursu na to stanowisko, przedstawiłam własną koncepcję funkcjonowania wydziału i wygrałam.

Zajmowałaś się tam głównie kwitologią?

Między innymi. Na początku bardzo mnie to męczyło. Jako policjant wiedziałam, jak wypełniać druki, ale jako przełożony musiałam się sto razy zastanowić, gdzie podpisać, i sprawdzić, czy aby na pewno nie podpisuję na siebie „wyroku śmierci". Do dzisiaj pamiętam, jak odbiłam swoją pierwszą pieczątkę na dokumencie jako przełożony.

Ale wiesz, na takim stanowisku całkowicie zmieniasz punkt widzenia. Jesteś przełożonym, masz pod sobą ludzi, wydajesz im polecenia i za nich odpowiadasz. Jak pracowałam operacyjnie, to jebałam po szesnaście, siedemnaście, osiemnaście godzin, wracałam z realizacji z „jeńcem", obrabiałam zatrzymanego i jechałam do domu, bo zastępował mnie ktoś inny. Ale już z pozycji przełożonego to ludzie się wymieniają, a ty jebiesz cały czas. No bo jak pójdziesz do domu? A kto to wszystko ogarnie?

A że praca w jednym wydziale połączyła nas z moim wieloletnim partnerem służbowym, z którym pracowałam w CBŚ, i oboje byliśmy pracoholikami, to podczas realizacji byliśmy w służbie oboje od początku do końca. Ale miewałam chwile, kiedy brakowało mi adrenaliny, aż się chciało wyskoczyć na jakąś akcję, zatrzymać podejrzanego, coś w tym rodzaju. Chciałam czasami wyskoczyć zza biurka.

No i jak sobie z tym radziłaś?

Rzucałam się w wir roboty. Byłam odpowiedzialna za pracę operacyjną w wydziale, znałam wszystkie sprawy, ukierunkowywałam policjantów, co mają dalej zrobić. A kiedyś nawet wzięłam swój prywatny samochód, dziewczynę z wydziału, uprosiłam naczelnika, żeby mi pozwolił zadziałać, i pojechałyśmy za gościem, żeby go zawinąć. Bo wiesz, miejsce przełożonych jest w bazie, skąd koordynują działania, a nie na realizacji. Tego się nie praktykuje. Ale ja musiałam. Już mnie nosiło.

Pracowaliśmy kilka dni z rzędu z małymi przerwami, żeby wpaść do domu, przebrać się i chwilę odsapnąć, i próbowaliśmy namierzyć i zatrzymać gościa do dużej sprawy ekonomicznej, który był głównym podejrzanym do aresztu. Zresztą kawał bandziora. Z wiedzy o nim wynikało, że „miał głowę na koncie", czyli zabójstwo. Policjanci jeździli za nim kilka dni, wykorzystywali tester do namierzania telefonu przez IMEI, oddział czarnych i nic. Wkurwiłam się i powiedziałam do naczelnika:

– Pozwól mi jechać, a bez względu na czas przywiozę gościa w zębach.

No i w godzinach popołudniowych pojechałyśmy.

Z pomocą chłopaków od testera uczepiłyśmy się gościa i dotąd za nim jeździłyśmy, aż nie nadarzyła się okazja, żeby „ateciaki" go zawinęły. O trzeciej w nocy zameldowałam naczelnikowi, że gość leży skuty na glebie. Satysfakcja nieoceniona.

Wróciliśmy nad ranem, nawet spać mi się już nie chciało. Mogłam dalej pracować. Ta akcja na chwilę mnie wyciszyła i spokojnie mogłam wrócić do roboty za biurkiem. Później zostałam naczelnikiem tego wydziału, oczywiście po przystąpieniu do konkursu i przejściu pozytywnie wszystkich procedur do awansu.

Ile osób pracowało z tobą w tym wydziale?

Ponad trzydzieści. Przy czym wydział to jedno, ale my jako naczelnicy w danym garnizonie byliśmy też odpowiedzialni za przestępczość ekonomiczną w jednostkach zamiejscowych, komendach miejskich i powiatowych. Komendant oczekiwał od nas pełnej wiedzy w tym zakresie.

Jak na przykład coś się zesrało w jakiejś komendzie powiatowej, to komendant dzwonił do naczelnika i mówił: „Proszę wysłać tam ludzi w ramach nadzoru i w ramach pomocy". No i trzeba było wysłać tych ludzi i jeszcze to jakoś koordynować.

A jak sobie radziłaś po drugiej stronie, jako przełożony ludzi, z którymi wcześniej pracowałaś jako policjant?

Zawsze starałam się być człowiekiem. Podejmowałam decyzje co do swoich ludzi, co do tego, co robią, ale niekoniecznie co do pieniędzy, bo je dostawałam z góry. Niemniej jednak stawiałam warunki jasno – jak ktoś miał wyniki, to zawsze biegałam po realizacjach z wnioskiem o nagrodę. Nie kazałam się też z nikim dzielić, tak jak to było kiedyś, za moich czasów jako policjanta szeregowego. Jak pracowało dwóch przy sprawie, to pisałam na wniosku dwóch. Jak pracowało czterech, to pisałam dla czterech.

Jak komendant nie zgodził się dać nagrody czterem, przychodziłam do chłopaków i mówiłam: „Słuchajcie, na wniosku nie będzie więcej niż trzy osoby. Pracowaliście we czterech. No to musicie się jakoś dogadać. Ja czekam na wasze stanowisko, bo po prostu komendant tego nie podpisze". Jak kogoś nie mogłam wynagrodzić pieniędzmi, występowałam o to, żeby dostał na przykład odznaczenie Zasłużony Policjant. Na pewno zawsze efekty pracy swoich policjantów podkreślałam na naradach i odprawach.

Niejednokrotnie wystarczyły dobre słowo, podziękowania, gratulacje, żeby ludzie byli zadowoleni i zmotywowani do dalszej ciężkiej pracy. Starałam się dostrzegać również ich życie prywatne, ich problemy rodzinne, dzieci. Jak przychodził funkcjonariusz i mówił: „Szefowa, bo ja bym się urwał ze dwie godziny, w przedszkolu mam Dzień Ojca". Odpowiadałam: „Dobra, leć". Wiesz, po prostu starałam się być ludzka. Mówili nawet na mnie „Matka Polka".

Myślę nieśmiało, że to przynosiło efekty w postaci zgranego zespołu, który pracował na wyniki wydziału, czyli na moje wyniki. Potwierdzał to fakt, że jak nagle pod koniec dniówki potrzebowałam do czynności ludzi, którzy muszą zostać na kolejne iks godzin w pracy, to zawsze znaleźli się chętni. Nie musiałam nikogo wyznaczać. To mówi samo za siebie.

Lubili cię?

Wydaje mi się, że tak. Myślę, że mieli też do mnie szacunek. Do dzisiaj jak gdzieś są organizowane jakieś szkolenia, to mnie zapraszają. Na pewno to nie będzie trwać wiecznie, zapomną i o mnie, ale na razie pamiętają. A co zajrzę do komendy, to mnie pytają: „O, wróciłaś do pracy?". Bo policjanta z emerytury można przywrócić do służby w ciągu trzech lat.

Ale pamiętaj, jeszcze się taki nie urodził, co by wszystkim dogodził. W związku z tym są też na pewno tacy, którzy na mnie psy wieszają i mówią: „Kurwa, dobrze, że odeszła". Były zresztą osoby, które pisały na mnie anonimy. Musiałam się potem tłumaczyć z jakichś bzdur i pierdół.

Jaką treść miały te materiały?

Na przykład, że z racji tego, że pracuję operacyjnie ze źródłami, na pewno defrauduję państwowe pieniądze. Po takim donosie masz od razu kontrolę, która sprawdza cię do ostatniego grosza.

Prywatne konta też sprawdzają?

Nie. Masz określone fundusze na wydział i kontrolują, czy wszystko się zgadza, czy prawidłowo się rozliczyłeś, czy wydatkowałeś zgodnie z zasadami i czy jest to udokumentowane.

A w jakim wieku odeszłaś?

Miałam pięćdziesiąt lat i trochę ponad trzydzieści lat służby. Bardzo chciałam do tej trzydziestki dojechać.

Dlaczego?

Po trzydziestu latach wysługi mam prawo do świadczenia przedemerytalnego. Czyli ja teraz nie jestem jeszcze na emeryturze, tylko na świadczeniu przedemerytalnym i mam sto procent pensji.

Czyli ile?

Około sześciu tysięcy na rękę.

No to sporo w porównaniu z pensją początkującego policjanta.

To prawda. Też zaczynałam od gównianych pieniędzy i wiele lat przepracowałam za marne grosze. Nie spodziewałam się, że moja kariera zawodowa tak się potoczy i kiedyś wskoczę na stanowisko kierownicze w stopniu pułkownika.

Muszę przyznać, że ostatnie lata były dobre dla kobiet w naszej firmie. I w nich zaczęto dostrzegać fachowość, wiedzę i dyspozycyjność, która w tej służbie jest jedną z najważniejszych cech. Zwróć uwagę, że coraz więcej jest kobiet na stanowiskach komendantów czy dyrektorów biur. To dobry prognostyk. Zatem życzę swoim koleżankom powodzenia i sukcesów. I żeby mężczyźni traktowali je jak partnerów zawodowych.

A jak pani pułkownik odnajduje się na emeryturze?

Mam kłopoty ze zdrowiem, bo przez te lata siedzenia za biurkiem rozwaliłam sobie między innymi kręgosłup. Tak że pierwsze dni emerytury poświęciłam na wizyty lekarskie. Nie było tygodnia, żebym nie była u jakiegoś specjalisty. Chodzę na jogę, basen, rehabilitację. Mam też wnuki, na których punkcie oszalałam.

Często umawiam się z córką, że jak ogarnę coś u siebie w domu, to do nich wpadnę. Czasem wnuki odbiorę ze żłobka, pójdziemy na spacer, czasem córka przywozi je do mnie. Ja zresztą zakochana jestem w tych swoich wnukach.

Poza tym obiecałam sobie, że jak przejdę na emeryturę, to codziennie rano będę wcześnie wstawać, fajnie się ubierać, malować, a nie chodzić jak łachmyta. Nie pozwolę sobie się zestarzeć. Rozumiesz? Mimo że zajebiście dokuczają mi różne dolegliwości, nie dam się i koniec. No i ogólnie nie mam czasu.

A nie chciałaś, żeby dzieci poszły w twoje ślady?

Nie. To jest ciężka i niewdzięczna praca. Znam swoje dzieci i ich zaangażowanie, więc wiem, że tak samo dałyby się tej robocie zakręcić i zniszczyć jak ja. Ale wątpię, czy ich połówki by sobie poradziły z całą tą walką przez tyle lat tak jak mój mąż.

Kocham je za to, że są i że będąc już dorosłymi ludźmi, rozumieją mnie i moje zaangażowanie w to, co robiłam przez większość swojego życia. Myślę, że w przyszłości jeszcze się przysłużę tej formacji swoim doświadczeniem, ale niech to zostanie moją tajemnicą. Na razie nadrabiam zaległości w życiu prywatnym i robię rzeczy, które zawsze odkładałam na później z powodu braku czasu.

SPIS TREŚCI

PATRYK VEGA
NIEBEZPIECZNE KOBIETY
CAŁA PRAWDA O KOBIETACH W POLSKIEJ POLICJI

Polecamy także inne książki Patryka Vegi

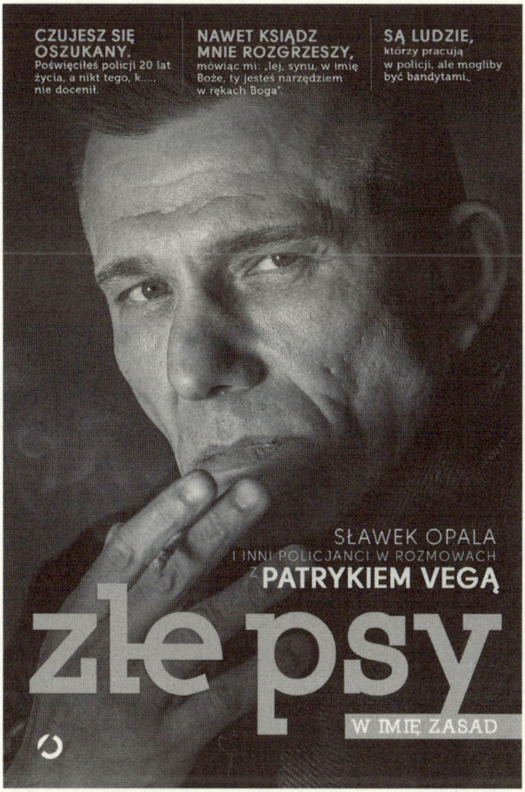

Bez kompromisów. Bez skrupułów. Bez cenzury.

Sławek Opala i inni policjanci opowiadają znanemu reżyserowi o prawdziwym obliczu polskiej przestępczości: morderstwach, mafii, haraczach, świadkach koronnych, o przepychankach z przełożonymi i metodach pracy, które mają być przede wszystkim skuteczne.
To książka o świecie twardych facetów, w którym granica między zbrodnią a prawem jest cienka, ale wyraźna.

Bo sprawiedliwość jest jedna.

Patryk Vega kontynuuje odkrywanie prawdy o polskiej policji.

Oto wstrząsające historie policjantów, którzy nie wytrzymali presji w pracy, przeszli na drugą stronę barykady i trafili do więzienia albo wylądowali w szpitalu psychiatrycznym.
Przerzucanie zwłok z dzielnicy do dzielnicy czy imprezy ze świadkami koronnymi zakończone grupowym seksem to ledwie punkt wyjścia do dramatów ujawnionych w rozmowach.
Dlaczego niektórzy przechodzą na złą stronę? Czy komuś udało się stamtąd wrócić?
Poznaj policję od środka. Twardo, po męsku, bez cenzury.

Jarosław Pieczonka – wywiadowca, przykrywkowiec, najemnik. Były funkcjonariusz kontrwywiadu wojskowego, odpowiedzialny za osłonę kontrwywiadowczą najbogatszych ludzi w Polsce. Brał udział w inwigilacji świata szpiegowskiego i gangsterskiego na Wybrzeżu. W Polsce wypowiedział wojnę szefom CBŚ, CBA oraz ABW i doprowadził do rozpracowania służb specjalnych ściany północnej. Krajowi biznesmeni, celebryci, politycy, a nawet mafijni bossowie obdarzyli go zaufaniem i przyjaźnią. Za granicą, jako najemnik, razem z byłymi komandosami SAS i Royal Marines ochraniał statki przed somalijskimi piratami.

Jeden człowiek, wiele tajemnic służb. Patryk Vega ujawnia je jako pierwszy.

Wydawnictwo Otwarte sp. z o.o.,
ul. Smolki 5/302, 30-513 Kraków. Wydanie I, 2016.
Druk: CPI Moravia Books